法治与德治理论研究

梁海峰◎著

燕山大学出版社
·秦皇岛·

图书在版编目（CIP）数据

法治与德治理论研究 / 梁海峰著. —秦皇岛：燕山大学出版社，2022.5
ISBN 978-7-5761-0048-8

Ⅰ. ①法… Ⅱ. ①梁… Ⅲ. ①社会主义法制－研究－中国②社会公德教育－研究－中国 Ⅳ. ①D920.0②D648.3

中国版本图书馆 CIP 数据核字（2022）第 064372 号

法治与德治理论研究
梁海峰 著

出 版 人：	陈 玉		
责任编辑：	孙志强	策划编辑：	孙志强
责任印制：	吴 波	封面设计：	刘馨泽
出版发行：	燕山大学出版社 YANSHAN UNIVERSITY PRESS	地 址：	河北省秦皇岛市河北大街西段 438 号
邮政编码：	066004	电 话：	0335-8387555
印 刷：	英格拉姆印刷(固安)有限公司	经 销：	全国新华书店

尺 寸：	170mm×240mm 16 开	印 张：	13.75
版 次：	2022 年 5 月第 1 版	印 次：	2022 年 5 月第 1 次印刷
书 号：	ISBN 978-7-5761-0048-8	字 数：	220 千字
定 价：	55.00 元		

作 者 简 介

梁海峰，男，字先民，1970 年 11 月出生于徐州，籍贯江苏涟水。1998 年 5 月加入中国农工民主党，2011 年获聘一级律师（正高），兼职教授及硕士研究生导师，澳大利亚注册外国律师，江苏维世德律师事务所主任，南京信息工程大学维世德法律研究院院长。先后就读于江苏警官学院、复旦大学、南京大学、中国政法大学，获得法学学士学位、法律硕士学位。1989 年 7 月成为警察，1995 年从事律师工作，1998 年 2 月创办江苏维世德律师事务所并于 2008 年改制为全国第一家特殊的普通合伙制律师事务所。2002 年获“江苏知名律师”称号，2004 年被评为“江苏优秀律师”，2005 年被评为首届“江苏省十大杰出青年律师”及“南京市优秀志愿者”，2006 年被评为“首届全国建设领域百名优秀专业律师”，2007 年被评为“中国民营企业最受欢迎十佳律师”，2010 年再次荣获“江苏优秀律师”称号，2013 年创办了全国第一家红十字“梁海峰法援博爱基金”投身普法教育活动，2014 年创办“两岸一家亲”品牌致力于海峡两岸文化交流。

先后任农工民主党第十四届全国代表大会代表、农工民主党中央社会与法制委员会委员、农工民主党江苏省社会与法制委员会及联络委员会副主任委员、农工民主党南京市委委员、农工民主党江苏省经济界党员联谊会副会长兼秘书长、中华全国律协环境与资源委员会委员、江苏省海外联谊会常务理事、江苏“一带一路”国际法律服务联盟副主席、江苏省特邀行政执法监督员、江苏省律师协会理事及直属分会常务理事、南京市政协委员、南京市行风政风监督员、南京市青联委员、江苏省青联委员、南京大学住宅政策与不动产法研究中心理事、《南京大学法律硕士评论》特邀编辑等，荣获“2020 年度农工民主党中央扶贫先进个人”称号、2021 年 6 月农工党中央颁发的“农工党脱贫攻坚工作先进个人”荣誉。出版专著 1 部，发表专业文章20余篇，多篇提案及文章获奖。

先后为中国共产党江苏省委员会台湾工作办公室、江苏省文化厅、江苏省卫计委、江苏省民政厅、江苏省气象局、江苏省人防办、江苏省测绘局、江苏省省级机关事务管理局、农工民主党南京市委员会、江苏省招标中心、农业银行、工商银行、中信银行、广发银行、中国东方资产管理公司、中国信达资产管理公司等诸多机关及企事业单位提供法律服务，办理各类案件近千起，有着丰富的法律实践经验。律师事务所常年为老、弱、病、残、妇女、儿童等提供免费法律服务，已经办理法律援助案件近千起，多次获得司法部、全国妇联、全国消费者协会等部门表彰。

前 言

党的十九大作出了全面推进依法治国的重大决定，明确指出：“全面依法治国是国家治理的一场深刻革命，必须坚持厉行法治，推进科学立法、严格执法、公正司法、全民守法。”这段重要论述对法治建设的内涵和标准提出了更高的要求，不仅要求有法可依，而且要求良法善治，体现了我们党对法治建设规律认识的不断深化。

全面依法治国战略是随着改革开放和国家各项事业的历史性变革、中国特色社会主义进入新时代，以及面临的新形势提出的新要求。党的十一届三中全会前召开的中央工作会议上，提出“有法可依、有法必依、执法必严、违法必究”。这是在反思历史、总结教训的基础上形成的。这 16 个字的含义是，首先要把法律的数量补上来，因此要“有法可依”。其次，法律不能被践踏，因此要“有法必依”。再次，全社会必须依法办事，因此要“执法必严”。最后，对违法犯罪行为予以追究，因此要“违法必究”。从“有法可依、有法必依、执法必严、违法必究”到“科学立法、严格执法、公正司法、全民守法”，表明我国社会主义法治建设进入了新阶段，是现代法治理论的重大创新，也是我国法治建设质的飞跃。

2011 年 3 月 10 日，十一届全国人大第四次会议正式宣告了中国特色社会主义法律体系已经形成，真正实现了“有法可依”。但法律体系的形成并不代表内在结构已经完备，更不意味着内在质量完美和切实管用，因此要“科学立法”，要求立法不仅在过程中和形式上体现民主性、程序性、合宪性等基本属性，还要在实质上恪守以民为本、立法为民的理念，尊重和体现客观规律，展现社会良善价值。随着社会主义市场经济的发展、百姓权利意识的增强，基于构建和谐社会的需要，要求我们必须建设法治政府，因此要“严格执法”，维护经济秩序的健康发展，保障和谐社会建设，巩固改革开放成果，推进国家治理体系和治理能力现代化。随着全面深化改革日益加深，各种矛盾问题日益交织叠加、错综复杂，司法效率低下、司法裁判不公的现象时有发生，人民群众对此反应尤为强烈。司法作为维护社会公平正义的最后屏障，承担着权利救济、定分止争、制约公权的社会功能，因此必须“公正司法”，要求深化司法体制综合配套改革，进一步推进司法公开，扩大司法民主，提升司法效率，规范司法行为，确保司法公信力，努力让人民群众在每一个案件中都能感受到公平正义。在推进法治建设的过程中强调权利保障较多，责任承担较少。全民责任意识的培育和体系构建相对滞后，特别是法治意识不强，成为法治国家、法治政府、法治社会一体建设的盲点，因此提出要“全民守法”，通过加强法治宣传教育，增强全民法治观念，使全体人民都成为社会主义法治的忠实崇尚者、自觉遵守者、坚定捍卫者，真正使尊法、信法、守法、用法、护法成为全体人民的共同追求和自觉行动。

科学立法、严格执法、公正司法、全民守法的提出，是在回应时代诉求、准确把握人类政治文明发展规律的基础上，对全面依法治国理论的拓展。首先，从有法可依到科学立法，是从法律数量的要求变化为对立法质量的要求，是供给侧结构性改革折射到立法环节的具体体现。新表述更加立足实际国情，更具时代性。其次，从执法必严到严格执法，是从单纯强调执法严格变化为严格规范公正文明执法，要求执法不仅严明还要体现人文关怀和人性价值，新表述体现了执法的“严格”而不“严苛”，更具科学性。再次，从违法必究到公正司法，是从单纯强调违法行为必须被追究，变化到了要求司法的过程公开高效、结果公平公正，新表述不仅强调形式层面上的责任追究，而且更加注重实质正义的价值追求，更具容涵性。最后，从有法必依到全民守法，是从单纯强调法律必须被遵守变化为要求所有人都必须在宪法和法律的范围内活动，无一例外。新表述充分体现了法律的普遍约束力，更具权威性。

法治是治国理政思想、理论、原则和方法及其实践的全面体现。全面依法治国，是坚持和发展中国特色社会主义的本质要求和重要保障，是实现国家治理体系和治理能力现代化的必然要求，事关我们党执政兴国，事关人民幸福安康，事关党和国家长治久安，这是法治建设的时代使命。正如中央全面依法治国委员会第一次会议所强调的，“全面建设社会主义现代化国家的新征程上，要加强党对全面依法治国的集中统一领导，坚持以全面依法治国新理念、新思想、新战略为指导，坚定不移走中国特色社会主义法治道路，更好发挥法治固根本、稳预期、利长远的保障作用”。

法治需要有完备的法制。法制指一个国家的法及其法律制度，它是治国手段和法治的基础之一。法制是维护社会秩序、促进社会发展与进步必不可少的手段。在中华五千多年的文明史中，法制文化和实践源远流长、根深枝繁。华夏上古时代原始社会末期的社会治理中，就有了刑与法的记载与实践，形成了饱含德治理念和根基的法制传统，对法律制度以及法治思想的产生、发展、完善和社会的进步产生了深刻而久远的影响，是中华历史文化和思想特别是政治思想的宝贵财富。法治内涵中包含的价值远大于法制，强调一个国家在法治思想和治国方略主导下，具有健全的法制及其相应的立法、司法和行政执法体制时，处于依法治国理政和进行社会治理的一种方式和状态。法制可以存在于任何社会形态中，而法治只能存在于民主政治的社会形态之中，法为至上。从这个意义上说，法制是法治的制度基础与理论依据，法治是法制的具体实践体现，二者统一于人类社会和谐、稳定、健康、持续发展的客观要求。因此，在推进全面依法治国的法治建设方略中，明确必须要汲取传统法律制度体系与文化体系的精华，实现以法治为目标，以法制为基础，以社会道德文化体系为内核的高度统一的现代社会治理体系。

道德与法律都是社会意识形态，都是人类社会在追求美好、幸福生活的过程中而逐渐形成的社会规范，相对于人类发展来说，二者具有历史性和天然性，伴随着人类社会的发展而不断演进。就其本质来说，二者都体现了对美的追求、对恶的摈弃与惩罚，体现着人类为社会发展而对自身生物本性中不利于其他生物的本性的自我抑制和对他物的爱。从这一点来说，德与法从根本上体现着人类的“爱”，二者在本质上统一于“爱”。

坚持依法治国，强化德治与法治的融合，必须加强对人类这种推己及人的“爱”的精神的研究，使之形成系统化的理论，为加强社会道德与法律建设提供理论借鉴，从而更好地推动依法治国，促进社会和谐发展。

爱是什么？爱是一种支撑人类生存的能量，伴随人类始终。

法是什么？应该是内含于爱中的“度”。善法很难被完全发现及掌握，世俗的法，也有其历史性及局限性，这是因为它跟善法总是有一定的距离。这个距离的大小，也决定了世俗法的生命力。法保证爱不至于“过度”而很快地消亡。法同样伴随人类始终。法，根据人们的认识程度，分为实在的法（或者叫善法）及世俗的法，尽管二者之间经常出现偏差，但最终它们是要一致的。

爱内含法，又受制于法，法在爱中，既保护着爱，又限制着爱。万物皆有爱，爱必须依靠法才能生生不灭，法必须有爱才能真正实现。但爱与法也不总是和谐的，有时爱利用法，大肆扩张，造成不良后果；有时法利用爱强迫人们遵守，同样酿成不幸。值得庆幸的是，爱与法最终总是和谐的，它们适时地调整自己的位置及角色，确保人类的存续及发展。这也是人类的本性使然！

人类的爱与法不同于其他万事万物，是人类特有的。人类发现及认识爱与法，是一个渐进的过程，中间甚至有反复。从某种意义上，甚至可以说，人类的历史就是爱与法的历史，是一个不断进步、不断和谐的历史，是一个不断发现及认识爱与法的过程。

发现及认识爱与法，不仅仅是法学家或者哲学家的事情，也应该是每一个人的事情。每一个人心中都有爱与法，这是每一个人能够发现及认识爱与法的基础。

爱及法的层次性，大家一定不反对。关于爱及法层次性的理论体系尚未建立，值得研究及完善。因为爱的层次性从根本上决定了法的取舍，法的层次性基本上是根据爱来设立的。这个理论体系指导着人类的实践，影响人们的生活。

爱关系到人类的生存，伴随人类始终，它当然值得研究。研究，就要实事求是，既不能美化它也不能丑化它，法的发现及认识，也是一样。

目　　录

第一章　绪　　论

道德与法律都是社会意识形态，都是人类社会在追求美好、幸福生活的过程中而逐渐形成的社会规范，伴随着人类社会的发展而不断演进。就其本质来说，二者都体现了对美的追求、对恶的摈弃与惩罚，体现着人类为社会发展而对自身生物本性中不利于其他生物的本性的自我抑制和对他物的爱。从这一点来说，德与法从根本上体现着人类的“爱”，二者在本质上统一于“爱”。

坚持依法治国，强化德治与法治的融合，必须加强对于人类推己爱人的“爱”的精神的研究，使之形成系统化的理论，为加强社会道德与法律建设提供理论借鉴，从而更好地推动依法治国，促进社会和谐发展。

社会和谐稳定，离不开一系列的社会制度。制定什么样的社会制度，决定于占社会大多数的人的理性抉择。如果人人都是雷锋，都做好事不留名，都尊老爱幼，都见义勇为，都拾金不昧，都讲诚信，都讲道理，等等，那就不用制定很多禁止性或者惩罚性条款，可以减少很多监督机构及人员，节约社会资源；反之就需要制定禁止性或者惩罚性条款，设立监督及执法机构，财政投入很大。

一直以来，人们围绕人性争论不休，形成了各理论体系。笔者不想介入人性的讨论，只是想用大量的具体案例告诉大家现实生活中的人是什么样的，他们“爱什么”。我们根据他们“爱什么”，再去讨论制定什么样的规章制度，制定什么样的“法”。大秦王朝采纳了法家的主张，统一了六国，但是不久就被农民起义推翻了。后来的王朝采纳了儒家人性善的说法（人类不仅爱自己还爱别人），增加了很多人性的法律制度，主张以德治国或者德主刑辅、“慎刑”等，王朝延续了很多年。法西斯德国也是一个法制完备的国家，但是在狂热的种族主义思想指导下，注定了失败的命运。当然，历史上还有很多成功或者失败的王朝，它们的成功与失败固然有很多原因，但是根本上都与当时的统治者认为“人类爱什么”有关。因为如上所说，对“人类爱什么”的判断，会左右这个王朝或者国家根本制度的制定。

人性是复杂的，有好有坏，而且会随着环境及个人情况的变化而变化，不是一成不变的，尤其会受到心理、经济、环境及法治等因素影响。古今中外的宗教教义或者圣贤（佛教、基督教或者孔子、柏拉图等）基本都提倡无欲无求或者节欲的生活，认为那是人生的最高境界。但是，人类的绝大多数还是做不到无欲无求。如果真是人人都无欲无求了，人类也就终结了。“爱什么”正是人类存在下去的动力，只是这种“爱”要合适，要有“度”，否则，也会毁灭人类自己。所谓的“度”，其实就是“法”，实在法。

那么人类究竟“为什么要爱”？人毕竟是基因组成的生物，需要通过饮食获得能量，需要通过婚姻传承，需要衣物遮羞及御寒，需要金钱及权力来显示地位，等等。即使是圣贤，也摆脱不了吃喝拉撒睡等基本需要。

因为物质及地位的有限性，为了能在地球上生存，为了能在这个快速发展、日益复杂的社会中过得舒服一点，人不得不与他人竞争。人的基因里天然包含着自私的特质，在竞争中，各种做法层出不穷。大到国与国之间的竞争，小到人与人之间的竞争，无不如此。“为什么要爱”的唯一正确答案，可能就是：如果没有爱，一个人就是失败者，就会被社会或者历史淘汰。历史上从来没有无爱的人、组织或者国家，很多人、组织或者国家消失不是因为无爱，而是爱多了、爱过了！

人类的爱，是由基因决定的，是人类在几亿年的物种竞争中胜出的根本原因。有研究表明，地球上的生命（包括所有动植物）最初开始的地方，都有一个共同的祖先——LUCA（又称作“露卡”）。“露卡”是什么？它来自哪里？研究认为，露卡是一种微生物，看起来与细菌相似，它生活在温暖的水中，一般科学上普遍认同的说法是，露卡来自浅海地区。不过，近年来，一些科学家认为，露卡可能最早出现于火山岩的裂缝中，很多元素都成了它的主要食物，后来，露卡不断演化，才成就了地球上的万物。

科学家认为，露卡最初的生命特征非常简单，可能连细胞膜都不存在，那个时候距今有30多亿年。后来，露卡进化成了单细胞生命，并通过分裂等方式，使单细胞生命的数量越来越多，直到某一天，在机缘巧合之下，2个单细胞融合在一起，新的共生关系“线粒体”开始在地球上出现，地球的生物进化也掀开了崭新的一页。

通过大量的数据分析，科学家认为大约在17亿年之前，线粒体开始在地球上壮大起来，不断地演化成了多种多细胞生命，各类更为复杂的生命形式也由此开始一点点出现在地球之上。不过，追根溯源的话，地球上后来的一切生物，无论是那些已经灭绝的，还是与人类一样，成功进化到今天的，它们最初的祖先都是统一的，都是由“真核生物”演化而来。

现代研究结果显示：人体的基因构造为30多亿碱基对，当然，其中只有0.1%是完全属于你的，其余99.9%部分，都是你与其他人共享的。简单来说，无论你认不认识对方，你们体内的基因重复率都高达99.9%。这是什么概念呢？再举一个例子：如果将人类体内30多亿碱基对编写成一本书，这本书的页数大约是26.2万页，其中真正属于你的页数还不到500页。当然，除了人类与人类之外，我们还与地球上大部分生物共享基因，研究认为，人类和黑猩猩的基因重合率为96%，人类和老鼠的基因重合率为85%，当然，这并不代表我们与它们就是近亲。毫不夸张地说，人类与香蕉的基因重合度率50%。毕竟从地球的生命演化过程来看，一切的生物都来自最初的单细胞。

科学研究结果告诉我们，人类因为有对生命的爱，才在多种生物的进化及竞争中“脱颖而出”，成为今天地球的主宰，才能有今天的成就！当然，人类不是一直都是地球的主宰，恐龙及其他生物曾经是地球的主宰，我们以后是能否一直保持主宰的地位，恐怕要看我们的行动！

基于人类的智慧或者自私的特质，人类对于各方面的需求，在没有法律控制或者法律控制滞后的情况下，有时“深深”的爱超出了人或者人的组织本身需求的若干倍，尽显贪婪之象！

“怎么爱”，实质上也是由人类基因决定的。如上所言，地球上的生物30多亿年前都起源于微生物“露卡”，后来大家各自发展，但是本性是差不多的。我们可以从微生物如何在国际空间站生存看出一点端倪。

在古代，即使科技不发达，人类也一直憧憬着有一天可以到天上去看一看。于是，承载着无数人的太空梦，空间站的概念在1869年的时候第一次被提出。不过，此后多年里，因为战乱和科技水平限制，一直都没有正式施行。一直到“二战”期间，一名德国科学家提出了“太阳炮”的设想，认为在地球轨道上，可以建立空间站，此后才逐步开始进行设计。

1971年，人类历史上第一个空间站被建造成功，意味着人类距离太空又近了一步。那么，空间站究竟是用来做什么的呢？空间站又称作太空站，它主要是为人类提供一个空间，可以在太空中工作和生活。近年来伴随着科技的发展和进步，很多实验也都由地球转移到了空间站去进行，而且实验数据也更加精准。我们都知道，虽然宇宙很大，但是天文学家们从不曾在宇宙中找到任何一个存在生命的星球，哪怕是最原始的低级生命——微生物的存在，在宇宙中都没有发现。

那么，是不是意味着空间站非常安全呢？事实上却并非如此。前段时间，空间站发出预警，大量的未知生物出现在空间站，而且进行大量的繁殖，不仅已经对空间站工作人员的身体健康造成了严重的威胁，就连空间站的设备等硬件设施，也因此受到了不小的威胁。

这些未知生物是什么呢？它们在地球上普遍存在，并被称作是地球真正的主人，也是地球上数量最多的种族——微生物。微生物的生命力非常顽强，从35亿年前它们在地球上诞生一直到今天，微生物已经遍布了地球上的各个角落，包括那些我们尚未探明的角落和各类环境极其恶劣的无人区。

那么，微生物又是如何入侵空间站的？我们都知道，在地球上绝大部分的微生物都是肉眼不可见的，只有在显微镜下才可以观察到它们。而空间站虽然处于太空之中，但并不意味着它与地球是完全隔绝的，因为每隔一段时间，就需要对空间站进行各类的资源补给，同时还要对空间站进行检修，工作人员也要定期回到地球。这就需要货运飞船经常在地球和空间站间来来回回，微生物便悄悄地搭乘着飞船，从地球去到了空间站。

微生物的适应能力极强，它们在入侵空间站之后就会立刻开启繁殖模式，同时立刻适应空间站的环境，并且蔓延到空间站的每一个角落。科学家表示，在空间站中至少有上百种微生物存在，而且它们对工作人员的身体和空间站的设备都非常有害。不过一直到今天，科学家们仍然对微生物的入侵束手无策，没有一个完美的办法进行应对。

人类一直在努力探索地球以外的太空，想在未来某个时刻能够逃离地球，但很多实验的结果都证明这是不可能的。相反，地球不一定需要人类，没有人类的地球曾经存在过很多年。因此，我们必须珍惜地球，我们离不开地球。只有爱与法完美结合，才能最终保护地球。

科技发展，让我们这代人享受了无与伦比的快乐。科技给人类带来的好处数不胜数，吃穿住行，我们样样都能感受到。科技改变生活，科技改变世界，科技影响人类。电、电话、电视、手机、电脑、电梯、高铁、轮船、飞机、电邮、网站及微信等等，无一不成为我们生活中的重要组成部分。科技也让爱与法更快更便捷地向世界各个地方传播及发展，促进世界文明的整体提升。为了鼓励科技发展，专利、著作权及商标等各种知识产权应运而生。

人类是地球上的高等智慧生物，地球是宇宙里特殊的星球，至今科学家还没有发现与地球完全相同的星球，人类想像搬家一样，从地球搬到另外一个星球，几百年内几乎是不可能的。我们必须爱惜及保护地球——我们唯一的家园！而这种爱要成为社会的强制性约束，就必须不断完善道德与法律的建设，推动国家内部、国家之间的法、德融合。

第二章　法与法治

“什么是法？”是一个难以有统一结论的问题。但是不管世界各地不同学者如何表述，它仍然有它自己的内在规律。笔者认为，法就是保障人类存在及发展的原则，根植于基因，存在于“爱”中，与人类共存亡，表现形式同样呈现多样化。

法在不同国家、不同时期、不同语言中有不同的叫法、写法，文字形式、内涵也不完全相同，比如中国古代“法”的古字体是“灋”，商务印书馆2007年1月第一版《古代汉语词典》中对法的字源解释为“法本作灋，在篆文中是会意字，由表示公平的‘氵’和代表传说中能明辨是非的一种野兽‘廌’，表示驱除罪恶的‘去’三个字组合而成，表示惩罚罪行像廌一样公平。在隶书中省略廌，写作‘法’。法的本义指法律、法令”。另据东汉许慎《说文解字》解释：“灋，刑也，平之如水，廌，所以触不直者去之，从去。”法字从“水”，象征法的公平，所谓法平如水，这是对法的期望和法所追求的价值目标，也是古代官吏司法自律的标准。可见从中国的古字源上已经表现出了法所具有的公平和正义的内涵。

英语系国家叫“law”、西方古代叫“地美士（themis）”等。从法的历史上可以知道，人类历史上习俗、道德（礼）、宗教等都曾经被赋予强制力，起着法的作用，那个时代，它们就是法。尤其是宗教，长期甚至至今还在一些国家起着法的作用。

如果我们认真研究世界上一些历史悠久国家的法的历史，就会发现法的载体很多，在法里可以看到习俗、道德、宗教等的“影子”。所谓“影子”就是载体，只是它那时起着法的作用而已。

为什么一些法的内容被保留下来（例如判例法国家的一些判例能存续几百年），而一些法的内容被废除或者抛弃？标准是什么？

法其实不是被人类创造出来的，它本身就“隐含”在人本身的基因里，是逐步被人类自身“发现”的。这种发现不是一蹴而就的，至今，我们还在“发现”它的道路上！人类社会发展就像脱缰的野马，速度越来越快，经常让人心惊肉跳。“法”是缰绳，是刹车及方向盘，把“爱”限定在可控的范围内。

第一节　法的起源

法的起源是指法的起始和发源。从古到今，许多思想家、法学家对法的起源问题进行了探讨，提出了关于法的起源的各种学说，主要有：

（1）神创说：这一学说认为法是人格化的超人类力量的创造物，各种各样的神为人类创造法。中世纪神学政治的鼻祖奥古斯丁提出：秩序和安排来源于上帝的永远的正义和永恒的法律，即神法；人法服从神法，是从神法派生出来的。中国古代也有类似的认识。

（2）暴力说：这一学说认为法是暴力斗争的结果，是暴力统治的产物。中国的法家代表人物韩非子就认为“人民众而财货寡，事力劳而供养薄，故民争”，有斗争有暴力才需要解决冲突的规则。

（3）契约说（古典自然法学者）：人类在进入政治社会之前处于自然状态，为了克服自然状态的缺陷或更好地生活，人们相互间缔结契约，通过缔结契约人们放弃、让与部分自然权利，组成政府，这个最初的契约是法律。17、18 世纪的古典自然法学者大部分都持此说。

（4）发展说：

① 人的能力发展说：随着社会的进化，人的能力有了发展，例如，火的运用、弓箭的发明等，财富有了增加，社会关系开始复杂，因而需要法。

② 精神发展说：黑格尔认为绝对精神在自然界产生之前就已存在，绝对精神发展到自然界阶段，才有了人类，人类精神的发展产生了法。民族精神论者提出法来自民族的精神或历史传统。

（5）合理管理说（法社会学者）：许多法社会学者持此说，如美国当代法的社会学家塞尔茨尼克认为，一个群体的法律秩序是基于合理性管理的需要而发展起来的。

马克思认为，法是随着生产力的发展、社会经济的发展、私有制和阶级的产生、国家出现而产生的，经历了一个长期的渐进的过程。从其本质上看，法是伴随着人类社会的发展而产生并不断发展完善的，是人类社会为推动自身发展不断自我约束与规范的自觉选择。人类的发展与选择产生了法，法的发展与完善又反过来促进人类社会的不断发展与完善。

法起源于习惯。恩格斯在其论住宅问题的第三篇《再论蒲鲁东和住宅问题》中这样描述了法律的诞生："在社会发展某一个很早的阶段，产生了这样一种需要，把每天重复着的生产、分配和交换产品的行为用一个共同规则概括起来，设法使个人服从生产和交换的一般条件。这个规则首先表现为习惯，后来便成了法律。"[①] 德国法学巨擘萨维尼（Savigny）认为，民法的起源和发展如同一个民族的语言和习俗一样是历史的产物，民族是一个有机体；法律最初存在于全体人民的共同的意识（民族精神）当中，一切法律都起源于习惯。

在现代意义上的法产生之前，法只能以判例（判决）的形式出现，随着一个个判例的产生和积累，进而形成了习惯。也就是说，习惯是以若干个判例（判决）作为存在形式的。梅因在其《古代法》一书中对法的发展包括法的萌芽或起源及判例对法的作用均作了认真的研究和论述。经过研究，他指出西方古代"地美士（themis）"在《荷马史诗》中是宙斯的审判官的名字，后来它演变为万神庙中的"司法女神"。希腊人以其象征法律，因为希腊人是宗教有神论者，他们"把司法审判权交给国王或上帝的神圣代理人，万王之中最伟大的国王，就是地美士。这个概念的特点，表现在这个字的复数用法。地美士弟即地美西斯，是'地美士'的复数，意指审判的本身，是由神授予法官的。在谈到国王时，好像他们的手中就有着丰富的'地美士弟'，随时可以应用似的。但是我们必须明白了解'地美士弟'并不就是法律而是判决"[②]。只是到了后来，出现了类似案件被参照适用，当它们被反复适用后，才成为一种"习惯"，进而变为习惯法。

梅因对"themis"一词的分析和研究，清楚地告诉我们判例对法的起源有着特殊的作用，它是萌芽状态的法的存在形式。也就是说最初的萌芽状态的法只能孕育于判例或判决中，只有通过一个个判例的产生和积累进而形成习惯，而后才产生了习惯法和法典。当然，这个时期不可能有现代意义上的法院和法官，但总是存在着某种"权威"，由它在行使着裁决权。梅因指出，这

① 《马克思恩格斯选集》第二卷，人民出版社 1972 年版，第 538-539 页。

② 梅因：《古代法》，商务印务馆 1984 年版，第 3-5 页。

时的法之所以表现为判决，原因很简单，因为“在人类初生时代，不可能想象会有任何种类的立法机关，甚至一个明确的立法者”[①]。

判例对法的发展的作用，不仅表现于法的萌芽时期，而且贯穿于法的发展的始终，这可以从它对法发展中的几种媒介或机制的作用表现出来。法的发展突出地表现为新的法律（包括新的内容）的出现。那么新法是通过什么途径或办法得以从旧法中产生出来的呢？梅因认为有三种，即法律拟制（fictiones）、衡平（equity）和立法（legislation）。这一概括是否全面和准确，姑且不论[②]。由于这三者对法之发展的作用已为大家所公认，所以这里仅以这三者来看判例在其中的作用。

“法律拟制”按照梅因的解释，“这一个用语，是要用以表示掩盖，或目的在掩盖一条法律规定已经发生变化这一事实的任何假定。其时法律的文字并没有改变，但其运用规则已发生变化”。这时旧的“法律制度仍旧保持原样，原封不动，但它已只成为一个躯壳，它早已经被破坏了，而藏在其外衣里面的是新的规定”[③]。这就是说，原有的法律规定名不改实已改，或者近似于我国古代的托古改制，即假借旧法的名义，增加新的法律或新的内容，使之适应已变化了的客观情况和解决所面临的新问题。古罗马时期的法学家在创造罗马法时主要就是用这一法律拟制的方法，即他们装出表面上很尊重《十二铜表法》的样子，似乎他们的一切工作都紧紧围绕着这一古老的法典，不敢越雷池半步，所以，他们只是用注释该法典的办法和“法律解答”的办法去解决实践中所碰到的新问题。但是实际上他们已把自己的新东西加进去了，所以在“不断地变更、扩大、限制或在实际上废弃‘十二铜表法的规定’”[④]。经过几个世纪就使《十二铜表法》这一部粗糙的习惯性法典发展为古代社会中“以私有制为基础的法律的最完备形式”[⑤]和“商品生产者社会的第一个世界性法律”[⑥]的《国法大全》这部著名的法典。所以，罗马法学家通过法律拟制办法对法律

① 梅因：《古代法》，商务印务馆 1984 年版，第 3-5 页。

② 有些人认为还有习惯，参见伯尔曼：《法律与革命》，中国大百科出版社 1993 年版，第 13 页。

③ 梅因：《古代法》，商务印务馆 1984 年版，第 16 页。

④ 梅因：《古代法》，商务印务馆 1984 年版，第 20 页。

⑤《马克思恩格斯全集》第二十卷，第 114 页。

⑥《马克思恩格斯全集》第二十一卷，第 346 页。

发展的推动，是与判例有着直接关系的。

如果说法律拟制活动离不开判例的话，那么衡平更是如此。因为衡平也是解决疑难案件的一种办法，是一种判例方法。梅因在谈到衡平时说："这个名词的含义，是指同原有民法同时存在的某一些规定，它们建筑在个别原则的基础上，并且由于这些原则所固有的一种无上神圣性，它们竟然可以代替民法。不论是罗马的'裁判官'或者是英国的大法官的'衡平'，同出现比较早的'拟制'都有不同，其不同点在于它能公开地、明白地干涉法律。"[①] 他指出古罗马的万民法和英国中世纪以来的衡平法，都是用这种方法所创制的不同类型的法律。如古罗马的万民法是外事裁判官在处理涉外诉讼案件时所创立的不同于市民法的一种法律，英国的衡平法则是国王或大法官以国王名义抛开普通法而凭借正义精神在解决疑难案件中创立的。显然，在使用衡平这一机制推动发展时，更离不开判例。

至于判例对立法的作用，前已论及，它虽然不像拟制和衡平那么明显和直接，但仍然是不可缺少的，因为它是立法工作的前提和基础，很多的立法都不是立法者拍脑袋拍出来的，而是对社会纠纷的概括和总结，所以都离不开对判例的调查研究。而且在普通法系国家里，判例至今仍然是法律存在的主要形式和新法产生的主要途径。即使在大陆法系国家中，判例也发挥着一定的作用，是新法产生的动力和前奏。

判例也是法赖以生长的依托物，只有通过它，并通过既相似又有差别的反复出现的同类案件，这种特殊的解决纠纷的原则和办法才能日益成熟并变成一项正式的法的规则。进一步说，一种新的法的产生，必须以大量的案件作为经验依据，只有在研究分析了大量的有关案件的基础上，才能从事真正的立法工作和制定出符合实际的法律。

著名的美国法人类学家 E. A. 霍贝尔在谈到法人类学的研究方法时，特别主张使用案例方法。当然霍贝尔所谈的只是如何发现法律的问题并未直接谈到判例对法的发展的意义。不过我们从中可以看出，"法孕育于社会的纠纷之中，因此它对法的产生和发展就有着某种特殊的作用，即判例是法的生长点，一切新的法的原则和程序，只有通过判例才能产生、'发现'和进一步发展。这是因为法实际上是解决社会纠纷的一套特殊办法和一定原则。所以，法只

① 梅因：《古代法》，商务印书馆 1984 年版，第 17 页。

有在社会纠纷中才能产生和发展”[①]。判例（判决）是对社会纠纷直接处理的结果，一个好的判例（判决）其中必然包含着一定的原则和方法，而这些原则和方法直接来源于社会。这些原则和方法不断地在其他社会纠纷的处理中被适用，逐渐地成为“习惯”，进而再上升为习惯法成为法的一个新的生长点。“这就是说只有当社会产生了一种新的纠纷时，人们才会寻找新的解决纠纷的原则和办法，而新的法律正是人们在解决这种纠纷的过程中所寻找到的或‘创造’出来的一种特殊的解决社会纠纷的原则和办法。”[②]

中国社会科学院民族研究所研究员张冠梓博士在其《论法的成长——来自中国南方山地法律民族志的诠释》一书（社会科学文献出版社 2000 年 4 月第 1 版）中以中国南方山地民族为具体例证，收集、整理及分析了大量南方山地民族历史资料，实证地论述了法的成长，包括在法的成长过程中该社会内部的各种因素如生态基础、经济方式、政治制度、宗教形态、文化传统等，该社会外部的各种因素如来自中央国家政权和异族群的政治、宗教、文化等对法的形成、演变所起的决定或者影响作用；进而论证了法律成长的经验性特征及逻辑性特征。通过这本书，我们对于法的早期成长历史或许可以窥见一斑，同时该书或许能给我们的法律思想一点启迪。他在大量资料基础上发现了独龙、布朗、佤等刀耕火种民族习惯法的俗成特征，凉山彝族等山地耕牧民族习惯法的约定特征，大瑶山瑶族等山地耕牧民族固有法的准成文化、规则化特征，西双版纳傣族等丘陵稻作民族固有法的成文化、法典化特征。在自然环境、经济、政治、宗教等因素的综合作用下，南方山地民族传统法律文化在静态上表现出一些结构特征，如在法律价值上的神意决定一切、法律伦理化、狭隘的排异倾向、法律规范上的诸法合体、内容的欠准、司法解释的任意性、诉讼程序的不完善、刑种的粗略，以及法律体系上的多元主义特点等。最终他认为法律变迁的过程是一个文化系统综合变迁的过程，实现法律现代化必须是在充分认识和依据中国自身的法律文化资源的前提下，合理地借鉴、汲取、移植西方社会的法律文化的结论，同时提出了对传统法的概念、法的起源、法的演变及法的成长等进行思考。该书获得北京大学张传

① 严存生：《判例与法的发展——读梅因〈古代法〉有感》，载于《判例在中国》珠海非凡律师事务所编，法律出版社，1999 年版第 10 页。

② 严存生：《判例与法的发展——读梅因〈古代法〉有感》，载于《判例在中国》珠海非凡律师事务所编，法律出版社，1999 年版第 10 页。

玺教授、李贵连教授及中国社科院法学所杨一凡研究员的充分肯定，并入选胡绳主编的“中国社会科学院青年学者文库”。

第二节　法的主要传统载体

如果单纯从强制力角度去评价，可以说，历史上任何曾经具有过强制力的规定都是那时世俗的“法”。而这些承载着具有强制力规定的习惯（习俗）、道德或者宗教等，就是“法”的载体。如何分配权力及利益社会才能和谐稳定，是历朝历代统治者精心考虑及设计的事情。设计合理，朝代便可以长期和谐稳定，反之，短暂且动荡。其核心或者关键之处，不同专家学者的论述有所不同，但笔者认为主要是“爱”的协调与统一。

因为地理原因，长期以来，古人在地球不同区域，在社会管理领域进行了各自的探索，具有强制力的规定是必不可少的，但它们名称各异，称为习惯、礼、例、宗教等等，事实上它们都起着类似于今天法的作用。

围绕着权利的实现，人类创造了多种社会管理模式，每一种模式内部都在不断地调整，不同的模式之间也在不停地竞争。笔者认为比较社会管理模式的优劣可以从以下几个方面进行：（1）公平透明程度及概率；（2）社会接受度或者社会稳定性；（3）符合人性程度；（4）社会成本；（5）可持续性。社会管理模式的竞争会一直持续下去，竞争的过程是残酷的、痛苦的，因为总有人失去权利，但每一次成功及失败都是人类的宝贵财富。竞争是不可避免的，竞争已经从陆地延伸到海洋，延伸到太空，延伸到人类能到达的任何地方……不管胜利者还是失败者，我们都是人，我们本来就是一家人。人类的敌人不应该是人类，而应该是威胁全人类生存的东西。

历史实践告诉我们，习俗（习惯）、道德（宗教）、礼（律）等都曾经成为过法的载体，甚至同时发挥作用。只是当某一个为主显现时，其他的工具或者隐藏，或者影响该工具作用的发挥。

（一）习俗（习惯）、道德、宗教

原始社会中最先产生的都是习俗（习惯）、道德及宗教，起初三者之间难以区分，后来才逐渐分开，但界限一直都有些模糊。习俗（习惯）、道德及宗教都是人类天生就有的，最基本的，应该是遗传而来的属性，附属在人类的遗传基因里，主要内容是“爱”。比如父母抚养及关爱子女，子女赡养及关爱父母，兄弟姐妹间互相关照等等。

当然，这里说的宗教是原始的宗教。习俗（习惯）、道德及宗教的内容除了因为认知能力而产生的错误外，那时基本上都是爱。那个时候，人们生活上还比较困难，不能衣食无忧，缺衣少食及疾病等经常困扰着他们，语言也还没有充分形成，交流存在困难，掌握的知识非常少，尤其交通及通信极其不便，居无定所，经常迁徙，低文化水平限制了人们的思考，只是自觉或者盲从地遵守习俗（习惯）、道德及宗教等。大家基本都认为这些规则及要求是符合“天理”及“天命”要求的，不容违反。“天理”及“天命”也被首领拿来作为惩罚违反者的依据。当然，这个时期的首领主观上没有太多的私利，客观上也没有条件，与群体其他成员相比较，反而有时需要有更多的付出及贡献。

后来，宗教活动比较多，仪式隆重，成为生活中的重要组成部分，有时不仅用动物甚至人来祭祀（能够成为祭祀品，那时是非常神圣及荣幸的）。这些宗教活动，一方面祈祷风调雨顺及平安健康，另一方面则是强化人们的服从意识，维护群体内部秩序，惩罚违反及叛逆者。为了生产及生活需要，同时为了抵抗动物及外族的袭击，人们基本上以血缘关系为纽带进行小规模群居生活，财产在这个群体里基本上是共有的，私有的概念还没有萌芽，氏族自然地产生了。

这时，习俗（习惯）、道德及宗教应当是同时发挥作用的，有时难以区分一个行为究竟是习俗（习惯）、道德还是宗教在起作用。比如：助人为乐、拾金不昧、不骗人及不欠别人钱等。尤其宗教产生后，习俗的作用渐渐淡化。道德与宗教各自努力发展，同时又互相促进，偶尔会有冲突，宗教吸收了道德中的主要成分成为道德的捍卫者及主要表现形式。道德也促进宗教的发展及宗教功能的实现，只是这时在信教人们心目中道德已经退居第二的位置。在指导人们行为时，道德与宗教的作用有时确实难以区分，尤其在人类早期，今天在一些问题上有时也同样如此。

人是经验动物，不管是习俗、道德还是宗教，一旦他接纳并内化，这些规则及要求就会被他自觉地遵守。但在一个人的内心，自觉遵守习俗（习惯）、道德或者宗教规定及要求的动力是不一样的，约束力应该是逐渐加强的。人们遵守习俗（习惯）、道德或者宗教基本是自觉的，违反习俗、道德或者宗教的后果及影响也可能是巨大的。严重违反者，可能会被要求离开群体，或者群体成员不再接纳他。在人类早期生活环境里，离开群体就意味着死亡。这时的惩罚主要来自内心，因为这个时候还没有专门的暴力机器来保证习惯、道德或者宗教规则及要求的实现。据考证，这个时期习惯、道德或者宗教的规则及要求绝大部分是得到实现的。其实，这种主动实现习惯、道德或者宗教规则及要求的状态也正是现代意义上的法所追求的最佳效果，法的目的不在于追究人的责任，而是通过公开明示，引导大家自觉遵守法，实现社会和谐稳定。

（二）礼（律）

当社会发展到一定阶段，私有财产开始萌芽及迅速发展，氏族及部落这时一般也发展为国家。

为了战争及生活需要，人们聚居在一起，城市逐渐出现了。国家内部维持统治的军队、监狱等暴力机器已经出现，这时，社会等级比较严格。统治者的职位一般是世袭的。由于文化知识水平的提高，一部分人（甚至包括统治者内部的人）开始考虑权利义务的合理性及其来源，对已有的习俗（习惯）、道德及宗教的规则及要求产生了思考，甚至有些叛逆思想及举动。这部分人开始时并不多，占人口比例不高，但逐步增加并团结，有少部分来自上层社会的人。“天理”及“天命”等也开始公开被大家怀疑。统治者不能像以前那样可以随意拿“天理”及“天命”来维护自己的利益，他们需要证明自己及自己的行为是符合“天理”及“天命”的，“以德配天”常常被用来证明统治的合法性及正当性。

在中国古代西周时，礼出现了，礼，来源于习俗（习惯）、道德或者宗教等，但比道德（宗教）更有约束力，调节的范围也比较广泛，二者的区别是比较明显的，尽管有时会有重合，尤其是宗教完全独立于道德以后。

以中国周朝的礼为例，涉及老百姓的家庭内部管理、吃穿住行及婚丧嫁娶等一切私人事宜及官府的礼仪服饰、内外规则等。这时的礼，大部分具有强制力，可以称为“礼法”。当然，此时在中国大地上的宗教及其他学说流派都沉醉在各自发展及竞争当中，它们既影响着统治者，也被统治者根据他们的喜好有选择地使用，例如法家的以法治国及儒家的以德治国，中国古代儒家经典著作直接被引用为裁判依据的“春秋决狱”就是很好的例子。在这个竞争中，儒家学说由于其中庸而最终取得了胜利。在国家治理上，统治者基本采用德主刑辅、外儒内法。中国古代统治者一直努力在社会管理及冲突裁决中尽量保持与习俗（习惯）、道德或者宗教规则及要求的协调。但遇到威胁其统治时，也会毫不留情予以打击！例如：秦朝的“焚书坑儒”及清朝的“文字狱”，甚至不惜采用五马分尸及诛灭九族等严酷刑罚。

中国古代有周公制礼，西方中世纪有宗教礼仪。此时的礼除了维护统治者地位及利益的内容外，应当说一定程度上也包含了一部分法及道德的内容，还有一些体现公平、正义、慈爱的条文。从某种意义上说，在周朝，礼事实上起到了法的作用，其中当然包含习俗（习惯）、道德及法。在周朝，违反了礼处罚也是严厉的，例如对地方诸侯违越礼仪，天子甚至要代表中央政权起兵讨伐。对于个人，事无巨细也要予以处理，具体根据违反礼的内容决定处罚的轻重，尽管这种处罚有时在家庭、家族内进行，但毫不含糊。例如：父母子女之间的关系及礼节、婚丧嫁娶、红白喜事等。那时礼法的内容比现代社会的法涉及的范围既广泛又具体。

战国时期中国出现的法家，主张以法治国，并取得过成功（秦统一六国），这时礼便与“律”结合起来形成了中国特色的“礼法”[①]，与习俗、习惯、道德、宗教、例等一起发挥作用，它们组成了一个几乎完美的组合（尽管不同时期礼法组合中不同成分所起作用有所不同），持续维护了统治者利益两千多年，这在世界历史上是极其罕见的。“律”已经完全具备了法的特质。

中国的宗教从来都没有取得过西方宗教那样的地位，从来没有独立管理过国家，一直是依附或者游离于世俗政权的。而西方宗教却完全不同，西方中世纪宗教之礼[②]，相当于中国周朝的礼及后来的律，强制力上比礼及律强了很多，更是以教规当法。据考证这种法在严酷性方面远远超过了中国古代的礼及律。否则，中世纪的宗教裁判所就不会令人胆战心惊，例如：哥白尼因

① 详细内容可以参见张自慧：《礼文化的价值与反思》，学林出版社 2008 年版。汪世荣：《中国法制史》，北京大学出版社 2007 年版。

② 董进泉：《西方文化与宗教裁判所》，上海社会科学院出版社 2004 年版。

为说地球是圆的，就成为“异端”，而被烧死。可能正因为那时宗教之礼过于严酷，所以人们的反抗更加激烈，尽管它也很严密，但终究未能像中国的律及礼那样帮助统治者维护其利益2000多年。国家一般与宗教都是紧密联系的，每个国家或者每个国家在不同时期都会选择一个宗教作为国教或者作为主流，有时还会帮助一个宗教打击或消灭另外一个宗教，例如中国唐朝的“灭佛运动”。尤其在欧洲及中东地区，中世纪的战争，很多时候是以宗教名义及在宗教的外衣下进行的。中世纪西方的神法也是今天西方法的起源。尽管在维持当时统治者的统治方面有很强的强制力，但日常社会管理及裁决时，统治者还是尽量不与习俗（习惯）、道德或者宗教规则及要求相冲突。

道德及宗教影响法律的例子比比皆是，不同的宗教对人们的影响是不同的。例如：基督教教义告诫人们不准作伪证害人、不允许离婚等。佛教教义告诫人们不要妄语骗人。伊斯兰教义告诫人们不允许放高利贷收取利息、不准在商品中掺假、不准缺斤少两、不准在经商中使用欺骗手段等。在禁止偷盗、杀人及奸淫等方面几大宗教基本是一致的。历史上基督教、天主教及东正教等宗教教义也曾经直接作为法律在一些国家及地区适用，宗教教义直接成为法规的现象我们称之为“宗教法”（详见何勤华、李秀清《东南亚七国法律发达史》法律出版社 2002 年 5 月出版。此书扼要地介绍了印度宗教法。吴云贵：《真主的法度——伊斯兰教法》（中国社会科学出版社 1994 年 11 月第 1 版，比较详细地介绍了伊斯兰教法）。

宗教教义与法对于社会行为的规范具有内在的同一性，不同的宗教通过不同的教义规范对社会行为进行一定界定，但在本质上与世俗法一样，对于人类行为具有强制性规范要求。

世界部分宗教禁忌简单统计表

行为	佛教	基督教	天主教	伊斯兰教
偷盗	戒	戒	戒	戒
杀人	戒	戒	戒	戒
淫乱	戒	戒	戒	戒
动物血液	戒	戒	戒	戒
酒	戒	未明确	未明确	戒
谎话	戒	戒	戒	戒
高利贷	未明确	戒	戒	戒
商业欺诈	未明确	戒	戒	戒
具体人崇拜	不反对	戒	戒	戒

第三节　世俗法的主要表现形式

世界上两大法系国家的重大分殊之一就是英美法系以判例法为主要的法律渊源，以“遵循先例”为主要的司法审判原则。而大陆法系则以制定法为重要的法律渊源，以严格适用成文法规范为法律适用原则。

英国法由判例法和制定法两部分组成，其中判例法是其主要的法律渊源，它包括普通法和衡平法。判例法一般是指某一法院的判决，确切地说是指一个判决中所含有的法律原则或规则，对其他法院（甚至对本院）以后的审判来说，具有作为一种前例的约束力（binding effect）或说服力（persuasive effect）。这里应注意判例法并不是指对某个案件的整个判决，而是指某一判决中所包含的某种法律原则或规则。当然这种原则或规则和判决所讲的案件事实是密切联系的。还应注意的是，前例有约束力是指必须遵从它，它也可能并不一定被遵从，但它有某种说服力或影响。一个前例的影响或说服力有多大要依各种因素而定，如作出判决的法院的地位、法官的声誉以及作为前例的那个原则或规则的表达等。在西方的法学著作中，判例法也往往被称为“法官创造的法律”（judge-made law）或简称“法官法”。

判例是法的一种表现形式。成文法则是现代社会法的主要表现形式，大陆法系国家通常都采取这种形式。因为成文法的表达形式简单扼要，有些判例法国家也逐步采纳。成文法主要是条文式的，但因为其高度抽象、概括，理解起来容易产生偏差。因为我国是传统成文法国家，大家天天接触到的都是成文法，对其优缺点比较清楚，本书就不作论述了。

为了便于以后的讨论，我们需要区分以下几个概念及其相互关系：案例、判例、判决、习惯、判例法、习惯法、不成文法、例。

（1）案例是例子中的一种，但是内容比较全面，一般至少有人物、事情经过、法律依据、结果等，可能没有判决书或者判例内容详细。案例出现频率比较高，但不同主体制作的案例性质及效力不同。本书把案例分为两类，即广义案例和狭义案例。广义案例就是普法案例，大凡有教育意义的案例都是广义案例，范围广，几乎包括了所有案例，是本书讨论的重点。狭义案例专指中华人民共和国最高人民法院和最高人民检察院颁发的指导案例，其具有一定法律效力，各级人民法院在办理同类案件时必须予以参考。广义案例包括狭义案例。

（2）判例，顾名思义就是新的包含着特殊的原则和办法的已解决的典型的社会纠纷，即法官在司法实践中，通过对某一典型案例的审理和判决从而建立起一个典型的“范例”或称“法律原则”，以后的法官在处理类似案件时可以以此为依据，通过判决所建立起来的这种“范例”就称为“判例”。由于判例对以后的案件具有拘束力，便形成判例法。判例具有双重的法律拘束力，也就是说对某一具体案件所作的判决一是产生对于当事人判决的既判力，亦即一事不再理，这被称为既判事项原则也被称为任何人就同一案件不受两次审判的原则。在这一点上，大陆法系国家与英美法系国家之间的判决并无二致。二是根据该判决所确立的法律原则将产生法律效力，以后的法官在判决其他案件时，有以此为准绳的义务，这就是所谓的判例拘束力原理，这是英美法系国家的判决所特有的，大陆法系国家对此一般不予承认。

（3）判例与（案例）判决：从典型的英美法系判例制度角度讲，判例来源于案例。每个案例有一个判决，判决可以说是一个浓缩的案例，也可以说是案例的最终结果，它们有一一对应关系。并非所有的案例（判决）都能形成判例，只有那些能弥补立法不足或通过一判例能宣示新的法律原则或规则，并为一国法律指定的权威机关宣布的才能称其为判例。但无论判例与案例（判决）有多少相同或不同之处，对于一个研究判例的人来讲，如果一开始不从具体的个案出发，不扎扎实实地从占有的大量案例（判决）入手，就不会理解及掌握判例的真正意义。从某种程度上说（案例）判决也是证明“法律原则或规则”存在的载体。在中国，案例的意义更广泛，有司法机关赋予一定地位及效力的案例，有行政机关根据案件处理结果制作的案例，有各个组织机构为了学习及宣传制作的案例，等等，举不胜举。

（4）判例与习惯：当判例中包含着的特殊原则和办法被多起类似案件反复适用时，这些原则和办法就成了一种习惯，这种习惯可以是成文的也可以是不成文的，但判例是成文的。当然这里的习惯仅指与解决纠纷有关的原则或办法，并不是广泛意义上的习惯。

（5）判例与判例法：就普通法法系来说，判例法是与制定法相对称的以判例为基础、以遵循先例为原则的法律体系。一般是指某一法院的判决中所含有的法律原则或规则，对其他法院（甚至对本院）以后的审判来说，具有作为一种前例的约束力或说服力，这里应注意，判例法并不是指对某个案件的整个判决，而是指某一判决中所包含的某种法律原则或规则。当然这种原则或规则与判决中所讲的案件事实是密切联系的。还应注意的是，前例有约束力是指必须遵从它，它也可能并不一定被遵从，但它有某种说服力或影响。而判例正如上所言，是指新的包含着特殊的原则和办法的已解决的典型的社会纠纷。

（6）判例法与习惯法：习惯法是国家认可的用以调整社会关系的习惯。一种误解是，法律不属于成文法就属于习惯法，因而判例法被误认为是习惯法。另一种误解是，判例法在传统上体现了普通法，而普通法来自习惯法，因而判例法就是习惯法。事实上判例法本身也是成文的。英国中世纪的普通法在其形成过程中无疑借鉴了地方习惯，但普通法本身或体现这种普通法的判例都不是习惯法，且判例法本身包括普通法和衡平法。

（7）判例法与不成文法：在许多人看来，制定法与判例法常被等同于成文法与不成文法。这是一种误解。这两种分类确有交叉重合之处，但侧重不同，标准各异，不可混为一谈。一般说来，法律是否形成文字是成文法与不成文法的划分标准。制定法由国家一定的权力机关制定，属于成文法自然没有问题。然而判例法又何尝不是成文法？[①]判例法的原则、规则源于以往的判决，而这些判决是形成文字的。这种记载方式尽管不同于法典，但亦是成文法无疑。

（8）例。中国近代的例是中国古代统治者从实践中总结归纳出的，保证法律在全国的统一全面实施，是监督、防范司法及执法腐败的有力工具之一。

在中国近代法律体系中，成文法是最基本的法律形式，例则处于从属的、辅助的、但不可缺少的地位，同样是一种重要的法律形式。在存在方式上，例根植于律，起着补充律、变通律及至发展律、完善律的作用。它在保证成文法的统一实施及普及法律方面有着重要的作用。例本身就是一个案例或者起因于案例，在形式上生动具体，在理解上通俗易懂，不易产生歧义，用它来解释成文法是十分恰当的。司法腐败自古以来就是令人头疼及重点防范的问题之一，司法及执法腐败的手段之一就是故意曲解或者错误地适用法律牟取非法利益。全国案件太多，监督机构由于精力及数量等原因根本无暇顾及，如果能提供途径让老百姓有机会正确理解法律，一定有利于监督司法

① 汪世荣：《中国古代例研究》，中国政法大学出版社 1997 年版。

及执法腐败，例就是很好的办法。成文法对于专职从事法律工作及研究的人，容易理解，有时也会产生不同的解释，这是因为每个人的工作、生活、文化、宗教等经历及背景不同，尽管概率不是太高，但对法律的统一实施影响很坏，容易破坏法律的权威及形象。成文法对于非专职于法律工作及研究的人更难以准确理解或者容易产生不同理解，同样会影响法律的统一实施及权威形象。

司法实践中，例解释成文法的含义，使之有效地适用于具体案件；例创制了新的法律规则，弥补了成文法的不足；例确立了许多重大的封建法制原则，为成文法的适用创造了条件。当然在特定时期，由于没有处理好例与律的关系，例又直接冲击和破坏了封建法制，成为司法混乱的主要原因。因而例体现着法制的发展与进程，反映着司法的状况与水平，是特定时期法制状况的缩影，构成了国家法律体系的重要内容。

中国近代，由于成文法是整个法律体系的基石，因而不可能有判例法与之并存。但是例自春秋战国时起，就一直是一种重要的法律形式。例制度的确立经过了较长的历史过程，其发展大致可分为以下几个阶段：春秋战国至秦汉时期，明确了例在法律体系中的地位，是中国近代例制度的形成时期；魏晋南北朝至宋元时期，健全了成文法对例形成与适用的相应规则，是中国近代例制度的发展时期；明清两代确立了例形成与适用的一系列制度，是中国近代例制度的完备时期。因案生例，定期修例及以例入律，构成了中国古代例制度的主要内容，也形成了中国古代有特色的立法技术，是中华法系的一大特色。

第四节　法治的起源

法治历史根基之一的法制起源于原始社会后期。《尚书·虞书·皋陶谟》记载，“上古四圣”［尧、舜、大禹、皋陶（也写作“咎繇”，约公元前2280—前2170年）］之一的皋陶为帝舜筹谋政事时，提出“天叙有典”“天秩有礼”“天命有德”“天讨有罪，五刑五用哉”的思想、主张等，并制定“五刑”和“五教”，奉行“明于五刑，以弼五教”“罔失法度”“允执厥中”，历史上被尊为法祖。这便是远古人类社会“法”的萌芽，其思想是儒家思想的关键源头之一，其“德治”和“法治”理念、主张与体系就是当今“依法治国”和“以德治国”的起点和渊源，是后世社会治理法制的根基。

“刑起于兵”“法出于礼”。原始社会末期，当风俗习惯体现国家意志时，便成为法，主要有家法、族法等，“礼”起源于祭祀，也指宗法伦理，用于维护社会秩序。法制是以刑法为主的中华法系，法的基本精神是“尊尊”和“亲亲”，特点是“礼法结合”，即道德法律化和法律道德化。

公元前21世纪夏朝建立后，中华法制文化、思想、司法制度和理念有了比较完整的文献记载。夏、商、西周时期立法的主要特点是以习惯法为基本形态，法律不公开、不成文。夏法律为“禹刑”，实行“天命、全罚”制度；商有“汤刑”，有“神判”制度；西周则有“明德慎罚”“以德配天”的法制思想，出现立法制度，包括制“礼”和作“刑”，法律有“九刑”，以及“刑罚世轻世重”“敏谏罚讼”的刑事政策，法制制度已经非常健全，高度发达的法制文化中具有当时世界最优秀的法律制度，对后世华夏“法治”发生的影响关键而深远。

通过破除西周的宗法制度，春秋、战国时期的诸侯国在政治、经济、法制、文化等方面采取了一系列的变革举措，在继承优秀法制文化的基础上，逐步建立起以成文法为主体的新法律体制。变法运动汹涌澎湃，主要有郑国子产“铸刑书”、邓析著“竹刑”、晋国“铸刑鼎”、魏国李悝制定《法经》、商鞅辅秦变法等。影响中国传统社会最深的两大学术流派儒家和法家的主要政治、法律思想与主张均在那时成熟，并在治国理政舞台上施展了宏壮而深切之影响。

“春秋第一相”管子说：“法者天下之仪也，所以决疑而明是非也。”（《管子·禁藏》）他主张“以法治国”，以人性论和“不法古，不循今”的历史观为哲学基础，以刑罚制度为基础平台，使法成为衡量人们行为的普遍准则，具有公平性和客观性。在实施中提倡严刑峻法，同时建立一套严密的官僚制度并监察百官职守，最终实现维护统一的封建中央集权君主专制制度。孔子提出“德主刑辅”“宽猛相济”；孟子主张“仁”法结合；以性恶论为出发点；“辞赋之祖”荀子则倡导“隆礼而重法”的“礼”法结合、“礼”法并举、王霸统一的治国学说。《荀子·成相》说：“治之经，礼与刑。”最后创建了德法并用、“礼”法并举的法治思想。从成文法典鼻祖李悝的《法经》到商鞅、申不害、慎到的法制，法制理论与体系逐渐完善，“法治”思想渐趋成熟，至战国后期，韩非子集法家之大成，系统地总结并发展形成以“法”“术”“势”为核心的法家学说——“法治”理论与主张，为秦王嬴政建立第一个统一专制的中央集权制国家提供了理论依据。

中国法制文化中第一次提出“法治”概念的是《晏子春秋·谏上九》：“昔者先君桓公之地狭于今，修法治，广政教，以霸诸侯。”后来《淮南子·氾论训》中也说：“知法治所由生，则应时而变；不知法治之源，虽循古终乱。”这便是法治的一个历史渊源和萌芽。

第五节 法治概念的传统理论

法与法治是分不开的，法是适中的爱的要求及实践，法治是目标或者理想的状态。只有法没有法治是不行的，就像有一架豪华飞机，但从来不开一样。当然，实现法治需要一个较长的过程，这里有权利的博弈，需要多种法的载体共同发挥作用。

什么是法治或者法治的标准是什么？国内外目前还没有一个大家一致认可的答案。但是如果我们要仔细地讨论法治，尤其要评价一个社会的法治程度，就必须找到一个要素或者基本评价指标体系，否则，研究及评价无法进行。笔者认为法治是指社会治理的一种方式或者说是一种社会运转的状态，是活的是运动的。法制只是指法律及制度本身，是静止的，是不动的。那种把法治完全等同于法制的观点肯定是错误的。这么下结论的道理很简单，因为任何国家及组织都可以说其有法律或者制度，但并不是任何国家及组织都可以说其国家或者组织是法治的。从历史上来看，大家一般公认法治一词最早是柏拉图在其《法律》（The Laws，希腊语 nomos）一书中提出的，开了人类法治理论的先河。柏拉图指出法治社会法律的权威至高无上是其最重要的特征，一旦法律失去了权威，以法治国就成了一句空话。

法治可以说是一个古老的话题，当一个国家制定了法律并实施后，我们就可以称之为“法治”了。这是最基本或者最初级的法治。当然大家可能不认同我的观点。但什么是法治？法治的标准是什么？它的内涵及外延是什么？它有统一标准吗？它允许有差异及层次之分吗？科学技术一般是没有差异的，容易统一，大家也能接受。但非科学技术领域从来都是千差万别的，很难制定统一的标准，即使硬性规定一个标准，大家也不易接受。

衡量一个社会是否是法治或者法治程度如何的标准是什么？长期以来，理论及学术界存在很大争议。

英国学者 J. 拉茨认为，法治的基本原则包括：（1）所有的法律必须是关于未来的，公开的、清晰的，即人们活动时，它必须是存在的。（2）法律应当是相对稳定的，因为人民需要知道法律，不仅为了即时的决定，也为了长期的规划。（3）特别法的制定应有公开、稳定、清晰和一般的规则指引。（4）司法独立应得到保障。（5）自然正义的诸项原则必须得到遵守。（6）法院对其他原则的落实情况有审查权。（7）法院容易接触，争论可以及时得到解决。（8）预防犯罪的机关的自由裁量权不得妨碍法律实施。

美国学者约翰·罗尔斯的观点是“形式正义的概念，即有规则地和无偏见地实施公开的规则，在适用于法律时就成为法治”，他认为法治包括以下规则：（1）应当的行为意味着可做的行为。（2）类似案件类似处理。（3）法无明文规定不为罪。（4）自然正义的准则，如合理的审判程序和证据规则；法官必须独立和公正，但不受公众舆论所控制。

国际法学家会议（1995 年在印度新德里召开）通过的《德里宣言》所确认的法治的原则包括：（1）根据全面正义的法治精神，立法机关的职能在于创造和维持使个人尊严、个人发展得到维护的各种条件。（2）既要防范行政权力的滥用，也要有一个有效的政府来维持法律秩序，借以保障人们具有充分的社会和经济生活条件。（3）要有正当的刑事审判程序。（4）司法独立和律师自由。

我国学者郭道晖认为：“近代意义的法治强调法的权威和平等性，其基本要求是：（1）任何人的权力都来自宪法和法律；（2）任何权力都要受立法和司法的制约；（3）法律的作用既要治民，更要治吏，制约政府。”

现任中国法学会副会长、吉林省高级人民法院原院长、哲学博士张文显教授认为现代法治的基本要素与机制可以概括为：（1）社会应主要根由法律来治理。（2）社会整合应通过法律实施和实现。（3）立法政策和法律必须经民主程序制定。（4）法律必须建立在尊重和保障人权的基础之上。（5）法律必须具有极大的权威性。（6）法律必须具有稳定性。（7）法律必须有连续性和一致性。（8）法律必须以公正地调整各种利益关系、平等地保护和促进一切正当利益为其价值目标。（9）法律应能有效地制约国家权力，防止国家权力的失控与异变。（10）法律应力求社会价值的衡平与互补。他认为法治不是凭空产生和构造的，它只能建构于一定的社会生活条件之上。现代法治作为一种治国方略，其核心是以社会主体的自我管理、自我治理为其社会基础。

教育部人文社会科学重点研究基地副主任、中国政法大学法学院院长、法学博士张中秋教授在其主持编著的《法理学》（南京大学出版社 2001 年 6 月第二版）一书第三章“法治 ”中对法治的构成这样论述：法治的构成包含法律制度又远非法律制度所代表。早在古希腊时，哲人亚里士多德就说过“法治应包含二重含义：已成立的法律秩序获得普遍的服从；而大家所服从的法律又应该本身是制订良好的法律”。这揭示了法治构成中两个最基本的条件，即法的普遍性和法的优良性。前者是法治的形式要件，后者是法治的实质要件。

第三章　法与法治的历史演变

法治的历史根基与基础之一是法制。中国的法与法治以“刑”和“礼”为基础，法制起源于原始社会后期，形成于先秦时期，春秋时得到大发展，并形成法治的理念和基本思想；秦朝建立了封建君主人治主宰下大统一的中央集权法制国家，法制基本完整而健全，即全面确立中国古代成文法法律体系，建立了完整的立法、司法和司法监察制度，奠定了两千多年中华传统国家的政治制度基本格局和治国理政模式；在法制基础上，传统法治思想与理论到宋代基本定型，发展成治国理政的重要思想并形成治国理政的模式——“法治”模式。

中国古代法制历史演变

A. 主要法典：法经→九章律→曹魏律→泰始律→北齐律→开皇律→唐律疏议→宋刑统→大明律→大清律例

B. 法律体系：汉：律、令、科、比→唐：律、令、格、式、典（唐六典）→宋：刑统（律）、敕、令、格、式、例→明：律、诰（特别法）、例、典（明会典）→清：律、例、典（大清会典）

C. 刑法原则：西周（矜老恤幼、故意过失、罪疑从赦）→秦（连坐、诬告反坐）→汉（上请、恤刑、相隐）→唐、明（公罪私罪、故意过失、矜老恤幼、自首、相隐、类推、共犯、累犯、化外人）

D. 刑罚制度：奴隶制五刑（肉刑为中心体系）→汉初刑制改革（废除肉刑的努力）→封建制五刑（徒流体罚为中心）→近代五刑（自由刑为中心）

E. 会审制度：杂治（秦）廷尉、丞相、御史大夫→三司推事（唐）大理事、刑部、御史台→三清司会审、九卿圆审（明）刑部、大理事、都察院→三司会审、九卿会审、秋审、朝审（清）六部尚书、大理事卿、左部御史、画政司通政变、九卿加军机大臣、内阁大卫士等官

中国法制文化中第一次提出“法治”概念的是《晏子春秋·谏上九》：“昔者先君桓公之地狭于今，修法治，广政教，以霸诸侯。”后来《淮南子·氾论训》中也说：“知法治所由生，则应时而变；不知法治之源，虽循古终乱。”这便是法治的一个历史渊源和萌芽。

秦朝全面确立了中国古代成文法法律体系，并建立了具有 2000 多年历史

的中华传统国家政治格局和治国理政模式。秦奉行并在“法治”实践中完全贯彻法家“法治”“重刑”等思想理论，使秦法具有特色鲜明的法家色彩，并实行地方行政权与司法权合一制度，具有更加完整的司法制度和司法监察制度。秦时已进行大规模的立法活动，并具备完整的法律体系和制度，官员也要遵守行政规则和要求。

总结秦覆亡的历史教训，西汉初贾谊提出仁政德治思想；董仲舒在驰名中国封建社会的《举贤良对策》中系统提出“天人感应”“大一统”学说和“诸不在六艺之科、孔子之术者，皆绝其道，勿使并进”“推明孔氏，抑黜百家”思想，主张“独尊儒术”，践行“德主刑辅”，秉承“德法并用”，并将阴阳五行说应用于治国理政中，雄辩论证“德主刑辅”与天道运行规律相合，强调“天道之大者在阴阳，阳为德，阴为刑，刑主杀而德主生”的“德主刑辅”思想，形成汉代官方治国理政的哲学思想，包括“三纲五常”道德哲学，最终形成中国古代封建社会国家治理“德法并举”的政治思想框架和治国理政的理论体系。至此，形成了法治的理性，奠定了中华法治的基础。

唐代尊孔孟而修五经，确立并加强儒家思想的统治地位，后形成以儒学为主干，儒、佛、道渗透融合的格局，提出“制礼以崇敬，立刑以明威”“偃革兴文，布德施惠”德法并举的治国理政方略。宋代朱熹以北宋“二程”的由儒佛道融合发展出的理学为基础，进一步融合佛道思想，构建起集大成而庞大的、具有客观唯心主义思想的理学体系，并继承汉唐的法制文化、德法并举思想和治国理政模式。理学思想体系，在后世封建王朝的政治、思想、文化领域都占有重要地位，并产生了深刻久远的影响。元明清时期的治国理政一直延续德法合治思想和更加成熟的法律体系、立法、司法和监察制度及治国理政模式，这些都体现并实行了“法治”和德治相结合、德法并举的思想和治国理政方略与模式。

有 3000 多年历史的华夏法制文化，从法制的出现，到法制的成熟和德法并用模式形成，再到法制的完善和德法并举模式成熟，形成传统法治文化、思想与理论，直到现今全面依法治国思想指导下的德法兼治模式，其发展过程再次印证了马克思主义的唯物史观和法学理论。华夏“法治”的产生经历了漫长的发展过程，有其社会根源、经济根源和阶级根源。虽然法制和法治思想以及治国理政的模式是人类文明精华和治国理政的优秀文化、思想财富，但华夏古代德法并举的政治思想和“以法治国”缔造的法制，其实质是封建君主人治主宰下的德法并举和法制，它们所发挥的作用都具有一定的历史局限性。

华夏历史中先师圣贤所创立的“法治”思想、立法制度、立法形式、司法理念和制度、治国理政思想和模式是全面依法治国的宝贵传统法治文化和思想资源，是法治发展的沃土，值得注入新鲜血液后汲取和借鉴。传承弘扬中华民族优秀的德法兼治思想、治国理政模式、法制文化理念和精髓，并吸收和借鉴国外法律文化的精华和优秀成果，对助推全面依法治国、建设社会主义法治国家，具有深远的历史意义和重要的现实意义。

第一节　人类文明的起点

“文明”一词，在汉语中出现得比较晚，在《现代汉语规范词典》中，解释为文化（作为名词使用时）。既然有文化应该就有文字了。但笔者认为人类的文明不应该从有文字开始（其实何时有文字，也没有确切的时间），文明应该是伴随人类产生而产生的，那时爱及法也产生并且“出发”了。

自从有人类开始，经过了漫长的进化演变之后有了文字，而自此之后开启了所谓人类文明的进化史，所以人们通常把有文字记载的历史称为“文明史”，比如四大文明古国。文字出现之前的历史很难被我们今天的人类所了解。因此人们把这段没有文字记载的历史称为“人类史前史”，又称为“黑暗年代”。大家似乎一直认为，文字出现以前的人类都是野蛮或者无知的，根本谈不上什么文明，爱及法更无从谈起，历史真是这样的吗？随着考古技术的发达及科学家们的共同努力，科学研究的结论彻底颠覆了我们先前的认识。

由于没有文字的记载，人们关于史前历史的印象总是停留在一些传说和神话之上，认为史前的人类都是过着茹毛饮血的野蛮生活，这是十分黑暗的一个时代。然而随着科学技术的进步与现代考古学的兴起，人们逐渐认识到史前人类其实已经逐渐走出黑暗，迈向了稳定和谐的生活。那么史前历史是何时开始的，又是怎么结束的？史前人类的真实生活状况究竟是怎么样的呢？今天就来跟大家科普一下史前人类的那些事。

英国著名的考古学家、牛津大学教授、皮特河博物馆馆长克里斯·戈斯登出版了一本书，书名为《走出黑暗——人类史前史探秘》。皮特河博物馆是牛津大学专门用来收藏考古学与人类学藏品的。而作为其馆长，克里斯·戈斯登对历史文明和考古拥有着浓厚的兴趣，经过研究，他写了这本书，主要阐述了人类史前史的主要研究内容与成果，为大众揭秘了那段没有文字记载的黑暗历史！

如果想了解史前文明，就得从两个维度去了解：第一，人类史前史的基本脉络是什么样的？第二，史前人类的真实生存状况是怎样的？根据《圣经》第一卷《创世纪》的记载，世界的第一个年份是公元前4004年，这一年上帝创造了地球和人类，并不存在所谓的人类史前史，这是宗教的说法。随着科学的发展，尤其是考古学的出现，不少人开始对这一观点提出质疑。1865年，约翰·卢伯克爵士出版了《史前时代》一书，“史前史”这个名词开始被人们广泛使用，科学界也逐渐热衷于史前历史的探索与研究。

虽然没有文字记载，但是随着大量考古的发现，人们对人类史前史的起始时间、史前人类的迁徙路径，以及史前史的终结时间也有了一个较为清晰的认识。首先说一说人类史前史的起始时间。可能大家在上生物课时都学过，人是由猿演变过来的，当猿进化成人的那一刻，便是我们所认定的人类史前史的开始时间。因此考古学家也一直在努力寻找和猿类有所区别的最古老的人类化石。最新的研究成果显示，人类史前史的最早起点是非洲肯尼亚发现的距今600万年前的“图根原人”。

为什么说“图根原人”是人类？这是因为根据化石研究发现他们已经学会了直立行走，并且还很可能和人类一样是杂食动物！古人类并不满足于在非洲，他们也想着到处转转。像我们熟悉的“元谋人”“蓝田人”“北京人”都被认为是古人类迁徙到亚洲繁衍的后代。考古学家们也曾一度认为他们就是现代人类的祖先。这种观点被称为“人类多地起源说”。然而随着基因技术的发展，科学家发现这些古人类和现代人的DNA相去甚远，他们不是现代人的真正祖先，只是现代人已经灭绝了的近亲而已。也就是说“元谋人”“蓝田人”“北京人”和现代的中国人并没有多大关系。目前学术界普遍认为，人类真正的直系祖先叫“智人”，他们和现代人的基因非常吻合。这些智人直到12万至15万年前才在非洲首次出现。在距今9万年前时，智人开始走出了非洲，顺便消灭了地球上其他的古人类，成为唯一的人类。这种学说称为“人类非洲起源说”。

那么根据这个学说，智人在9万年前走出非洲，首先来到了中东地区，这个时候的智人虽然还没有发明文字，但是已经发展出了语言系统。语言让不同个体之间的交流成为可能，从而团结起了更多的智人，消灭了不同地区存在的其他古人类，最终成为地球上唯一的人类。到了 4 万年前，智人已经遍布了欧亚大陆，期间他们还漂洋过海来到大洋洲，他们甚至利用冰期越过冰冻的白令海峡进入了美洲，最终智人征服了全世界。在大约 11000 年前，中东地区的智人最先驯化了小麦、山羊和绵羊，开始向农业社会迈进。在这一地区的神庙中，考古学家发现了距今大约 5000 年的泥板书，上面刻的“楔形文字”是人类已知的最早的文字。

也就是说在公元前 3000 年，中东地区就第一次终结了史前时代。从智人出现，距今也有 10 多万年了，可是直到大约 1 万年前，农业社会出现，文字才诞生。那么农业和文字的诞生有什么关系吗？关系在于粮食多了要记账，楔形文字最初就是一种技术符号，用来记录粮食的多少。在农业社会，人们开始聚集在村落城邦里一起生活。随着城邦的规模越来越大，就意味着需要大的粮仓长期储存粮食。可是有多少库存粮食，又有多少粮食出库入库呢？仅凭看管者的记忆显然是不够的。于是泥板书上的楔形文字就出现了。

随着人类生存范围的进一步扩大，世界各地先后都出现了文字，也先后结束了史前时代。史前时代有时是因为某地文字的发明而终结，有时却是因为被有文字的文明入侵而终结。比如说英国，第一个有文字记载的年份是公元前 55 年，在这一年，古罗马的恺撒大帝率领人马入侵英国诸岛，并留下文字记载，从而终结了英国的史前史。大洋洲是人类史前史终结最晚的地区，比如说澳大利亚，以狩猎为生的土著居民没有文字，直到 1788 年欧洲白人到来，澳大利亚才终结了史前史。但是这还不是最晚的。1933 年，欧洲人驾驶着飞机第一次来到巴布亚新几内亚，这里的土著居民就如同见到外星生物一样，在惊讶与惊吓之中一下就跨入了现代文明。也就是说这一地区史前史的终结时间距今还不到 100 年。

那么我们梳理一下，人类史前史的基本脉络是怎样的。人类史前史最早可以追溯至 600 万年前的非洲，人类“多地起源说”曾认为几百万年前走出非洲的人类在各地演化成为现代人的祖先。不过目前学术界更认可“非洲起源说”，9 万年前走出非洲的智人才是我们真正的祖先。随着人类生存范围的扩大，世界各地先后都出现了文字，也先后结束了史前时代。中东地区在 5000 年前就终结了史前史，而一些太平洋岛屿的史前史直到 20 世纪才结束。

现在很多读者应该对史前历史有了一个大概的轮廓了，可能很多人会好奇，史前人类究竟过得怎么样呢？是过着野蛮、黑暗的生活吗？史前人类的真实生存状况是怎样的？

史前史是没有文字记载的，那么我们如何知道古人类过得怎么样？除了研究古人类化石之外，考古学家的办法也很独特，那就是翻垃圾堆，而且史前考古的关键就在于研究古人类与这些垃圾的关系。举个例子，考古学家考察一个古人类遗址现场，除了研究古人类的化石之外，骸骨周围有没有石器等工具，有没有使用火的痕迹，有没有吃剩的动物骨头等，也都是他们研究的重点。这些生活垃圾对现代人来说看似毫无价值，不过对于考古学家来说，却忠实地记录了数万年前古人类的真实生存状况，有时候它们甚至比文字记载更准确、更真实。因为文字往往夹杂了书写人的主观色彩，而垃圾却从不会说谎。

为了证明垃圾确实是非常有用的证据，20 世纪 70 年代，科学家们还展开过一个有趣的实验。在美国有一个叫图森的小镇，有 33 户家庭声称自己从来不买啤酒，可是当科学家对这些人家门前垃圾箱里的垃圾进行研究时，却发现只有 12 户居民的家庭垃圾中没有空啤酒罐，这也就说明了垃圾在一些时候比人们所说所写的东西更客观、更真实。不过史前人类给人们留下的不仅仅是垃圾，还有许多艺术品，尤其是智人出现之后，大量精美的史前遗物进一步帮助人们了解了史前人类的生活，证明了人类在史前已经走出了黑暗、拥有了智慧并开始认识自然、改造自然。

第二节　原始社会的法律

史前社会有法吗？内容是什么？因为历史久远，现存资料缺乏，我们无法详细地考察原始社会的法律。有一种观点认为原始社会没有法，笔者不认同。原始社会一定是有法的，否则，他们之间的关系如何协调？尤其在各种资源匮乏的情况下。只是他们法的表现形式与我们今天不同，但我们仍然可以从考古成果、口头流传下来的远古诗歌及一些极个别停留在原始社会的族群中窥见一斑。

人类先贤在哲学著作中，总谈“众生平等”，希望每一个人都可以平等地享受眼前的世界。这寄托了我们人类对于平等的渴望，试图打破阶级壁垒的努力。

但遗憾的是，先贤口中的“众生平等”，直到当今的世界也并未得到完美的解决，反而因为贫富差距越来越大，很多国家出现了明显的阶级割裂。平等对于人类来说，还在路上。

第一次世界大战、第二次世界大战之后，人类意识到了战争的残酷，以及在杀伤性越来越大的武器面前，人类所居住的地球终将无法承受，所以“和平”在战争结束之后，一直是人类倡导的国际关系主旋律，战后各国矛盾的协调机构“联合国”，所使用的“国徽”，即是以象征“和平”的橄榄枝作为主体缠绕物。

然而就算是全世界都将其当作不容置疑的“共识”，但是2000年以后，伊拉克战争、巴勒斯坦地区的武装冲突一直没有完全间断过。和平依旧是虽近在眼前，却“遥不可及”。

和平、平等，在现代文明中一直被作为最崇高的追求，我们人类想方设法地想去实现。而下面这件文物，从历史的角度，给出了一个令人遗憾的事实：似乎从人类诞生文明开始，阶级、战争就纠缠着我们，甚至代表了一种文明诞生的符号。

文物的名字叫“乌尔旗”，是一个在伊拉克南部古代贵族墓中挖出的陪葬品，是一个镶嵌满矿物石头的木盒。而从年份上来看，大约是在公元前2600年至公元前2400年，人类文明诞生的初期。

公元前20世纪20年代，考古学家伍利在今天伊拉克南部，古时苏美尔人修建的大都市乌尔进行考古挖掘。在这个过程中，他找到了一个位于乌尔周边的贵族墓。

在墓穴中除了墓主人和陪葬的妻子、小妾历经数千年留下来的尸骨外，还有就是黄金、宝石等珍贵矿物打造的奢侈陪葬品。“乌尔旗”，就是其中的一件。

“乌尔旗”是木盒子，在盒子的表面，有着大量不属于伊拉克原产地的珍贵装饰品，有波斯湾运来的贝壳，来自印度的红色大理石和阿富汗的青金石。

这些精美的装饰品拼凑而成的图案总计有两幅。

第一幅之中画面分成了三层，第二层、第三层中的人物，驱赶着牛羊、端着果蔬。第一层中的人则有坐着的，有在弹琴的。

这样的画面无疑表明，公元前 2400 年，人类已经有了明确的阶级划分，有人辛苦地生产食物，有人已可以不劳动而享受食物，甚至学会了听音乐。

第二幅之中的画面，依旧也是分成了三层，第一层、第二层描绘了军队在集结，而第三层直接出现了有人驾马踏击他人的画面，无疑是正在打仗的画面。

人在死后，往往将自己生活世界的常态，带进死后的墓室，希望可以继续享受生前的一切。考古发掘出的文物，明显向我们传递这样的信息：在历史早期法是存在的，否则，无法形成秩序。

历史上长期存在的巫术、巫术仪式和对巫术仪式的尊崇，是古代法的另外一种体现，是具有系统性的法及法规的实践。

如果把我们人类的进化史比喻为一天的话，人类真正开始现代思维模式，也就是几秒钟时间。人类在长达十几万年的进化史中，都奉行一种巫术思维。即使在今天，很多地区还是会用占卜等方式，来替自己做决定。

什么是巫术思维？巫术思维的存在或许是人类十几万年时间里没有诞生科学的原因，但是这种巫术思维之所以能够在十几万年的进化史中占据主导地位，必然有其合理性。

分布在埃及英属殖民地、法属殖民地、比利时殖民地管辖区域内的赞德人，其国王在 1905 年被政府军杀害。赞德人，这是一个种族的统称，就像汉族、满族一样的称谓。埃文思受雇于英属苏丹政府，要求调查这些赞德人，整个调查时间从 1926 年一直持续到 1930 年。

在多年调查中，埃文思发现他们像很多非洲原始部落一样，发展出了自己的国家制度，甚至进化出了封建制度的一些雏形，同时还残留着部落与氏族社会当中的一些影子。

作为解释人类学真正意义的创始人，埃文思并没有从进化论、心理学的角度去探讨这个问题。他试图通过原始人类逻辑学来解释人类学最初的核心内容——巫术思维。

巫术思维是人类思维发展走向的另一种可能，如果理解了巫术思维，你就能够站在更高的角度去审视我们现代人所习以为常的思维习惯。

什么是巫术思维呢？在赞德人世界里，构成巫术思维的有三个部分，分别是巫术、神谕还有魔法。

举例来说，如果赞德人家人不幸被倒塌的粮仓给砸死了，如果按照我们现代人的思维习惯，会观察是不是粮仓柱子被白蚁盗空，导致柱子断了。可是赞德人的巫术思维认为，为什么偏偏砸死的是我的亲人，肯定有巫师在作祟，我们必须找出那个巫师，让他得到应有的惩罚。

在赞德人世界里，没有意外，所有的意外都是巫师在作祟。这里的巫师并不是具有某项祭祀神权之人，在赞德人世界里，人人都可以成为巫师，只要他们体内有巫师的某种物质，就可以成为巫师。赞德人认为这种物质在人身体小肠与阑尾处的位置，这种特殊物质不但长在体内，而且还能够遗传。所以从外表观察不出谁是巫师，只有解剖之后才能验证此人是否是巫师。

解剖的权限在国王那里，赞德人居住在热带树很少的草原，居住地区的中央是国王政府所在地，国王会委派自己的弟弟、儿子或者富裕的平民首领来管理其他分支社区。国内的道路则是以首都为中心，呈放射状向周围辐射，重大案件都会直接上诉到国王宫廷。

这种具备巫术的物质，平时是很安静的，如果巫师对某人产生了恶意，物质就会被激活，然后让被施巫术之人遭到灾祸，被倒塌的粮仓压死。

在赞德人的逻辑里，人产生恶意只是开始，真正给他们带来灾祸的是巫师体内的那些巫术的物质。因此任何人都可以成为怀疑对象，任何人都不值得信任，所以赞德人把自己的房子盖得离邻居远远的。

虽然赞德人每天都会有很多怀疑的对象，但是他们知道，自己只是猜测，如果要验证真实性，还需要通过神谕。神谕是巫术思维的第二种物质，不是我们这个世界里的谶语，也不是神迹，而是毒药，是由一种或者多种物质研磨成的粉状物质，有轻微的毒性。

为了找出加害自己的巫师，通常赞德人将这些毒药灌进小鸡的喉咙里，然后说出自己的怀疑对象。如果这种毒性在小鸡身上发作，那么就验证了这种怀疑的真实性。但是这种微量的毒性有很强的随机性，因此如果怀疑错了，就需要换一个怀疑对象。

继续追问当然会导致小鸡的死亡，所以一只小鸡不得超过三次“审问”，如果超过三次会换一只小鸡继续审问，直到得出最终的答案为止。理论上，根据自己家中小鸡的拥有量，可以审问小鸡数量 ×3 次。

当我们看到赞德人这种复仇模式的时候，可能觉得匪夷所思，但是如果放下我们固有的思维模式，站在赞德人角度来看，一个愤怒的赞德人如果不是拿小鸡去“审问”，而是直接冲到他认为的仇人家中，那么后果不敢想象，肯定会爆发一场大的冲突。

当他花费大量的时间，准备毒药，然后又在每个小鸡身上做实验，逐渐会让自己恢复冷静。把寻找仇人的权力交给了更为客观的“神谕”，看似不合理，其实是他们更相信物质，而不是自己的思考。

赞德人不是所有毒药都给小鸡吃，他们有一套复杂的验证系统。不同的药验证不同的神谕，他们的魔法药有上千种，不同的药由不同植物制成，有的可以阻止太阳下山，有的可以确保粮食丰收，甚至哪天怀孕都可以用毒药来请示神谕。

他们不会拿毒药直接攻击仇人，而是依靠毒药驱动魔法。赞德人信奉的巫术、神谕以及魔法都是物质的，而不是精神的。

科学发展到今天，我们已经很难界定清楚，这个世界是精神的还是物质的，今天信奉宗教的人口比例不是在减少，而是在增加。时至今日，以色列人仍然相信自己的“应许之地”，实际上这个传说来自1896年西奥多·赫茨尔写的一本小册子，叫《犹太国》。

佛教对世界的回答则是，所有今世所遭的罪，都是上世所修的果，这是一种因果论，不论是以色列所讲的故事，还是因果论，他们都属于文明社会当中大家共同认可的答案，把一切都归为特定的对象，但是这个对象本质上是我们想象的共同体。

但是对于赞德人来说，他们对于自己的主观想象没有那么自信，因此他们依靠客观存在的，不会依自己意志改变的物质。他们认为所有的不幸都是来自巫术物质，这种物质可能在每个人的身体里，一旦这个人对他人产生了恶意，那么这个巫术物质就会被触动，让他人受到伤害。

是什么原因让赞德人享受了和平？

我们在一个国家，共同遵守一套道德和司法体系，好与坏，正确与否，都是由这一套评价体系来确认的。

赞德人的巫术思维之所以被推崇，而且还保证彼此的和平，让整个社会形成稳定的国家，摆脱部落社会当中随处可见的屠杀，正是因为他们的司法体系不是主观判断的，而是交给了神谕这种客观存在的物质。

他们不会让自己的愤怒冲昏头脑，拿着长矛就去寻找自己所认为的仇人，而是通过杀掉自己家里小鸡的方式，去验证自己想法的正确性，然后拿着死掉的小鸡，去国家最高统治者国王那里寻找最终的判决。

国王也不会凭借自己的主观去判断，他也是通过给小鸡喂毒药的方式，做出最终判决，如果判定有罪，他们会找出指认的巫师，之后让他做出赔偿。这一整套巫术思维贯穿了整个社会，从上到下都是一以贯之的，这就达到了司法的客观性。

而且赞德人关于道德的评判也是通过魔法，他们认为魔法也有自己的客观性，一个怀有私心的人，求助魔法的时候，不但不会得逞，还有可能伤害到自己。

因此无论是道德，还是司法，这些赞德人都是依靠这些客观存在的神谕进行判断，从而拒绝主观臆断。这就有效避免了流血，让整个社会实现稳定，最终实现部落中少见的和平。

而周边的努尔人则依靠械斗来制造平衡，维持整个社会的秩序。在努尔人的社会当中，没有错与对，只有立场，也就是你属于哪个部族。我们去攻打谁，依靠的不是正义，而是你所在的阵营。

在这样的社会当中，没有所谓的客观以及政治秩序，有的只有永远也不会消失的仇恨。

我们现在文明的价值、生活的正当性和可能性，其实都值得我们每一个人反思。人类学之所以研究原始人、部落文化，就是在为现代人寻找一面镜子，帮助我们思考这些宏大的问题。让现代人知道，不要盲目自信，认为我们的解决方案就是唯一的解决方案，我们的生活就是唯一的可能。

对于原始人的研究是 19 世纪中叶以后才发展起来的。我们必须达成对于人性的通透理解，才有可能自觉塑造一种美好的生活。怎么达成对人性的理解呢？通过跟原始人的对话，或许能发现潜藏在我们内心深处的一些东西。

长篇战争叙事诗篇《荷马史诗》，则从另外一个角度细致全面地描述了古代的法制体系及其呈现模式。

与世界上其他民族一样，古希腊上古时代的历史也都是以传说的方式保留在古代先民的记忆之中的，稍后又以史诗的形式在人们中间口耳相传。这种传说和史诗虽然不是真正的史学著作，但是它们保留了许多古代社会的历史事实，具有重要的史料价值，因此可以说它们已经具备了史学的某些功能和性质。它们直接孕育了古代希腊史学。

《荷马史诗》相传是由古希腊盲诗人荷马创作的两部长篇史诗——《伊利亚特》和《奥德赛》的统称，是他根据民间流传的短歌综合编写而成。

《荷马史诗》以扬抑格六音部写成，集古希腊口述文学之大成，是古希腊最伟大的作品，也是西方文学中最伟大的作品之一。西方学者将其作为史料去研究公元前 11 世纪到公元前 9 世纪的社会和迈锡尼文明。《荷马史诗》文学艺术上具有重要价值，它在历史、地理、考古学和民俗学等方面也提供给后世很多值得研究的东西。

《荷马史诗》中的《伊利亚特》共有 15693 行，《奥德赛》共有 12110 行。《伊利亚特》和《奥德赛》处理的主题分别是在特洛伊战争中，阿基琉斯与阿伽门农间的争端，以及特洛伊沦陷后，奥德修斯返回伊萨卡岛上的王国，与妻子珀涅罗珀团聚的故事。《荷马史诗》是早期英雄时代的大幅全景，也是艺术上的绝妙之作，它以整个希腊及其四周的汪洋大海为主要背景，充分展现了自由主义的情景，并为日后希腊人的道德观念（进而为整个西方社会的道德观念）立下了典范。继此而来的，首先是一种追求成就、自我实现的人文伦理观，其次是一种人神同性的自由神学，剥除了精神世界中的神秘恐惧。《荷马史诗》于是成了“希腊的圣经”。

荷马史诗是古代希腊从氏族社会过渡到奴隶制时期的一部社会史、风俗史，在历史、地理、考古学和民俗学方面具有很高的价值。这部史诗也表现了人文主义的思想，肯定了人的尊严、价值和力量。有关特洛伊战争的神话故事与传说在古希腊各地广为传诵。许许多多游荡于希腊世界的说唱艺人、吟游诗人都乐此不疲，从而使之代代相传，古希腊伟大诗人荷马的两部光辉诗篇《伊利亚特》和《奥德赛》便取材于此。

由这两部史诗组成的荷马史诗，语言简练，情节生动，形象鲜明，结构严谨，是西方第一部重要文学作品，荷马也被称为欧洲四大史诗诗人之一或之首（另外三人为维吉尔、但丁、约翰·弥尔顿）。维克多·雨果在《莎士比亚》（William Shakespeare）一文中写道：“世界诞生，荷马高歌。他是迎来这曙光的鸟。”荷马史诗不但文学价值极高，也是古希腊公元前 11 世纪到公元前 9 世纪的唯一文字史料，反映了迈锡尼文明，所以这一时期也被称为“荷马时代”或“英雄时代”。

《伊利亚特》叙述阿开亚人的联军围攻小亚细亚的城市特洛伊（Troy）的故事，因特洛伊城又名伊利昂（Ilium），故名《伊利亚特》。史诗以联军统帅阿伽门农和勇将阿基琉斯的争吵为切入点，集中地描写了战争最后几十天发生的事件。联军围攻特洛伊城十年，一直未能攻克，军中的矛盾逐渐激化，阿基琉斯愤恨统帅阿伽门农夺其女俘，拒绝再为联军出战，后来他的好友战死，为了替其报仇才重新出战。特洛伊王子赫克托尔与阿基琉斯决斗，英勇战死。特洛伊国王普里阿摩斯哀求讨回赫克托尔的尸体，举行葬礼，《伊利亚特》的故事至此结束。

《奥德赛》叙述伊萨卡（Ithaca）国王奥德修斯在攻陷特洛伊后归国途中十年漂泊的故事。它集中描写的只是这十年中最后一年零几十天的事情。奥德修斯因得罪了海神，受神祇捉弄，在海上漂流了十年，到处遭难，最后受诸神怜悯始得归家。当奥德修斯流落异域时，伊萨卡及邻国的权贵们欺其妻弱子幼。向其妻珀涅罗珀（Penelope）求婚，迫她改嫁，珀涅罗珀用尽了各种方法拖延。最后奥德修斯扮成乞丐归家，与其子杀尽求婚者，恢复了他在伊萨卡的权力。

《荷马史诗》其实并非一时一人之作，而是保留在全体希腊人记忆中的历史。特洛伊战争结束以后，一些希腊城邦的民间歌手和民间艺人就将希腊人在战争中的英雄事迹和胜利的经过编成歌词，在公众集会的场合吟唱。这些故事由民间歌手口耳相传，历经几个世纪，经过不断的增益和修改，到了荷马手里被删定为两大部分，成为定型作品。大约在公元前 6 世纪中叶，当皮西特拉图（Pisistratus，约公元前 605—前 527 年）在雅典执政时，它才被最后用文字形式固定了下来。我们今天所看到的《荷马史诗》，是公元前 3 至公元前 2 世纪由亚历山大里亚的学者们编订过的作品。《荷马史诗》是欧洲文学史上最早的优秀文学巨著，它反映了古希腊史前时代的生活面貌，是研究希腊早期社会的重要文献；它那独特精湛的艺术特色，对后世欧洲文学和世界文学的发展具有深远的影响。

英雄史诗都是以一定的历史事实为基础的。《荷马史诗》就向我们展示了公元前 12 世纪至公元前 9 世纪时希腊人的社会状况，以及希腊人从氏族公社进入奴隶制社会的过渡形态。从《荷马史诗》中我们可以看到：古希腊在从氏族公社向国家转变的过程中，没有受到任何来自外部和内部的暴力干扰；古希腊的国家组织纯粹是通过私有财产的产生和阶级分化，直接从氏族公社中产生出来的。

《荷马史诗》以一定的历史事实为依据，结合神话传说，广泛地反映出当时希腊社会从原始公社制向奴隶制过渡时期的经济、政治、军事等方面的情况，以及希腊人民的生活和斗争。历史上常把这一时期称为“荷马时代”，并且主要根据史诗提供的材料来研究这一时期的社会经济状况。比如经济上，土地归公社所有，但私有制正在形成，人们生活在“民族胞族——部落”的父系民族组织中，阿客琉斯、俄底修斯等都是拥有私有财产的部落首领。铁器的使用已经开始，人们运用铁制的农具和兵器生产、劳动和战斗。史诗中有关于匠神和锻工场所的描写，显示出当时金属制作工艺的技术水平。政治生活上，实行的是军事民主制，由民众大会讨论决定重大问题，但这种“民主”已经逐渐流于形式，阶级分化已较明显，部落首领的权力越来越大，出现了奴隶的占有和买卖。在其他社会风俗和文化生活的各方面，史诗中也有比较广泛的反映。

史诗的主题思想是歌颂氏族社会的英雄，因而只要代表氏族理想的英雄，不管属于战争的哪一方，都在歌颂之列。《伊利亚特》的基调是把战争看成正当、合理、伟大的事业，但同时又描写了战争的残酷、给人民带来的灾难、人民的厌战反战情绪，并通过英雄们的凄惨结局，隐约地表达了对战争的谴责。《奥德赛》是歌颂英雄们在与大自然和社会作斗争中，表现出的勇敢机智和坚强乐观的精神。这部史诗也表现了人文主义的思想，肯定了人的尊严、价值和力量。这是人类童年时代的艺术创作，在思想上、艺术上不免带有局限性。

英雄史诗用神奇的笔调描写英雄的形象、突出英雄在历史发展过程中的主导地位，其目的并不是贬低大众，而恰恰是为了抬高作为那些英雄的子孙们的希腊人，是为了抬高那些创作和传播英雄业绩的人们本身。因为一个有着英雄祖先的民族是值得自豪的。英雄史诗之所以能够长期而广泛地流传，并不仅仅在于它能娱人耳目，更重要的是它能启发人们的心智、鼓舞人们的斗志、引导人们缅怀祖先的英雄业绩、继承和发扬祖先的荣光、像英雄的祖先那样去进行生存斗争。正是由于这个缘故，当时希腊的各个城邦都竞相把《荷马史诗》中的英雄人物尊为自己的祖先，甚至连荷马本人也成了各城邦争夺和崇拜的对象。

另外，更重要的是，在《荷马史诗》中，已经出现了古希腊人关于“历史”的最初概念，而且在一些篇章中还出现了表示“历史”概念的词语。尽管这个词语在史诗中使用时的含义并不确定，但是它至少已经包括了这样的意思，即通过对目击者提供的证词进行调查，从而获得事实真相。后来希腊语中的“历史”一词，就是直接从这个含义上演变而来的。

在史诗中，我们还可看到以人为本思想的反映，赞美人的智慧，嘲笑神的邪恶，赞美、歌颂人间，蔑视上天，这种以人为本的思想又常常是同歌颂民族贵族英雄主义相结合的。恩格斯曾经指出，全部《伊利亚特》是以阿客琉斯和阿伽门农争夺一个女奴的纠纷为中心的。掠夺光荣，敢于掠夺者才是英雄，这种思想倾向显然适合当时奴隶主贵族的胃口。

古代欧亚大陆曾有过不少重要文化中心，从公元前 2500 年或更早，到公元前 1000 年，地中海东部的爱琴海一带曾有过一个繁盛的早期奴隶制文化，由于亚洲西部和埃及一带很早就有了繁盛的早期奴隶制文化，以爱琴海为中心的早期文化与古代西亚和埃及文化也有不少联系。关于史诗《伊利亚特》所说阿凯亚人攻打伊利昂城的传说是有一些历史根据的。从过去一个世纪间西方考古学家的发现来看，《荷马史诗》中许多描写并不完全是诗人的想象。在 19 世纪末，德国学者施里曼曾在小亚细亚西岸的希萨里克发掘一座古城的遗址，这个古城就是古代特洛伊人的都城伊利昂。它曾在公元前 2000 年到公元前 1000 年间至少被焚毁过 9 次，其中第 7 次被毁可能就是攻打伊利昂城战争的历史依据。有些学者曾提出一种比较可信的假设，即根据当时的航海条件和地理位置来看，这个地区控制了古代通向黑海的通商路径，而黑海又是古代西方通向东方的必经之地；为了获得东方的粮食和财富，地中海东部人民不惜一次又一次冒险渡海去攻下这个要塞。著名的寻找金羊毛的希腊神话，也反映了古代人在黑海一带航海的历史事实。

在希腊的迈锡尼地区，考古学家也曾发现古代巨大陵墓和巨石建筑的城址及石狮，陵墓里还发现死者所穿戴的华丽的服装和金银首饰，以及死者面上的黄金面具和精美的青铜兵器。这些发现证明有关古代迈锡尼的霸主阿伽门农的传说也是有历史根据的。20 世纪初，英国学者伊文思又在克里特岛发现了重要的古代文化遗址，说明这里有较迈锡尼更早且更繁荣的文化。他发现了两座规模巨大的古代王宫，以及工场、库房、陵墓等，还有很多涂有精美图案的陶器、青铜雕刻和兵器，反映舞蹈和战争、狩猎等场面的彩色壁画，以及一种类似象形文字的古代文字。这里比迈锡尼更早的青铜器文化约在公元前 3000 或前 2000 年到公元前 1000 多年之间。到了公元前 1450 年左右，在克里特岛以北发生了强烈地震，以克里特为中心的文化，在遭受这次巨大的自然灾害后一蹶不振；很可能地震使得当地的强大舰队全部毁灭。此后爱琴海的海上霸权由克里特岛一带转移到迈锡尼等地。近年来，西方考古学家还在发掘克里特岛的古文化遗址，不断有新的发现。看来，克里特岛一带曾有过灿烂的古代文化，比希腊本土更早。这里的领袖曾是地中海东部的霸主。古代希腊传说也说克里特岛曾有一个强大的君主弥诺斯，他曾建造巨大的迷宫，并让雅典等地向他纳贡；另一著名的传说认为古代海上曾有一个强盛的国家，名叫亚特兰蒂斯，后来因违反天意，全部沉入海底。这大概也是指古代克里特岛一带遭受强大地震的历史事实。继克里特文化之后的迈锡尼文化看来也曾成为地中海东部的霸主，但到公元前 1150 年左右，由于一些北方部族的南移和入侵，也开始衰亡。

在《荷马史诗》里，许多事物的描写同克里特 - 迈锡尼文化的实物相符，如《奥德赛》里所说的墨涅拉奥斯的宫殿和菲埃克斯人的王阿尔基诺斯的宫殿，有各种青铜和金银装饰，有美好的花园和葡萄园，宫里充满粮食、美酒和果实，随同酒宴还有各种竞技娱乐和舞蹈等，这些都可以说明《荷马史诗》的内容是以一些古代的历史传说为依据的。同时，有些描写又与克里特 - 迈锡尼时代的实物不同，例如从考古发现的壁画来看，古代克里特人都是短发，而且头发是黑色，而史诗里描写的阿凯亚人都是长发，而且头发是黄色；克里特人战斗时用的盾牌是长形，史诗里的盾牌却是圆形；克里特人穿的盔甲也与史诗所描写的不同。这些说明荷马是生在好几百年后的诗人，当时克里特 - 迈锡尼文化早已灭亡，所以当他描绘过去文化的繁荣景象时，也不免利用后日实际生活中的一些事物。他并不是当时生活的目击者。有些西方学者还曾考证史诗里许多英雄如阿基琉斯、赫克托尔等都是北方部族传说里的英雄，不一定与攻打伊利昂城的史实有关。

《荷马史诗》是古希腊文明的载体，深深影响了整个西方文明。我们在《荷马史诗》里能够看见各种各样的爱，也能感受到各种各样的法，这充分说明了爱及法是伴随人类始终的，不需要依靠任何载体！

第三节　古代社会的法律

法律是不同社会群体相互斗争妥协的结果，是居于统治地位的阶级强化本群体阶级意志的重要体现，法的出现，使一定时间、一定范围内社会利益分配实现了平衡，社会得以稳定发展，这是法在起作用。人们不管富贵与否，都追求和谐与和平，战争与杀戮都是临时的。人越来越多，通过被大多数社会成员共同认可的社会规则对社会行为进行规范，以保障大多数人的利益，成为共同追求。社会普遍性的法的意识越来越强，也就越来越能得到实现。

原始社会究竟何时进入奴隶社会，奴隶社会又何时进入封建社会，在世界不同地区有不同的实践。但是有了文字以后，法律越来越完备，逐渐成为统治阶级进行社会治理的重要手段和依据。

奴隶制时期的法治，以严刑峻法维护奴隶主阶级统治。阶级问世以后，奴隶主和奴隶、富人和穷人、高利贷者和债务人之间，产生了激烈的矛盾和斗争，奴隶主阶级为了维护自身利益，就需要建立一种崭新的巩固政权的暴力组织——国家，而且需要通过国家认可和制定维持社会秩序的行为规则，规定人们可以做什么、不能做什么、应该做什么，并用国家强制力保障人们对它的遵从，这种行为准则即是法律。而把法律运用于实际生活，实现立法者愿望、维护统治者利益的过程和结果就是法治。西方奴隶制时期的法治以古希腊、罗马为代表。雅典国家的立法、司法和执法，极具奴隶制民主共和特点，譬如“梭伦立法”是为缓和平民和贵族之间的冲突而进行社会改革的产物。其中的“解负令”废除了对平民的债务奴役，还规定所有公民一律按财产分为四个等级，工商业奴隶主和氏族贵族奴隶主是最高等级，可以担任最高官职；所有官职都由前三等级的公民担任；位列第四等级的贫民只能参加公民大会；奴隶不是人，不属于任何等级，没有任何权利。这样，雅典国家以法治方式保障了奴隶主在政治、经济、文化等方面的统治和利益。罗马共和国建立后，氏族外平民在争取平等权利、反对氏族贵族的斗争中，废除了以往由氏族贵族认可的习惯法，代之以成文法《十二铜表法》。西方奴隶制法治的特点主要有：一是带有明显的原始社会行为规范的痕迹；二是极端野蛮和残酷，且有很大的执法任意性；三是公开确认和保障等级特权；四是以国家强制力维护奴隶主阶级专政。

封建制法治，政教合一，野蛮残酷。西罗马帝国被推翻，西方国家向封建制过渡，封建制法和法治随之产生。欧洲国家由于实行“政教合一”的政治制度，立法、司法、执法以宗教神学思想为指导，基督教教义也具有法的效力。恩格斯说：“政治和法律都掌握在僧侣手中，教会教条同时就是政治信条，圣经词句在各法庭中都有法律的效力。”西方君主和领主的权力在封建割据时期几乎同等，但只局限于其领地。而教会则拥有范围更广泛且相对独立的权力系统。表现在法治上就是突出保护神权，如 12 世纪的《格拉奇教令》和16世纪末的《教会法大全》对所有公民都有约束力。随着君主专制的确立，王权才逐渐成为法治的重要保护对象。在法的表现形式上，西方封建制法主要是地方习惯法，且极为分散和混乱，如13世纪法国的《诺曼底大习惯法典》、德国的《撒克森习惯法典》等，均由地方习惯法汇编而成。在执法和司法上，西方国家为提高法治时效，一般都设有专门的司法机关且分类明确，如法国曾设有国王法院、领主法院、城市法院、教会法院。英国自11世纪开始设有从属于领主的郡法院和百户法院，12世纪又将王室法院分为王座法院、民事法院和财务法院。在审理诉讼中，确认决斗为合法。中世纪后期，由于国王扶植商品生产，因而在法律中逐渐出现了带有资本主义性质的法律条文。西方封建法治的基本特征有：一是确认和维护封建地主阶级和教会在经济、政治、思想文化上的统治地位；二是保障宗教和世俗统治者的等级特权，法律是典型的"特权法"；三是以极端残酷的手段镇压被统治者。

（一）《十二铜表法》

《十二铜表法》，也叫《十二表法》，是古罗马国家立法的纪念碑，也是最早的罗马法文献。公元前5世纪时，罗马的法律还是习惯法，它的解释权操控在贵族法官手里。法官利用这个权力为贵族谋利益。平民要求制定成文法，经过长期的斗争，公元前454年，罗马元老院被迫承认公民大会制定法典的决议，设置法典编纂委员10人（十人立法委员会），并派人赴希腊考察法制，至公元前451年制定法律十表，第二年又补充二表。这就是著名的《十二表法》。因各表系由青铜铸成，故习惯上称作《十二铜表法》。这些法律条文后经森都里亚大会（百人团大会）批准，公布于罗马广场。这是古罗马第一部成文法典。公元前390年，高卢人入侵罗马，在战火中铜表全部被毁，原文散佚，只能从其他古代著作中略见梗概。

《十二铜表法》基本上仍是按旧有习惯法制定，还是维护贵族奴隶主的利益，但它对奴隶主私有制、家长制、继承、债务和刑法、诉讼程序等方面都作了规定，限制了贵族法官随心所欲地解释法律的权力。《十二铜表法》反映了罗马奴隶制的发展和奴隶主阶级国家的形成过程。

古代罗马国家建立在欧洲地中海中央的亚平宁半岛上，并且不断向亚、非、欧三大洲进行扩张，频繁的对外经济贸易往来，使其形成了高度发达的奴隶制商品经济。平民与贵族进行了长期斗争。《十二铜表法》以及罗马法系正是建立在这一基础上的。

马克思主义经典作家对其有这样的评价：罗马法是“简单的商品生产即资本主义前的商品生产的最完善的法”，也是纯粹私有制占统治地位的社会的生活条件和冲突的十分经典性的法律表现。

《十二铜表法》包括债务法、继承法、婚姻法以及诉讼程序等各个方面，基本上是罗马人传统习惯法的汇编，表现出维护贵族和富裕平民利益的倾向，其体现出古代罗马人的法治精神和奴隶制国家的本质特点。

《十二铜表法》的立法是由下及上的。在《十二铜表法》制定之前，平民和贵族之间的矛盾是罗马早期共和国的主要矛盾，如上文所述，《十二铜表法》正是这一矛盾的产物。从它的制定过程我们可以看出它是平民与贵族斗争胜利的产物。反映了平民在政治、经济、法律地位上的要求。《十二铜表法》之后罗马法系的立法依然体现着这一要求，每颁布一个成文法典，平民的政治、经济、法律地位便提高了一步。

《十二铜表法》中体现了古希腊及西方以“民主”为核心的法治观。这种“法治”，按照亚里士多德的说法应是“已成立的法律获得普遍的服从，而大家所服从的法律又应该本身是制定的良好的法律”。而西塞罗在其《论共和国》中又对这种法治的核心民主作了阐述：“国家是人民的事业。可是人民……是指一个人群因服从共同的正义的法律和享受共同的利益造成的整体结合。国家的精神目的就是维护正义，物质目的就是保护私有财产。国家是人民为了正义和保护私有财产，通过协议建立起来的政治组织。”

这种法治观，表现在《十二铜表法》的条文中，主要可以归纳为三点：一是自由民在“私法”范围上平等，主要体现在契约缔结及财产私有的一些条款上；二是限制了贵族的司法专制、特权，“有了成文法典判定惩罚就可以不再依靠贵族的记忆力”，量刑定罪都有章可循；三是体现了一定的奴隶制民主，如规定“以后凡人民会议的所有决定都应具有法律效力”。

（二）《摩奴法典》

《摩奴法典》，又称《摩奴法论》，是古代印度婆罗门教的经典，古印度国家有关宗教、道德、哲学和法律的汇编之一。传说是由天神之子摩奴制定的，故名。共 12 章，2685 条。第 1 章叙述了法典产生的经过，宣扬法典是基于神的教导制定；第 2 章规定了婆罗门应当研习的宗教及法律规范；第 3 ～ 6 章详细规定了婆罗门日常生活的行为规范，其中宗规戒律占多数；第 7 章规定了国王治理国家和统率军队等责任；第 8 ～ 9 章是关于债权、婚姻家庭和继承、诉讼以及刑法等方面的法律规范；第 10 ～ 12 章是关于各杂种种姓的法律规范和有关赎罪、布施、各种违反道德规范的罪过及报应轮回的条文。法典确认神权政治，赋予国王无限权力，以加强君主专制统治。其核心是维护种姓制度，以法律形式将婆罗门、刹帝利、吠舍和首陀罗的不平等地位固定下来，加以神圣化，规定婆罗门享有一切特权，首陀罗为最低等级，要服从高级种姓的统治。法典还严格维护种姓制的婚姻家庭关系，依据种姓高低确定犯罪与刑罚等。这部法典对古代缅甸、锡兰（今斯里兰卡）、暹罗（今泰国）、菲律宾等中亚和东南亚国家的法律曾产生很大影响，是印度古代法和印度法系中最具代表性的一部法典。

据该书自述，系梵天著，并传予其后代，即人类始祖摩奴，再由其后代波利故传到人间。全书共 12 章，含二六八五偈，内容为关于吠陀习俗、惯例与说教之法律条文，其中诉讼法、民法等规则拙劣不全。摩奴法典古来即为印度人生活法规之基准，缅甸之佛教法典即依此法典作成，暹罗法典亦根据摩奴法典而作，爪哇亦有摩奴法典，巴厘岛仍实际应用之。

在古代印度有许多名目繁多的所谓法经和法论的传世之作，其中《摩奴法典》是影响最大、最重要的一部。该法典凡十二卷，涉及面很广，然其核心内容可以归纳为一点，即维护种姓制度。它宣扬种姓起源的神话，论列各种姓的不同地位、权利和义务，规定依违种姓制度的奖惩，并以“来世”苦乐作为这种奖惩的补充。因此，《摩奴法典》作为维护剥削阶级高等种姓利益的工具，其所发挥的作用甚至是纯粹的法典难以比拟的。

法典现存七八种 9 ～ 18 世纪的梵文注释本。西方学者曾发表一些译注本。中国出版两种汉译本：马香雪从迭朗善（法）译本转译的《摩奴法典》；蒋忠新从梵文原本译出的《摩奴法论》。

梵天是指印度教的创造之神。梵天亦称造书天、婆罗贺摩天、净天，华人地区俗称四面佛（印度佛教中的大梵天王诸神众，特指色界初禅天之主，又称大梵天王），是印度婆罗门教的创造之神、梵文字母的创制者，与毗湿奴、湿婆并称三主神。他的坐骑为孔雀（或天鹅），配偶为智慧女神妙音天女，故梵天也常被认为是智慧之神。在印度几万座印度教寺庙中供奉梵天的寺庙却极为少见。

在宇宙创造之时，梵天创造了十一位生主，据信是人类的祖先。《摩奴法典》说他们分别是Marici、Atri、Angiras、Pulastya、Pulaha、Kratuj、Vashishta、Pracetas、Daksha、Bhrgu以及Narada。他也创造了七位圣哲（Saptarishi），共同协助宇宙之创造。但由于他所创造的生主和圣哲都是从他的精神而非肉体生出来的，因此他们被称为“心灵之子”。

在《吠陀经》和《往世书》里，梵天并不常常介入诸神的事务，而且也更少涉入生死大事。不过他曾经逼使苏摩神（Soma）将所劫持的陀罗迦送还其夫布瑞哈斯帕提。另外梵天又被视为法的创造者。

梵天诞生说法有三：

（1）根据《往世书》的说法，梵天是自我诞生的，并没有母亲。

（2）在宇宙肇始之际，毗湿奴肚脐上的莲花产生了梵天。这也说明了梵天的名字又叫作Nabhija（意为“从肚脐生出来的”）。

（3）梵天是从漂流在水上的一颗金卵中诞生的，因此梵天又叫作Hiranyagarbha（金卵之意）。最后，金卵的剩余部分则扩张成宇宙。由于他是在水中诞生的，因此他又被称为Kanja（意味“在水中诞生的”）。梵天是至高存在“梵”（Brahman）和阴性能量自性（Prakrti）或幻象（Maya）的儿子。

四只手臂：象征东、西、南、北四个方向，也象征心灵（右后方手臂）、智慧（左后方手臂）、自我（右前方手臂）、自信（左前方手臂）。

吠陀经：象征知识。

黄金：象征活跃在宇宙中，而金脸则代表梵天在创造宇宙时是处于活跃状态的。

天鹅：象征辨别力，是梵天的坐骑。

孔雀：梵天的坐骑，这只孔雀天生能够分离牛奶和水，代表每个人都要学会分辨善恶，继而扬善弃恶。

《摩奴法典》是古印度人的智慧，同样是爱及法的载体。现在看来有很多不合理不公平的地方，但它真实反映了那个时代的状况，至今还深深影响着印度社会的各个方面。

（三）中国古代之法

中国文化在有文字记载以前，是以“礼”为基础的；有文字记载以后，中国文化仍以“礼”为核心。“礼”从哪里来的？自古以来，人们关于礼的起源有多种解说，诸如孔子的“天道说”，孟子的“本心说”，荀子的“制欲治乱说”“饮食说”“祭祀说”“风俗说”“礼仪说”“人情说”“交往说”“手势动作说”。由于时代的局限性，古代的孔、孟、荀未能给礼的起源以科学的解释。客观上说，礼的起源和形成必然是一个从无到有、由初级到高级、由零碎到整体的渐进过程，不可能一下子来源于“天道”，也不会本于心，更不会从哪个“圣人”那里蹦出来。

礼仪是世界各民族都有的，但融礼仪、礼义、礼乐、礼器、礼教等礼治内容为一体的“礼”却是中国独有的。中国古代文献记载“古之人民，皆食禽兽肉，至于神农，人民众多，禽兽不足，于是神农因天之时，分地之利，制来，教民农作”。先秦礼文化的集大成者——荀子认为“礼者，养也”。礼起初是指原始社会人们用饮食供奉鬼神而举行的各种仪式。礼最早是祭祀神灵和祖先的器具，盛有两块玉。后来供祭的酒也叫礼，再后来凡是进行祭祀的一切活动都叫礼。礼是为祭祀而举行的仪式，是人们遵循的习惯。出于对共同祖先的尊重和敬畏，能不能参加氏族祭祖的仪式，乃是区别人们是否属于这个氏族的基本条件。由祭天地和其他神灵进而祭祖，是人们认识自身价值的第一步。氏族晚期，成员之间权力和财富的差别日益显著，富贵贫贱的分野日益突出。掌握权位者同时也占有财富，逐渐形成了氏族中的贵族。贵族垄断了祭祀的主祭权，同时也控制了萌芽状态中的政治权利。在这个转变过程中，政权与神权合二为一。原始状态的礼也逐渐由氏族的习惯演化为具有法的性质和功能，原来用以区别血缘关系亲疏尊卑的礼，同时成了确定人们在社会关系中的等级地位的法。在这里，亲贵合一，礼法难分。

黄帝，名轩辕，中原各族的共同祖先。相传黄帝曾创立人伦规则和制度。《商君书·画策》载：“黄帝作君臣上下之义，父子兄弟之礼，夫妇妃匹之合，内行刀锯，外用甲兵，故时变也。”此外，传说黄帝还曾制定“理法”（亦称“李法”），“理法”中规定：“行不由路，谓之奸人，奸人者杀。”颛顼定礼乐制度。颛顼是继黄帝之后的中原部落的首领。相传他发展了黄帝时期所创立的“义”“礼”等规范。《史记·五帝本纪》载：“帝颛顼高阳者，……养材以用地，载时以象天，依鬼神以制义，治气以教化，絜诚以祭祀。”同时开始制作历象和音乐。《竹书纪年》中说：“帝颛顼高阳氏……十三年，初作历象。二十一年作《承云》之乐。”传说中国原始社会有“五虐之刑”，但适用范围极其有限，是针对特别群体的。相传黄帝曾孙高辛氏（即帝喾）为中原部落首领时，生活于江、汉之间的苗民不行教化，而专用刑罚，制定了“五虐之刑”作为法度。《尚书·吕刑》载：“苗民弗用灵，制以刑，惟作五虐之刑曰法，杀戮无辜，爰始淫为劓、刵、椓、黥。”唐尧创设典章刑罚。唐尧乃黄帝曾孙帝喾之子，是一位德高望重、深受本部族乃至外部族拥戴的部落联盟领袖。尧认为苗民败于“德衰”，故极力提倡以德行威，以德教人。为此，尧命“三后”为民造福，并取得成功。《尚书·吕刑》载：“德威惟畏，德明惟明，乃命三后，恤功于民。伯夷降典，折民惟刑。禹平水土，主名山川。稷降播种，农殖嘉谷。三后成功，惟殷于民。士制百姓于刑之中，以教祗德。”尧还命皋陶为“士”（司法长官），率百官公正用刑，教育人民敬德向善。尧的继承人虞舜对皋陶称赞不已。《尚书·舜典》载：“帝。曰：皋陶，蛮夷猾夏，寇贼奸宄，汝作士，五刑有服。”以上内容说明，中原部族就已经产生了典与刑的萌芽。其中，典主要指礼教；刑主要指刑罚。舜帝创法制之雏形。他继承和发展了自黄帝以来的行政制度、典章和刑罚，统一了历法和度量衡，初步奠定了中国古代的雏形。舜帝立“五典（五教）”以教化百姓。舜荐举八位贤德才子，让他们将五教传播到各地，教化人民。《左传·文王十八年》载：“舜臣尧……举八元，使布五教于四方。父义、母慈、兄友、弟恭、子孝。内平外成。”“五典”或“五教”，就是协调家庭纲常伦理的五种规范。设“五刑”以纠万民。在刑罚方面，相传舜时已有五刑、流刑、官刑、教刑、赎刑五类刑罚。其中当以五刑为主。为教化民众、震慑犯罪，舜命官吏在器物上画出五典和五刑的图形，是为“象刑”。《尚书·舜典》载：“象以典刑，流宥五刑，鞭作官刑，扑作教刑，金作赎刑。眚灾肆赦，怙终贼刑。”即用流放之法从宽替换五刑，用鞭打之刑作为处理官事之刑，用棍打之法作为处理学事之刑，用纳金之法作为赎罪之刑。对过失犯罪者予以减刑或免刑。对有恃无恐、一贯作恶者则处以死刑和肉刑。统一历法、度量衡，定礼乐制度。舜校正了一年的季节、月份和天数，统一了音律，并制定了吉（祭祀）、凶（丧葬）、军（军事）、宾（主宾）、嘉（官婚）等五个方面的礼仪。《尚书·舜典》载：“协时月正日，同律度量衡。修五礼……”

这些都是传说或者后人的记载，因为那时文字没有成熟，无法保存下来，因此也无法有确实的史料予以证实。事实上，原始习俗、习惯、道德、宗教及古代中国的礼肯定来源于中国古人类的实践，早在我国远古时期，礼就孕育于原始社会的风俗习惯之中。根据社会学的研究，一切民风礼俗都起源于人群应付生活条件的努力。如果某种应付方法显得有效，就会被其他社会成员自然而然地采用，成为公众行为，就变成民风；等到民风成为群众的自觉，大家认为那是有关全体成员之福利的时候，它就变成礼俗；将礼俗进一步系统化、规范化就形成了礼仪。这说明礼在诞生之初，就与人们的生产生活息息相关，具有明确的功能与意义。尤其中国是一个农业国，资源不多，很多人群居在一起，耕作、灌溉及收获等都需要分工合作，礼的产生就显得很自然了。根据范文澜先生《中国通史》的观点，中国境内的原始人以周口店为起点，当时的原始人已具备了人类早期的社会形式——群居。而离周口店不远的山顶洞人距今大约只有 5 万年左右，范文澜先生这样描述山顶洞人："装饰品中有穿孔的兽齿、鱼骨、介壳和海蚶壳，还有用赤矿染红的石珠，似乎已有爱美的观念。人骨化石旁散布着赤铁矿粉粒，似乎已有饰终的仪式。"考古学上把周口店人及山顶洞人都划在旧石器时代。在那个阶段，中国人既然已经形成群居的社会，那么当时维持人际间社会关系的日常性规则就应当存在，这些规则类似于后世儒家所归纳、整理并制定的协调人际关系的"礼"。在其后以河南渑池县仰韶村遗址和西安半坡村遗址为代表的新石器时代，中国原始人部落的社会规模进一步扩大，部落内部和部落之间的生产、生活、交易等已呈现出"井井有条"的组织特征，肯定应该有调整成员间关系的规则了。但准确地说这时的规则应该是习惯或者习俗，只能说是礼的萌芽形式，距离"礼"还很远。在文字出现之前，原始文化的传承除了语言的口耳相传外，更多的是依靠礼仪活动。人们通过集体的舞蹈、歌唱、祈祷等各种仪式活动，把生产的操作、知识的传递、信仰的感应融汇进去，将经验、知识、信仰一代一代地往下传递。而文化的积累就是借助这些仪式活动的传承来实现的。因此，礼仪几乎充斥在原始人类的所有活动中。那时的礼，准确说应该是习俗，处于原始时期的世界各地的习俗也均如此，都没有外在的强制力保证其实施，绝大多数情况下都是社会成员自觉去做的。无论是五帝还是其他氏族首领等，都不例外，而且是带头率先垂范的，甚至有时要做出自我牺牲。这些习俗的公平、公正、民主成分非常高，它们并不强调等级差别，没有丝毫强迫及压迫的内容，是积极引导大家遵守的倡导性规范。王国维认为，礼最初是指原始社会人们用饮食供奉鬼神而举行的各种仪式，“盛玉以奉神人之器谓之若豐。推之而奉神人之酒礼亦谓之醴。又推之而奉神人之事通谓之醴（礼）”。也正因为文字还没有出现，语言无法保存，礼仪是我们考察原始文明阶段习惯、习俗、原始道德及宗教的主要来源。

我们先看看礼的萌芽——尧、舜、禹时期之礼。中国礼的发端应该是从原始时代开始的。从旧石器时代山顶洞人所形成的“爱美的观念”和“饰终的仪式”，到新石器时代仰韶及半坡遗址所展示的社会生活的“井井有条”、社会秩序的“有条不紊”，都表明原始时代已有了礼的萌芽。唐代杜佑在《通典》中对原始社会的礼有如下描述：“伏羲以俪皮为礼，作瑟以为乐，可为嘉礼；神农播种，始诸饮食，致敬鬼神。蜡为用祭，可为吉礼；黄帝与蚩尤大战于涿鹿，可为军礼；九牧倡教，可为宾礼；《易》称古者葬于中野，可为凶礼。自伏羲以来，五礼始彰；尧舜之时，五礼咸备。”按照杜佑的观点，后世通行之“五礼”在伏羲、神农、黄帝时代已经创建，到尧舜时代基本完备。这一说法有猜测及夸张成分。事实上，在原始社会，礼尚处于萌芽状态，称为“俗”可能更合适一些。从中国古代典籍中关于远古人类生活状况、交往原则及“群”的概念的描述，特别是《尚书》《史记·五帝本纪》等典籍中对五帝时期“依鬼神以制义”“治气以教化”等“抚教万民”情况的述说，以及五帝的言行中所蕴含的礼的原则，都有力地表明原始时代礼尚属雏形。司马迁在《史记》中曾对尧、舜的礼仪修养和道德素质大加赞赏，如：众皆言于尧曰：“有矜在民间，曰虞舜。”尧曰：“然朕闻之，其何如？”岳曰：“盲者子，父顽，母嚚，弟傲，能和以孝，治，不至奸。”尧日：“吾其试之。”于是尧妻之二女，观其德于二女。舜饬下二女妫汭，如妇礼。尧善之，乃使舜慎和五典，五典能从。乃遍入百官，百官时序。宾于四门，四门穆穆，诸侯远方宾客皆敬。而舜所赞美并倡导的“五典”，即父义、母慈、兄友、弟恭、子孝的“五常”之教。在《尚书》中，从《尧典》到《禹贡》，虽然礼的概念并没有被放在突出的位置，但礼的内涵却在各篇都有体现。虽然文中言论者都在发表自己对政权建设的看法，且总体倾向于以德执政的原则，提出了“惟德善政”“政德”“惟德动天”“天命有德”等著名原理，但仔细推敲其德的内涵，则完全与春秋前后礼的概念相吻合。《左传》《国语》《论语》《荀子》等后代儒家著作中所突出的礼，在《尚书》中则通过德的概念表述出来。而且《尚书》中围绕德的论述，几乎被孔子及其后学充实以礼的内涵而加以充分地表达。这些针对德政所进行的讨论，实际上是针对礼治的讨论，如《尚书》中，尧、舜、皋陶等人的对话经常渗透着礼的法则，“浚哲文明，温恭允塞。玄德升闻，乃命以立。慎徽五典，五典克从”。《尚书·皋陶谟》中说：“允迪厥德，谟明弼谐。宽而栗，柔而立，愿而恭，乱而敬，扰而毅，直而温，简而廉，刚而塞，强而义。天聪明，自我民聪明。天明畏，自我民明威。达于上下，敬哉有土。”在上述语句中，皋陶概括出人的行为的九种美德：宽宏而又坚栗，柔顺而又卓立，谨厚而又严恭，多才而又敬慎，驯服而又刚毅，正直而又温和，简易而又方正，刚直而又笃实，坚强而又良善。儒家礼教的一些概念在这里得到了定义明确的展示，诸如：义、信、温、良、恭、宽、严、敬、谦、廉等。总之，早期的礼，可以称之为俗，既有形式上的，又有内在的，或者兼而有之。其来源很多，应该是早期人们集体实践的结果，后为“圣”“贤”等总结、归纳及提炼。早期的礼没有外在的强制力，主要靠其自身的魅力及“圣”“贤”等的模范作用。司马迁之所以高度赞誉五帝，就在于他们的言行代表了儒家所倡导的礼的最高境界。从中不难看出，礼在当时已成为社会管理的基础及统治民众的手段。在《尚书·舜典》中，有一段充满宗教色彩的儒家礼仪描述，从中可以看出原始社会末期礼的概貌：“正月上日，受终于文祖。在璇玑玉衡，以齐七政。肆类于上帝，禋与六宗，望于山川，遍于众神。辑五瑞。既月乃日，觐四岳群牧，班瑞于群后。岁二月，东巡守，至于岱宗，柴。望秋于山川，肆觐东后。协时月正日，同律度量衡。修五礼、五玉、三帛、二牲、一死贽。如五器，卒乃复。五月南巡守，至于南岳，如岱礼。八月西巡守，至于西岳，如初。十有一月朔巡守，至于北岳，如西礼。归，格于艺祖，用特。”这段话涉及祖庙之礼、祭天之礼、祭日月之礼、山川之礼、颁瑞之礼、诸侯觐礼、巡幸之礼、诸侯朝聘之礼、贽礼等，这些礼仪都有明显的系统性。完整的礼当然应该包括形式上的礼仪及实质上的礼，因为文字没有成熟，我们现在能准确看到的夏商以前的礼主要是通过礼仪传承下来的。文字出现以前的实质上的礼，均是后人的记载，不甚准确，大部分内容已无从考察，但显然它们内容丰富且在社会生活中也发挥着重要的作用，是调节社会关系的重要工具。文字出现以后，礼仪形式和礼仪制度就被完整系统地记载下来了。据现代文化人类学的研究，文字的出现大约在新石器时代末期。殷商甲骨文的出现使中华民族开始了有文字记载的历史。历史上，在这个非文字形式与文字形式交替的阶段，由于自然灾害、战争或者外族入侵等原因，世界上其他几大文明都出现了大断裂而削弱或者失去了原来的仪式系统，唯独中国文化没有出现这种断裂而完整地保存了原有的礼仪文明，从而使中国文化成了“世界的奇迹”。公元前 11 世纪西周的宗法制无疑是其最高表现形式，这就是历史上著名的周公制礼。此时的礼及礼仪基于其强制性，应该可以称为“礼法”。

在人类文明史上，中华文明被誉为“礼乐文明”。礼作为调节人们行为的重要准则和维持社会秩序的基本道德规范，不仅成为中国传统文化的主体，而且成为中华民族独特的标志，甚至我们民族的名字也与“礼”密切相关。（本书关于礼的内容主要参考及摘录自张自慧博士所著的 2008 年 9 月由上海世纪出版股份有限公司、学林出版社出版的《礼文化的价值与反思》）唐代学者孔颖达在解释“华夏”一词的含义时说“中国有礼仪之大故称夏，有服章之美谓之华，华、夏一也”，著名史学家柳诒徵先生也曾说“中国者，礼仪之邦也。以中道立国，以礼仪立国，是中华民族与其他民族相比较而言最具特色之处”。礼作为儒家思想的重要内容，一向被视为儒学的核心。儒家代表人物孔子、孟子、荀子等都对礼的作用及价值给予了高度的肯定。我们认真地梳理一下夏朝以后“礼”在中国的发展来发现其实质。

礼的发育成长阶段——夏商之礼。由于史料的局限，我们今天已经难于对夏商之礼作出翔实而系统的描述，正如两千多年前孔子的感慨：“吾欲观夏道，是故之杞，而不足微也，吾得《夏时》焉。”夏朝处在原始社会向奴隶社会转型的时期，相当于《礼记·礼运》中所说的由“大同”时代向“小康”时代的过渡期，这一时期的礼文化观念和礼的内涵都有新的内容，甚至质的变化。这时的礼开始强调等级差别，逐步向贵族之礼转变，逐渐向统治的工具转变。例如，夏礼突出了宗法和神道的作用，最明显的是礼的目的由禹以前的“天下为公”、人人平等变为禹以后的以巩固统治为目的，以等级制度为核心；而私有制和家天下的出现使强权政治和武力第一次正式成了政治的基石，礼也从原来的重要位置退居到强权政治的从属地位。关于夏礼的精神实质，《礼记》假借孔子之语评述为“夏道尊命，事鬼敬神而远之，近人而忠焉。先禄而后威，先赏而后罚，亲而不尊。其民之蔽，蠢而愚，乔而野，朴而不文”。一般认为夏礼较简朴，但忠孝之道已基本形成。商礼、周礼都是在夏礼的基础上发展起来的。殷商之礼由于有周朝的文字记载和大量的考古资料为佐证，其真实面目比较清楚。从那时留下的殷墟卜辞可以看出，殷人迷信成风，事无巨细都要占卜；他们崇拜的最高权威是“上帝”，祭祖的方式有五种；殷人诚惶诚恐地祭祀各种鬼神，所谓天神、地祇、人鬼，全都在殷人的顶礼膜拜之中。所以《礼记》假借孔子之口对殷礼评价道：“殷人尊神，率民以事神，先鬼而后礼，先罚而后赏，尊而不亲。其民之蔽，荡而不静，胜而无耻。”进入奴隶制成熟时期的商朝，用以调节人际之间、人神之间、人与社会之间复杂关系的道德体系已趋健全，礼的观念开始频繁地出现于文字资料之中。在《尚书》的商书中，通过殷人对夏人的谴责之辞可以看出殷人对礼的重视程度。在《尚书·汤誓》中，商汤开篇就从传统礼制的角度为自己的讨桀行为作辩解：“非台小人，敢行称乱！有夏多罪，天命殛之……夏氏有罪，予畏上帝，不敢不正。尔尚辅予一人，致天之罚。”在这里，商汤称自己的讨伐行为不是“称乱”，他最担心自己被误认为是犯上作乱的贼臣。由此推之，当时社会上已经形成了严格的君臣上下的礼法观念及等级意识。同时，殷商时期的开明政治家十分强调执政者的礼仪修养，这种礼的意识是通过对“德”的强调体现出来的。在《尚书·盘庚下》中，盘庚在迁殷之后告诫其臣民：“肆上帝将复我高宗之德，乱越我家。朕及笃敬，恭承民命，用永地于新邑。”盘庚在此向臣民表示，他奉上帝之命要复兴高祖的美德，光大自己的国家，他将以急切、笃实、恭谦的态度和行为延续民众的生命。这里的笃实、恭谦既是做人的美德，又是礼仪之规范。《尚书·洪范》篇是殷纣王的亲属及大臣箕子告诉周武王的关于治国安民的常道，在洪范九畴中，“五事”“皇极”“三德”都涉及道德和礼仪规范。“皇极：皇建其有极。……无偏无陂，尊王之义；无有作好，尊王之道；无有作恶，尊王之路；无偏无党，王道荡荡；无党无偏，王道平平；无反无侧，王道正直。会其有限，归其有极。”箕子告诉周武王，君王建立政事要有中道，只有不行偏、不结党，王道才能平坦、宽广；只有不违反、不倾侧，王道才能正直、顺畅。这里的“中道”思想正是古人制礼的基本原则，它清晰地反映出适度、合宜的礼义准则。“三德：一曰正直，二曰刚克，三曰柔克。平康正直，强弗友刚克，燮友柔克。沉浅刚克，高明柔克。惟辟作福，惟辟作威，惟辟玉食。臣无有作福作威玉食。”这里箕子提出有三种治德：正直、刚克、柔克。他认为对和平安顺的人，就用正直对待；对强不可亲的人，就用刚克制；对和顺可亲的人，就用柔克制。对乱臣贼子用刚克制，对显贵大臣用柔克制。他认为只有君王才能作福、作威，享用美食，而臣子则不能，否则，就会导致秩序混乱。可以看出，这里既有为人处世的礼仪准则，又有区分等级的礼仪规范。殷人的社会规范意识产生于对人神关系的处理。在对天地鬼神的礼拜仪式中，每一道程序都体现着秩序和规则的因素，反映着尊卑、亲戚、贵贱、上下等礼的原则。而祭祀典礼中的仪式本身则是礼的重要物化形式。《礼记·礼运》假借孔子之口说出的那段名言也可作为佐证：“禹、汤、文、武、成王、周公，……此六君子者，未有不谨于礼者，以著其义，以考其信，著有过，刑仁讲让，示民有常。”

礼文化的成形期——西周与春秋战国之礼。这一时期，经过周公、孔子、孟子、荀子的智慧创造和不懈探索，“以礼治国”的观念开始确立，对礼的系统化阐发也日趋完善。西周开国以来，特别是周公时代，在对殷礼继承和扩充改造的基础上建立了规模空前的“周礼”，史称“周公制礼”。“周公制礼”形成了周朝辉煌的礼治文化，使尧、舜、禹以来的传统之礼得到了很大程度的理论提升，呈现出高度系统化的特征，为中华民族成为“礼仪之邦”奠定了坚实的基础。当然，周礼并非周公一个人所制，根据郭沫若研究，“周礼大多是西周三百年间逐步积累而成，至于所谓‘礼仪三百，威仪三千’的规模，那已经是战国中叶的事了”。孔子一向对由夏礼及殷礼发展而来的周礼推崇有加，“殷因于夏礼，所损益可知也；周因于殷礼，所损益可知也。其或继周者，虽百世，可知也。周监于二代，郁郁乎文哉！吾从周”。周礼是中国奴隶社会最庞大、最严整、最文明的制度和礼仪，它对其后的整个封建社会产生了深远影响。如果说殷礼是以宗教礼仪为主，那么周礼则是以人际礼仪为主要内容，人礼开始重于鬼神之礼。

概括说，西周时期礼文化的重要特征表现在两个方面：一是神学特征及其浓厚的人神之礼向人学特色占绝对上风的人伦之礼的转变；二是“亲亲”“尊尊”成为贯穿周礼的主要思想观念。由于“亲亲和尊尊的实质是等级制度”，因此可以说，“周礼的本质是等级制度，离开等级制度就没有周礼”。春秋战国既是史称“礼崩乐坏”的时期，同时又是礼文化迅猛发展的时期。按照西周礼制，应“礼乐征伐自天子出”。然而，到了春秋战国，则不断发生“礼乐征伐自诸侯出”，进而“自大夫出”，以至“陪臣执国命”的现象，孔子由此得出了“礼崩乐坏”的结论。事实上，春秋战国时期礼乐并未真正“崩坏”，只是维护周天子或者诸侯权威的周礼在逐渐崩溃，而许多诸侯和卿大夫又利用改造周礼的机会来提高和巩固自己的地位，并在这个过程中酝酿、形成了一套新的礼乐制度，即所谓的“变礼”，以弥合礼制与现实社会之间的矛盾冲突。《淮南子·汜论训》曰：“故五帝异道而德覆天下，三王殊事而名施后世，此皆因时变而制礼乐者。”这表明礼因时而变的重要性。从孔子的“克己复礼为仁”“不学礼，无以立”“道之以德、齐之以礼”，到孟子的“以仁存心，以礼存心”，再到荀子的“人无礼不生，事无礼不成，国家无礼不宁”，我们不仅可以看出儒家对礼的执着追求，感受到礼在古人修身、齐家、治国、平天下方面的重要功能，亦可领略到“礼之用，和为贵”所揭示的治国理政、协和万邦之真谛。在古代中国，“礼”事实上起到了西方的法及宗教的作用。20世纪初辜鸿铭曾因西洋人将“礼”翻译为rite而大为恼怒，以为大错特错。因为，“礼”这一由中国人独创的文化概念和文化现象积淀并浓缩了太多西洋文化中从未有过的意义及内涵，起到了西方世界中从未发生的作用。中国幅员辽阔，方言歧异，各地风俗差别很大，而中华民族却有很强的凝聚力，其重要原因之一就是各地人民在“礼”这一点上是认同的。在西方人眼里，礼是陌生而神秘的。发生在清朝康熙年间的“中国礼仪之争”，使欧洲人通过“礼仪”了解了东方的神秘大国——中国。他们视“礼”为中西文化的重要差别，他们对中国及其文化的评价都离不开“礼”。法国的启蒙学者孟德斯鸠曾说：“中国的立法者们的主要目标，是要使他们的人民能够平静地过生活，他们要人人互相尊重，要每个人时时刻刻地感到对他人负有许多义务；要每个公民在某个方面都依赖其他公民。因此，他们制定了最广泛的‘礼’的规则。他们（指中国的立法者）把宗教、法律、风俗、礼仪都混在一起。所有这些东西都是道德。所有这些东西都是品德。这四者的箴规，就是礼教。中国统治者就是因为严格遵守这种礼教而获得了成功。中国人把整个青年时代用在学习这种礼教上，并把整个一生用在实践这种礼教上。文人用之以施教，官吏用之以宣传；生活上的一切细微的行动都包罗在这些礼教之内，所以当人们找到使它们获得严格遵守的方法时候，中国便治理得很好了。 中国的立法者们认为，应该激励人们孝敬父母；他们并且集中一切力量，使人们诺守孝道。他们制定了无数的礼节和仪式，使人对双亲在他们的生前和死后，都能克尽人子的孝道……礼教构成了国家的一般精神……中国人的生活完全以礼为指南。”莱布尼茨曾说，“大陆二极端的二国，欧洲及远东海岸的中国”是“全人类最伟大的文化和文明”，但中国文明与西方文明迥异的性质，又不免使其感叹：中国民族和欧洲民族为“最有教养和最隔膜的二民族”。显然中国的“礼”在内涵及外延、地位、作用、效力、违反后的处理等方面与世界各国的礼或者礼仪等完全不同。礼调节于道德以后。以中国周朝的礼为例，涉及老百姓的家庭内部管理、吃穿住行及婚丧嫁娶等一切私人事宜及官府的礼仪服饰、内外管理等。然而此时在中国土地上的宗教及其他学说——道教、佛教、法家及儒家等诸多学说流派都沉醉在各自发展及竞争当中，它们既影响着统治者，也被统治者根据他们的喜好有选择地使用，例如法家的以法治国及儒家的以德治国，中国古代儒家经典著作直接被引用为裁判的依据的“春秋决狱”就是很好的例子。在这个竞争中，儒家学说由于其中庸而为统治阶级接纳，最终取得了胜利。这个阶段尽管礼的作用强大，占据主导地位，但道德及宗教的力量依然强大，它们是紧密结合在一起发挥作用的。在国家治理上，统治者基本采用德主刑辅，外儒内法。中国古代统治者历来一直努力在社会管理及冲突裁决中尽量保持与习惯、习俗、道德或者宗教规则及要求的协调，也就是通常说的天人合一的思想。但遇到威胁其统治的情形时，统治者会毫不留情予以打击！例如：秦朝的“焚书坑儒”、清朝的“文字狱”及不惜采用五马分尸及诛灭九族的刑罚。

秦《律》，主要内容记载于睡虎地秦墓竹简（又称睡虎地秦简、云梦秦简），是指 1975 年 12 月在湖北省云梦县睡虎地秦墓中出土的大量竹简，这些竹简长 23.1 ～ 27.8 厘米，宽 0.5 ～ 0.8 厘米，内文为墨书秦隶，写于战国晚期及秦始皇时期，其内容主要是秦朝时的法律制度、行政文书等。古代社会的法律，主要特征就是不平等、不自由、不民主，或者说是差等的平等、自由及民主（在各自阶层或者种姓范围内的）。一小部分人垄断了整个社会的财富，绝大多数人处于被剥削、被奴役、被控制的状态。这时的爱及法是不完善的，是被强迫的，它们在寻找突破口，继续前进，历史也证明了这一点！

第四节 近现代社会法律

近现代法律与古代法律的主要区别除了体例结构等技术上的因素外，核心内容上就是奴隶制的废除，自由平等原则的确立，民主原则的落实。因为客观历史原因，近现代意义的法律起源于欧洲，发达于英美，逐渐为当今世界主要国家采纳，并处于发展过程中。

近现代法律以资本主义法律的出现为标志。资本主义法治，主张依法治国，标榜民主、平等、自由等人权。随着资本主义生产方式在欧洲的出现，西方资本主义法和法治应运而生。尽管资产阶级一再宣称他们的法律是超阶级的，但实际上，西方资本主义法治首先代表的是资产阶级的意志和利益，是为资本家占有生产资料并剥削雇佣劳动者服务的。在法的表现形式上，西方国家出现了大陆法系和海洋法系，这两大法系在法典形式、诉讼程序、法院设置等方面各具特色，但在阶级属性上都是资产阶级专政的工具。资本主义国家不同于奴隶制和封建制国家的一个重大特点是，它在法律和形式上承认，不论资本家还是工人、富人还是穷人、成人还是儿童、健全者还是残疾人，在法律上都处于平等地位，都享有法律赋予的自由、民主、平等等权利，如美国的《独立宣言》和法国的《人权宣言》都表达了“天赋人权论”。这一思想在反对封建专制、宗教特权、封建等级、人身依附、地方割据，团结工人阶级、农民阶级和其他一切劳动阶层等方面都有重大进步作用，但另一方面，“它始终是而且在资本主义制度下不能不是狭隘的、残缺的、虚伪的、骗人的民主”。资产阶级法治的另一个巨大贡献，是提出并实施了资产阶级法制，这种法制坚决反对封建专制和人治，主张实行民主，以“三权分立、互相制衡”等形式，保障一切国家机关、社会团体、公民个人都必须严格依法办事，追求法律面前人人平等。资本主义法制是人类法治史上的一大创举，它为资本主义国家制度的存在和发展立下了汗马功劳，也为我国建立健全社会主义法制、实现依法治国、保障国家长治久安提供了重要借鉴。

近现代社会法律体系的日臻完善以英国近代革命后形成的《大宪章》为标志。

《大宪章》也称《自由大宪章》（英文 Great Charter，拉丁文 Magna Carta）。英国封建时期的重要宪法性文件之一。1215 年 6 月 15 日，由金雀花王朝国王约翰王（1199—1216 年在位）在大封建领主、教士、骑士和城市市民的联合压力下被迫签署。全文共 63 条，主要内容是保障封建贵族和教会的特权及骑士、市民的某些利益，限制王权。规定非经贵族会议的决定，不得征收额外税金；保障贵族和骑士的采邑继承权；承认教会自由不受侵犯；归还原侵占的领主土地、抵押物和契据；尊重领主法庭的管辖权，国王官吏不任意受理诉讼，对任何自由人非经合法判决，不得逮捕、监禁、没收财产或放逐出境；承认伦敦和其他自治城市的自由；统一度量衡，保护商业自由等。同时规定由领主推举 25 人负责监督宪章的实施。宪章主要是封建阶级内部权力再分配的文件，并未改变广大农民的地位，而且不久即被即位的亨利三世撕毁，失去效力。英国资产阶级革命时期，《大宪章》被利用作为争取权利的法律依据，并被确定为英国宪法性文件之一，成为英国君主立宪制的法律基石。

诺曼人（Normans）于 1066 年开始入侵英格兰，在诺曼人成为英国的国王后，于 11 及 12 世纪逐渐强大。他们建立了集权政府，加上本地盎格鲁 - 撒克逊人（Anglo-Saxons）原来的统治土地，还有盎格鲁人和诺曼人在诺曼底所拥有的土地，使英国国王在 1199 年成为欧洲最有权力的国王。当英王约翰在 13 世纪初即位之后，一连串的事件却令英格兰的封建贵族起来反抗他，并要求限制绝对的王权。

当时英王约翰受到的压力来自三个方面：首先，他夺得王位的手法遭人非议，前任英王狮心王理查一世（Richard）在 1199 年死后，出现两名继承人。约翰将他的对手，亦即他的侄子亚瑟囚禁，1203 年，亚瑟被约翰杀死在狱中，尸体被扔入塞纳河；其次，当时法国国王占领了英国在诺曼底大部分的土地，英国的贵族要求国王取回失去的领土，约翰即在 1214 年发动对法国作战，却在布汶战役中遭遇惨败。而战前约翰为筹措资金，对诸侯采取的一系列残酷盘剥更是引起了极大的不满。此外，约翰与教皇就坎特伯雷大主教的任命出现争执，于是教廷向英格兰施以惩罚，约翰被迫于 1213 年向教皇屈服。

1215 年 6 月 15 日，在强大压力下，约翰在兰尼米德（Runny Mede）签署《大宪章》。其中主要反映西欧封建政治制度的特点，即国王只是贵族“同等中的第一个”，没有更多的权力。1215 年 6 月 19 日，贵族则重申对约翰效忠。最后皇室秘书将国王与贵族间的协议正式登录，即成为最初的《大宪章》，并将副本抄送至各地，由指定的皇室官员及主教保存。

1215 年《大宪章》中最为重要的条文是第 61 条，即所谓“安全法”。根据该条的规定，由 25 名贵族组成的委员会有权随时召开会议，具有否决国王命令的权力；并且可以使用武力，占据国王的城堡和财产。这种权力是出自中古时期的一种法律程序，但加之于国王却是史无前例。

英王约翰自始即无接受《大宪章》约束的诚意，他是在武力之下才被迫签署文件的，特别是第 61 条几乎褫夺了国王所有的权力。就在贵族离开伦敦各自返回封地之后，约翰立即宣布废弃《大宪章》，教皇英诺森三世亦训斥《大宪章》为“以武力及恐惧，强加于国王的无耻条款”，教皇否定了任何贵族对权力的要求，称这样做破坏了国王的尊严。随后英国即陷入内战。1216 年 10 月 18 日，约翰在内战正酣时病死，9 岁的亨利三世即位，皇室人员希望年幼的新王会为贵族所接受。新王即位后，战事终结。10 月 12 日，皇室大臣以亨利的名义再发出《大宪章》，但当中部分条款，包括第 61 条都被删去。

1217 年和 1225 年，亨利三世都曾再次发布《大宪章》。1225 年的一次由 18 岁的亨利亲自发出，并删除至只有 37 条。1272 年，亨利三世统治 56 年后逝世。他逝世时，《大宪章》已成为既定的英国法律，日后的国王亦难以像约翰一样将它完全推翻。1297 年 10 月 12 日，亨利三世的儿子爱德华一世发布最后一次修订的《大宪章》，作为“肯定法案”的一部分。

《大宪章》由 1 个序言和 63 个条款构成，有许多内容是保障封建贵族的权益。第 1 条规定教会享有自由选举教职的权利。第 2 条规定国王的直接封臣继承封土时应纳继承金的数额。第 12、14 条规定这些人在何种情况下应纳协助金和盾牌钱，并说明如无他们同意，不得再额外征收。第 39 条规定衍生了人身保护的概念：“除非经过由普通法官进行的法律审判，或是根据法律行事；否则任何自由的人，不应被拘留或囚禁、被夺去财产、被放逐或被杀害。”第 34 条还规定今后不再发出强制转移土地争执案件至国王法庭审视的令状，以免使封建主的此项司法权利遭受损害。第 61 条规定，组织 25 个大封建主监督《大宪章》的执行，他们在发现国王有违反情况时，可使用各种手段包括武力在内胁迫他改正，这就使封建内战取得合法地位。

《大宪章》当时并未起重大作用，不久教皇应约翰请求宣告作废，于是内战又起。因为它有着限制王权的作用，后来封建贵族在和国王的斗争中曾一再强迫国王重新颁布《大宪章》。15、16 世纪时英国王权强化，《大宪章》无人提及。英国资产阶级革命时，资产阶级赋予《大宪章》以新的意义，用以反对封建专制王权。今天它仍是英国宪法的重要组成部分。美国的联邦宪法和各州宪法也都包含有《大宪章》的思想。

自由、平等及民主等原则，是斗争的结果，《大宪章》就是这个结果的载体，是法。

《拿破仑法典》

《拿破仑法典》（Napoleonic Code），又称《法国民法典》或《民法典》，颁布时间为1804年3月21日。《拿破仑法典》总共分为三大部分，2281条法律条文，约12万字（最初版本）。第一部分是人法，其中都是有关民事权利的规定；第二部分是物法，是有关各类财产所有权和其他物权的规定；第三部分是获取各类所有权的方法的规定，具体包括继承、遗嘱、还债、赠予、夫妻共同财产等相关法律条文。

这部法典是资本主义国家最早的一部民法法典。破除了封建的立法原则，成为欧美各国资产阶级的立法规范，推动了资本主义的发展。

遵循古代罗马“法典”的传统，法典的结构首先也分为“编”，“编”下设“章”；每一“章”对一个专门问题进行规定，比如婚姻、父权、继承、买卖等。《拿破仑法典》由1篇序言和3编正文组成；序言只有6条，主要是关于《法典》的生效时间、法典适用的概括性规定。波塔利斯在起草《法典》时，曾在序言部分放了6篇整整一编的内容；但这些内容几乎全被删掉，在39条中只有6条得以保留；其余33条之所以被删去，原因在于它们更多地体现了“学说意见”和“哲学信念”，而非严格意义上的立法。第一编被称为“人法”，包括第7条至第515条，主要包括国籍、外国侨民地位、民事主体资格以及住所。接下来是婚姻、离婚和分居、父母子女关系、父权、监护、成年、禁治产，以及家庭理事会。第二编的主要内容是“财产法”，包括第516条到710条的内容，其中广泛涉及了所有权、用益物权、地役权等内容。第三编的篇幅比前两编加起来的两倍还要长，它包括第711条到第2281条的内容。它被冠名为“取得财产所有权的各种方法”，但这一名称显得有点含糊。实际上，它涵盖七大部分：继承、生前赠与和遗嘱、债的一般规定、特定种类契约的规则、夫妻财产制度、留置和抵押，以及诉讼时效。

法典目录

总则　法律的公布、效力		
第一编　人	第二编　财产及对于所有权的各种限制	第三编　取得财产的各种方法
第一章 民事权利的享有及丧失	第一章 财产分类	分则
第二章 身份证书	第二章 所有权	第一章 继承
第三章 住所	第三章 用益权、使用权及居住权	第二章 生前赠与及遗嘱
第四章 不在	第四章 役权或地役权	第三章 契约或合意之债的一般规定
第五章 结婚		第四章 非因合意而发生的债
第六章 离婚		第五章 夫妻财产契约及夫妻间的相互权利
第七章 父母子女		第六章 买卖
第八章 收养与非正式监护		第七章 互易
第九章 亲权		第八章 租赁
第十章 未成年、监护及亲权的解除		第九章 合伙
第十一章 成年、禁治产及裁判上的辅助人		第十章 借贷
		第十一章 寄托及讼争物的寄托
		第十二章 赌博性的契约
		第十三章 委任
		第十四章 保证
		第十五章 和解
		第十六章 民事拘留
		第十七章 质押
		第十八章 优先权及抵押权
		第十九章 对于债务人不动产的强制执行及债权人间受分配的顺位
		第二十章 时效

1799年11月9日，雾月政变爆发的当天晚上，拿破仑便下令起草民法典。1800年，雾月政变刚刚结束，拿破仑成了法国的最高统治者。随后，他正式命令大理院长特龙谢、罗马法学家马尔维尔、政府司法行政长官普雷阿梅纳和海军法院推事波塔这四位法律专家开始起草民法典。拿破仑对这部民法典

相当重视，曾多次亲自参与一些法律条文的讨论。在具体制定法典的过程中，几位法学家在他授意下，始终坚持资产阶级革命者在法国大革命初期提出的相对理性的原则。

法典草案在一年之后完成，拿破仑命人将其送往枢密院和各个法院，这些政府部门为了审核、修改草案，总共召开了102次讨论会，其中有97次是由拿破仑亲自主持参与的。经过三年半的修改、讨论，于1804年3月15日由立法院通过，3月21日拿破仑签署法令，以《法国民法典》的名称正式颁布施行。1807年这部《民法典》被命名为《拿破仑法典》，包括总则、3编（35章），共2281条。

法典在编纂过程中广泛吸收了各种来源，其中主要有：习惯法（尤其是《巴黎习惯集》）、罗马法、王室法令、革命时期的法律。

法典从“习惯法”中吸收的主要是已婚妇女的权利限制、配偶间共同财产的占有以及继承方面的一些规定。法典从“罗马法”中主要吸收了所有权制度、债的一般规定、特定种类契约的规则以及婚姻财产份额制度。

对于“王室法令”，《拿破仑法典》主要从中吸收了以下内容：民事主体资格（1667年4月的法令）、赠与、遗嘱以及限制性继承（1731、1735、1747年德·阿居瑟的“法令”）、证据［1566年的木兰（Moulins）“法令”和1667年4月的法令］、抵押物的赎回（1771年法令）。《拿破仑法典》还保留了“大革命时期法律”中关于成年年龄、婚姻、抵押制度等内容。

除了这四个最主要的来源，另外还有两个较次要的渊源。第一个是“原巴列的判决”（decisions of the old Parliamnets）。比如判决中体现的有关“旷缺制度”（absence）给法典提供了法律渊源；它对《法典》中某些建立在罗马法之上的内容也有影响，比如“婚姻财产份额制度”通过合伙制度而得到了修改。第二个是教会法，它主要提供了一些有关婚姻和“非婚生子女准正”的规定。

《拿破仑法典》至今仍在使用，但随法国经济、政治、国情等多方面的变化，法典共修改过一百多次。 例如，一开始，法典的第213条至217条中规定妻子必须服从自己的丈夫，这在此后引起了很多保护妇女权益组织的不满，后来被废除。又如，1816年，法典中曾经废除了离婚制度，1884年又得以恢复。1970年废除了丈夫是一家之主的规定。1972年又废除了非婚生子女与婚生子女的地位不平等的规定。

《拿破仑法典》的名称曾有几次变化。最早颁布时，它被称为《法兰西民法典》。1807年9月3日法令称它为《拿破仑法典》。1814和1830年的《宪章》又将其改回原名。1852年3月27日的法令又把它叫作《拿破仑法典》，理由是“为了尊重历史的真相”。实际上，1870年以后，按照政府的习惯称谓，这部法典一般都仅被称为“民法典”。时至今日，《拿破仑法典》一般被用来指这部法典的早期版本，借以与已经发生了很大变化的现行版本相区别。

《拿破仑法典》内容丰富，其中最突出的有这样几个方面：第一，确认了人民财产所有权的原则。几乎有1/3的条文，从不同的角度保护私有制的不可侵犯性，维护了大革命最根本的成果。例如第537条规定，“私人自由处分属于其所有的财产”；第544条规定，“所有权是对于物有绝对无限制地使用、收益及处分的权利”。这就保证了绝对的个人私有制，激发了个人积极性，为工商业的自由发展提供了法律保证。

《拿破仑法典》明确肯定了新的土地关系，保障它不受封建复辟势力的侵犯。第552条规定，“土地所有制并包含该地上空和地下的所有权”“所有人得在地上从事其认为适当的种植或建筑”；第545条规定，“任何人不得被强制出让其所有权；但因公用，且受公正并事前的补偿时，不在此限”；并且还具体规定了土地所有者权益的范围，提出了保护“添附权”，即凡是土地产生的天然果实或人工果实（耕种所得产品）、法定果实（如房租、利息等）、家禽繁殖的小家畜等均归土地所有者。这样不仅维护了富人们在生产资料方面取得的胜利成果，而且保障了农民在大革命中取得土地的合法权利，极大地激发了个人的生产积极性。所以，《拿破仑法典》受到民众的一致欢迎。

《拿破仑法典》也确认了契约自由的原则，维护并保障了资本主义自由买卖、等价交换和新的雇佣关系。第1134条规定，“依法成立的契约，在缔结契约的当事人间有相当于法律的效力”，而且规定原料的取得、商品的流通、工人的雇佣，都必须通过契约，买卖、交换，一切均可以自由经营；第1598条规定，“交易范围的物品，除特别法禁止出让者外，均可出售”；第1710条规定，“凡劳动力雇佣者可与出卖劳力者商定，一方为他方完成一定的工作，他方约定支付报酬的契约”，并规定工人必须遵守雇主关于工资定额的规定。该法典中几乎有1000多个条文规定了契约之责，这就可以使资产阶级利用契约自治原则，不受限制地进行包括劳动力在内的自由买卖，自由竞争，发财致富。

《拿破仑法典》还确认了自由、平等的原则。第8条规定，“所有法国人都享有民事权利”；第488条规定，“满21岁为成年，到达此年龄后……有能力为一切民事生活上的行为”。这就是说，每一个成年的法国人，都享有平等的民事行为能力，从而以民法的角度否定了封建等级制度及其特权，强调了在法律面前人人平等的思想，进一步确立了人权平等的原则。

《拿破仑法典》还对婚姻、家庭、继承等方面作了规定，规定夫（父）是一家之长的原则，丈夫有保护其妻子的义务，妻子有服从其丈夫的义务；并规定夫妻双方离婚必须持有严肃的理由，极力保持家庭作为国家基础的稳定性；并规定遗产作为财产整体在继承者之间平分，非婚子女受到法律承认，限制自由立遗嘱的权利。

拿破仑在《商法典》中还努力调整工商业的关系，运用法律武器保证工商业的发展。在《刑法典》中，强调对各种不法之徒必须严惩，以保证社会的安定。

《拿破仑法典》是法国资产阶级大革命的重要成果，也是资产阶级国家最早的一部民法典。这部法典确认了资产阶级和农民占有贵族和教会土地财产的合法性，保证不受封建势力的侵犯；否定封建特权，确立了资产阶级自由、平等的原则，规定每个公民具有同等的民事权利和行为能力；法典对于家庭、婚姻、继承等社会生活方面都作了明确规定。这部法典是资本主义国家最早的一部民法法典，破除了封建的立法原则，成为欧美各国资产阶级的立法规范，推动了资本主义的发展。

《拿破仑法典》不仅在法国国内影响深远，对其他各国的影响力也不可小觑。例如，美国路易斯安那州的法律、丹麦和希腊的民法典都是仿照该法典编制而成的。另外，德国、西班牙、葡萄牙、瑞士、巴西、阿根廷、智利等国的民法典也在一定程度上受到了它的影响。

德国法学家茨威格特认为《拿破仑法典》所表现出来的启蒙和解放，对于任何地方、任何时代的寻求自由与解放的人民，都有极大的教育意义，对于任何想建立新的法律秩序的人民也具有极大的益处。

《拿破仑法典》对自由、平等及民主的保护，较英国《大宪章》又更近了一大步，为德治与法治的融合树立了榜样，为依法治国奠定了法制基础与法治理念！

小结：通过历史，我们可以看到社会在不断发展前进，法律制度不断完善，法治理念在不断升华，最终走向全面的、完善的法治社会，滚滚历史车轮，无人能阻挡！

第四章　法治的精神内核

国家治理现代化本质上是国家治理法治化。法治是现代国家治国理政的基本方式，是国家治理现代化的基本标志，国家治理法治化是国家治理现代化的核心环节。提高治理能力，其关键就是要提高运用法治思维和法治方式的能力。

法治是国家治理现代化的基本标志，现代法治的核心即在于良法善治。正是现代法治为国家治理注入良法的基本价值，提供善治的治理体系。古德诺认为“立法是国家意志的表达”，列宁指出“宪法就是一张写着人民权利的纸”，表达人民意愿、保障人民权利的最直接、最有效的方式就是立法。而宪法是国家的根本大法，是人权的根本保障书，是依法制权之法，是公民的生活规范，依法治国无疑首先是依宪治国，宪政建设是检验社会主义法治国家建设的基本标尺。

法治作为一种国家治理方式，其核心要义有二：一是限制权力，二是保障权利。由于权力具有自我扩张的本性，权力一旦失去监督和制约，必然导致滥用和腐败，进而侵犯公民权利，践踏法律权威。因此，严格规范权力的行使，防止权力的滥用和扩张，同时充分保障人民权利，确保合法权益不受侵害，此乃依法治国的两个重要维度。

司法是保障公民权利自由的有力手段，司法公正是社会公平正义的最后一道防线，“司法公正对社会公正具有重要引领作用，司法不公对社会公正具有致命破坏作用”。然而，当前我国司法不公、司法腐败问题依然存在，司法公信力不强，司法的终极救济功能未能得到充分发挥。行政机关依法行使职权，不仅是现代政治文明的重要标志，也是建设法治政府的基本手段和必要过程。然而，由于行政权力极具扩张性以及相关法律约束不足等原因，导致长期以来我国行政机关职能交叉、权责不清、执法不严、违法不究等问题普遍存在，侵犯行政相对人合法权益的现象时有发生。虽然我们推行了政府职能转变、审批制度改革等一系列改革措施，颁布了《全面推行依法行政实施纲要》等纲领性文件，落实了重大决策听证制、行政执法责任制等具体制度，但是按照法治政府的要求，我们的差距依然很大。

约束权力的最好办法就是立法，只有通过立法把机构的组织、职能、编制、责任等全部法定化，政府哪些事情能做，哪些事情不能做，要由法律界定清楚，做到“法无授权不可为，法定职责必须为”，才能有效防止行政权力的膨胀和扩张。“健全依法决策机制，把公众参与、专家论证、风险评估、合法性审查、集体讨论决定确定为重大行政决策法定程序”，这是用程序约束权力的关键环节。目前我国还没有统一的行政程序法，也没有单行的行政决策程序规范。由于缺乏法定程序，各级政府行政决策往往具有较强的主观性和随意性，导致决策失误屡见不鲜，给人民和社会带来一些不必要的损失。科学决策区别于经验决策的最大特征在于程序化，应当根据决策科学化的要求，制定统一的行政程序法典或者单行的行政决策程序法规，严格规范决策程序。行政决策只有遵循法定程序，才能有效减少决策的失误，保证决策的科学性。

“推进机构、职能、权限、程序、责任法定化”，这是用权力约束权力的根本之策。最重要的就是平等，同样是实体及程序都要平等，这样民主及自由才有基础。否则，可能都是伪命题，形是而神不是！人生而不平等，有人天生残疾，有人天生富有，有人天生貌美，有人天生善跑等，没有办法。但是就爱及法而言，每一个人都是平等的。因为爱及法都根植于我们的基因，只是因为社会环境及自身条件不同，其显现或者隐藏而已。

平等对我们今天处于法治社会的人来说，是平常事情。但是在历史上，对绝大多数人而言，在很长时期，不平等是平常事情，平等反而是奢侈品，而且这种不平等还是由法律提供保障的。中外历史上的奴隶制、种族主义及猎巫行动等，无不展示不平等及歧视的存在。而且，很多人对平等的认识仅仅停留在实体上，事实上，程序上的平等一样重要！透明及平等，更是区分社会文明与否及文明程度的重要标准。

第一节　实体平等

追求平等是所有生物体的天性。但是，在群体中，不平等天然存在。

孟德斯鸠说：“任何有权力的人，都易滥用权力，这是万古不易的一条经验。有权力的人们使用权力一直到遇有边界的地方为止。”

中国古装电视剧里面经常出现县官升堂的场面，两旁衙役手持棍棒大喊“威武”，县太爷手持惊堂木一拍，底下原告被告都得乖乖下跪，这是官本位社会司空见惯的场面。官员拥有对民众的生杀大权，官府一旦“威武”起来，小民就要“卑微”下去，所以当官成为所有人的梦想。

对比古代官员的风光，今天美国政府的官员们真是悲催透顶。2013 年 5 月 16 日，奥巴马和土耳其总统埃尔多安在白宫玫瑰花园举行新闻发布会，正好下起了雨，所以两名海军陆战队士兵帮着打伞。此举招来一片骂声，美国媒体猛烈抨击奥巴马缺乏对士兵的尊重，更有网友意味深长地回忆奥巴马过去淋得跟落汤鸡似的和选民握手的场面，讽刺地反问：“说好的自由平等呢？”

为什么过去的官员可以高高在上，骑着高头大马或者坐着八抬大轿，现在美国总统叫人打个伞却被骂得狗血喷头、狼狈不堪？究其原因，是近代以来政治文化和理念发生了根本的变化。

为什么要组建政府？政府的权力从何而来？政府的主要职能是什么？民众为什么要服从政府？在近代欧洲的启蒙运动之前，这些问题对于大多数人而言是根本想不到也不用想的。因为不管喜欢还是不喜欢，每个人从出生开始，政府就与你同在，你就受它管束。

美国的先天优势在于，他们的祖先是经历了欧洲启蒙运动和英国资产阶级革命的移民，他们是带着对政府、权力的“新思维”来到美洲大陆的。在他们看来，政府是不可避免的“恶”，人民为了获得秩序和安全，又必须建立政府；但政府的权力必须受到制约和监督，当政府违背人民的意愿，不能保障人民合法权利时，人民必须要有权也有能力更换政府。

在中国古代，人们相信政治权力的所有者是神圣的，是超越人类而存在的上天。政府权力的来源是上天的授予，统治者是由上天选定的。在世俗政治中，人们又习惯于将政治统治的权力类比为父亲对儿子的道德权力，习惯于从父子关系推导出君臣关系。因为父母养育和爱护子女，所以父母对子女的权利天然合理。如果统治者也同样养育和爱护自己的臣民，那么臣民对统治者的服从和忠诚也是天然义务。

美国政治文化对政府和权力的看法与此大相径庭。北美清教徒移民接受的政治思想，主要来自近代启蒙思想家的“社会契约论”。这个理论认为：首先，天赋人权，任何人组成的群体都有对秩序和安全的需求，为了获得秩序和安全，他们需要相互订立一个集体合同，将每个人的一部分权力让渡出来成立政府，使政府行使维护社会秩序和抵御外部侵略的职能。

其次，整个社会和政府再签订一个合同，以保证政府履行好公共服务管理和国防职能，认真为人民服务。所以，政府的存在和政府的权力并没有统治者所宣扬的那么神圣，它只是人民为了安全和秩序而建立的一个服务管理机构，它的权力来自人民的让渡和授予。可以把“社会契约论”作更为形象的理解：如果把国家视为我们生活的小区，政府就是小区的物业管理公司，执政党就是正在承担管理职能的物业公司，在野党则是那些正在积极竞争上岗的物业公司，人民是小区的全体业主，议会便是全体业主投票选举的业主委员会。选举什么样的物业公司来做哪些事情全由业主委员会说了算。所以，政府在美国人眼里就是物业公司，是纳税人供养着的，为纳税人服务的，纳税人在政府面前可以理直气壮。

为了使政府有效履行维护公共秩序和保障安全的职能，任何国家的政府必须要对内制定法律，组建警察，设立监狱、法庭；对外则建立外交，组建军队。但谁保证政府不会用警察和军队来对付人民呢？政府有可能运用人民授予它的权力把矛头指向人民，成为侵害民众权益的“巨兽”。从古希腊到近代欧洲，思想家们早就把这一点看得十分透彻。

亚里士多德说：“把权力赋予人等于引狼入室，因为欲望具有兽性，纵然最优秀者，一旦大权在握，总倾向于被欲望的激情所腐蚀。”

与孟德斯鸠同时代的中国思想家黄宗羲说过，皇帝以为子孙创业为借口谋夺天下，“荼毒天下之肝脑，离散天下之子女，以博我一人之产业”，又将整个国家视为自家产业来开销，“敲剥天下之骨髓，离散天下之子女，以奉我一人之淫乐”，所以皇帝就是“天下之大害”。事实证明，指望那些养着三宫六院、盼着长生不老的皇帝们以德治国，是不切实际的幻想。

与欧洲大陆上其他受到启蒙思想熏陶的民众不同，这些迁来北美大陆的移民很多都是英国国教的“背叛者”，真正体会到政府的恶。他们不想继续承受这些恶，才背井离乡，来到荒无人烟的北美大陆。百余年前，北美虽然依旧是英国的属地，但毕竟远隔重洋，“天高皇帝远”，他们在新大陆上享受着“自治”的艰辛和快乐。

但在英法战争后，英王以此战是为殖民地民众而战为由，要求殖民地民众来承担战争开销，向殖民地民众征收重税，这使他们再次深刻感受到政府

“权力”之恶，让他们更急于摆脱这种恶。所以，《独立宣言》一半以上的内容是对英国国王的控诉：“现今大不列颠国王的历史，就是一部怙恶不悛、倒行逆施的历史，他的所作所为只有一个目的，即在我们各州建立一种绝对专制的统治。”

正是基于对政府、对权力的新认识和亲身经历，推翻了英王在美国的统治，赢得独立的美国人民，特别是其政治精英，在革命胜利后没有马上建立政府。在他们看来，如果在结束了英王暴政后，取而代之的是一个美国国王实施的暴政，岂非前虎后狼？但问题又出现了，政府虽然不是万能的，但国家没有政府却是万万不能的。

在经历了邦联政府的软弱无力，各州因各自为政而造成的不和甚至分裂，以及令人震惊的谢斯起义之后，此前深深记得政府之“恶”的美国国父们，如今则是深深感到政府是不可避免的，人民不能因为恐惧政府之“恶”，而不要社会秩序和安全。在迫不得已之下，胜利之后分道扬镳的各州，只好派代表到费城召开制宪会议，重新开会讨论解决问题的办法。在政府是不可避免的“恶”的前提下，美国人从建立共和国之初就明白，必须最大限度地限制立法机关、行政机关和司法机关的权力，并让它们相互制约，这样才能防止它们单独或者联合起来以国家的名义剥夺公民的正当权利。

法治建设的主体就是确保社会大多数在生存与发展过程中的权利平等。

那么，什么是平等？为什么需要平等？谁痛恨平等？此类问题容易回答，但又难以一下子说明白。平等肯定是人与人的平等，实体平等比较好理解及接受，比如：学习、就业、选举、被选举及社会公共福利等，内容非常广泛。

公平正义是人类所追求的一种理想状态。公平正义在社会学意义上，是指社会成员之间的社会地位、经济收入、消费水平比较接近而不过分悬殊；在法学意义上，是指权利与义务对称，人们所享有的权利和获得的收益应该与他们所承担的责任及所作出的贡献相一致；在伦理学意义上，是指每个人都拥有平等的生存、发展的权利和机会。追求公平正义是实现社会和谐的前提，没有公平正义就没有和谐。

公平正义表现为以程序正义为核心的法治精神。它规定着每一个社会成员在以法律为基础的共同的规范和标准规定的范围内展开竞争、获得发展，当彼此之间出现矛盾和争端时，坚持在法律和程序面前人人平等的原则，按照严格的程序和步骤依法解决。

公平正义体现了国家在法制基础上对社会利益的调控。国家必须在公平正义缺失情况下积极作为，调整利益冲突，化解矛盾，使公平正义得到切实贯彻。法与公平正义不可分开，法的价值之一在于实现正义。

平等对待，是法律面前人人平等原则在社会公平正义方面的具体要求，是实现公平正义的方式。没有平等对待，公平正义便成为抽象的空谈。平等对待要求政法机关及其工作人员在执法活动中必须平等地对待每一个执法相对人，平等地保护每一个利益主体。实现平等对待包含两层含义，一是要反对特权，二是要反对歧视，做到不唯权，不唯上，不分人，不分籍，只依法。首先，平等对待必须反对特权。特权与平等水火不容。特权是专制制度下的产物，它从来就是对平等的否定。我国历经了两千多年的封建社会，特权思想和特权观念有着深厚的根基和土壤，即便在当前的执法实践中也经常遇到某些特权的挑战，因此，在我国要消灭特权思想和特权行为任重而道远。我国宪法明确规定："中华人民共和国公民在法律面前一律平等。"法律上的平等对待排除任何特权，是克服特权的唯一手段。这就要求在执法实践中，真正贯彻法律面前人人平等的原则，无论任何人权力有多重、影响有多强、地位有多高、财富有多大，在法律面前都是要站在同一"起跑线"，只要其行为触犯了法律，就应坚决依法予以追究，决不姑息迁就。其次，平等对待必须禁止歧视。歧视是对人的一种不应有的不平等的低下看待，它人为地把人划分弱肉强食的等级，同特权一样是对平等的否定，是与平等根本对立的。歧视涉及人格尊严问题，人格尊严最重要的方面就是平等对待的问题，不平等的对待会使人产生一种严重的受侮辱感，从而对人的精神和身心健康造成损害；歧视关乎社会公平和正义问题，歧视使一部分人失去了平等参与、平等进入、平等对待的机会，在一个歧视盛行的社会，不可能有真正的社会公平和正义；歧视是推进社会主义和谐社会建设进程的阻碍，由于被歧视而导致恶性犯罪的事例不胜枚举，建设社会主义和谐社会，禁止歧视是一个重要方面。当前，歧视现象在社会上日益突出，如对进城务工人员、城市下岗职工等弱势群体的主观歧视和制度歧视，就业市场的性别歧视、户籍歧视，对艾滋病患者的歧视等，引起了广大群众和政府部门的普遍关注。按照公平正义的原则，这些弱势群体不但不应当受到其他人态度上的歧视，而且还应当享受到社会给他们的利益补偿。看一项制度能否经得住公平正义标准的检验，就要看社会中的"最不利者"是否从社会中得到了适当的"补偿利益"，以缩小他们与其他人之间的差距。我国的法律援助制度、司法救助制度、未成年人在刑事诉讼中的特殊待遇、消费者的特殊保护等，都贯彻了这一原则。

公平的实现本身是不够的，公平必须公开地、毫无疑问地在被人们所能够“看得见”的情况下实现。这里所说的“看得见”就是指程序公正。所谓程序公正，就是司法人员在执法的过程中严格按照程序规定处理各类事件。程序公正是实现实体公正的保证，如果程序的设计和实施是公正的，那么大多数情况下做出的实体处理会是公正的；程序公正也有着独立的价值，它本身体现着民主、文明、法治和人权的精神，并不依附于实体公正的实现而存在。

越是法治社会，越是重视程序公正。一方面，随着我国社会主义民主和法制的不断完善，公民民主意识、法制观念的日益增强，人们已经逐渐给予程序公正越来越多的重视。另一方面，有些法律知识有限的普通百姓，对裁判结果正义与否的判别标准，通常是从制度上看法定的程序是否得到保障和贯彻。第一，程序公正应当以实体公正为目标。实体公正和程序公正是司法公正不可分割的两个方面。如果没有实体公正，即使程序上公正，司法公正也无从谈起；如果没有程序公正，实体公正也就不能实现，司法公正同样也无从谈起。我们也应认识到，实体公正是司法活动的出发点和归宿，它是诉讼参与人追求的直接结果和最终目的，关系到当事人的切身利益。从程序公正与结果的逻辑关系来看，实体结果产生于程序，程序公正应当以实体公正为目标。不同的程序，往往决定了事件发展的方向和性质上的差异。正义的程序，不仅体现了公平、正义的基本理念，而且可以使当事人、行政相对人在裁判或决定的过程中感受民主、客观、公平、公正，从而对实现司法公正起到积极的作用。第二，程序正义必须充分维护当事人的合法权益。程序正义是对程序当事人作为程序主体的充分尊重，具体可以包括程序主体的参与、平等的对话、提出陈述的机会、维护当事人应有的尊严等，这些可以被视为“程序的内在价值”。即使这些内容并没有增进判决的准确性，这些价值也是独立存在的，法律必须予以维护。因此，政法干警必须充分尊重当事人、行政相对人应有的知情权、陈述权等程序性权利，这既体现了执法为民的目标要求，也是实现程序公正的应有之义。第三，程序公正必须克服执法者的恣意。任何人都不是神仙圣人，都有认识与道德发展的局限性，只要失去有效制约，就有可能滥用权力。为了减少乃至杜绝权力的负效应，就必须制约权力和监督权力。程序正义对恣意有着天生的预防和监督能力，它是控制权力的重要机制，是保障公民权利的重要途径，是保证权力行使合理性的有效措施，是维护国家与社会稳定的有效条件，这一突出功能理应在执法实践中得到更加充分的发挥。

在不同的国家由于法律制度起源不同、法制体系构建不同，对于实体正义、程序正义有着不同的要求，但是为确保公平正义，在立法、执法的核心要求上，无不强调公平原则。

案例一 控特朗普性侵，女作家要求取验 DNA

纽约专栏作家E·珍·卡罗尔出书指控特朗普总统在20世纪90年代强暴了她，遭特朗普否认还说根本不认识她。现在，卡罗尔的律师正式向特朗普律师索取特朗普的DNA样本，以比对卡罗尔称自己遭强暴时裙子上沾到的男性DNA，是否与特朗普相符。

卡罗尔的律师罗伯塔·卡普兰2020年1月30日向特朗普律师发出通知，要求于3月2日在华府提交特朗普唾液DNA样本。此类要求通常会激起法庭争斗，最后由法官权量是否执行通知要求。她的律师卡普兰表示，要求被告提供DNA样本，是性侵犯调查的标准操作程序。

卡罗尔2019年6月撰文、出书指控特朗普在20世纪90年代中期于纽约曼哈顿高级百货波道夫古德曼更衣室对她性侵。特朗普否认强暴并反指她说谎，卡罗尔在去年11月对特朗普提起诽谤诉讼。卡罗尔声称，自己遭强暴当时所穿的黑色羊毛外套式洋装，至今仍然挂在自己的衣柜门后，从那天晚上起就没有洗过。她的律师找实验室对衣服进行DNA测试。附有法律声明的实验室报告指出，在衣服袖子上发现了至少混合了四个人的DNA残留，四人当中至少有一人是男性。

卡罗尔表示，20世纪90年代中期某日她与特朗普偶然相遇、聊天，然后一起去百货公司内衣部门，帮特朗普替一个身份不明的女性挑礼物。两人于更衣室开玩笑试穿紧身衣裤的过程中，特朗普伸手进到她的裙子内、拉下她的紧身裤，强暴了她，她试图反击，最后逃跑。

特朗普2019年6月表示，卡罗尔完全撒谎，他从未见过这个人。尽管有张1987年照片显示他们和彼此当时的配偶参加同一社交活动，但特朗普说那只是凑巧大家站成一行。特朗普表示，这一切都是因为卡罗尔要出书，这本书应该属于虚构小说。

卡罗尔2019年11月起诉特朗普时指称，特朗普让她的人生蒙上污点，也伤害了她作为ELLE杂志长期咨询专栏作家的声誉。她要求特朗普赔偿和撤回声明。

她在30日发表的声明中表示，衣服上身份不明的男性DNA，可以证明特朗普不仅知道她是谁，也将证明他在波道夫古德曼更衣室里对她暴力性侵，之后又撒谎和破坏她的人格对她进行诽谤。

卡罗尔并说，她数十年来一直没有站出来，是因为担心遭到特朗普法律报复、自己名誉受损。但受到#MeToo运动鼓励，她决定公开自己的遭遇。

笔者点评：作为一名女性，卡罗尔是勇敢的。她不怕打击报复，勇敢地站出来，提起诉讼，值得称赞！在她的思想里，“平等”一定是最重要的，即使是程序性的。基因及DNA不会说谎，特朗普应该提交样本，供比对！

案例二　布雷特·卡瓦诺（Brett Kavanaugh）提名美国大法官时的被指控听证会

2018年美国政界最富有戏剧张力的一件事，就是半个月以来占据美国各大新闻版面、社交平台、晚餐聚会的话题人物——布雷特·卡瓦诺（Brett Kavanaugh）。

2018年7月，82岁高龄的安东尼·肯尼迪（Anthony Kennedy）宣布辞去美国最高法院大法官（Chief Justice）一职，选择退休。这对于时任美国总统的特朗普、对于他所隶属的共和党来说，这可是一个天降的大好消息！

2018年7月美国总统特朗普，提名布雷特·卡瓦诺为美国大法官候选人。

因为最高法院不仅是美国政治体系的基石之一，也是美国民众中不受政党之争、“中立性”的代表。最高法院的判决决定了美国宪政和关键议题（如同性恋平权、堕胎权利、少数族裔和女性平权等）的走向。这也是为什么，每一次有空缺，民主党和共和党的人都会进行政治角斗，希望安插自己意识形态的人进去（民主党更为进步，支持平权；而共和党较为保守，反对堕胎）。

而且大法官是终身制的，一旦确认任命，便可以拿着这“铁饭碗”直到去世、辞职、退休或被弹劾（针对大法官的弹劾，历史上还没有发生过）。所以任何一个大法官一旦上任，基本就没办法把他换下来了，他都会对美国接下来几十年的发展走向产生巨大的影响。

根据美国三权分立的设计，最高法院的大法官的产生并非通过民主投票选举，而只要经过美国总统提名、美国参议院投票通过，即可完成任命。而大法官的职位总共就只有9个，每个法官通常一做就做到八九十岁。而总统最多就连做8年，所以空缺的机会对于每个总统来说都是可遇而不可求。

当下刚好遇上总统、国会都为共和党所把控，所以他们自然可以安插一个自己人进最高法院，从而影响美国接下来几十年的发展走向。目前剩余的8位大法官一半亲民主党，一半亲共和党。所以一旦卡瓦诺获得任命，最高法院内亲共和党的“保守派”大法官将占优势，而且这个情况将会持续许多年。

因此，美国总统特朗普喜滋滋地在7月10日提名了同属共和党的“保守派”联邦法官布雷特·卡瓦诺（Brett Kavanaugh）为大法官候选人，把提名递交给国会通过。

布雷特·卡瓦诺是谁？布雷特·卡瓦诺有着无可挑剔的精英教育背景，从顶尖院校耶鲁法学院毕业，且资历极深，曾受到广泛赞誉。原本，卡瓦诺通过国会同意，拿下大法官一职并无悬念。可是就在提名即将付诸表决的前夕，一位女教授的发声，打乱了这一局面。

这名51岁的女教授名叫克里斯蒂娜·布莱西·福特（Christine Blasey Ford），是美国帕洛阿尔托学院（Palo Alto University）的心理学教授、斯坦福大学医学院的研究心理学家。福特对此次的大法官提名人卡瓦诺提出控告——她指出，在36年前（1982年），也就是卡瓦诺17岁的时候，曾对15岁的她实施了未遂性侵犯，这给她留下终身阴影。不仅如此，在福特指控性侵新闻曝光后，随即又有另两名女性站出来，对卡瓦诺提出了性行为不当的控告。

一个是53岁耶鲁大学的校友拉米雷斯（Deborah Ramirez）。拉米雷斯指出，在20世纪80年代入读耶鲁大学时，在宿舍派对上遭卡瓦诺性骚扰。另一个是曾在国务院、国土安全部、海关及边境保卫局等政府部门任职的斯韦特尼克（Julie Swetnick）。斯韦特尼克声称卡瓦诺当年以豪饮著称，并指控他涉及“轮奸派对”，即派对中在女生饮品中掺酒精或毒品，男孩们会借此“排队”轮奸意识不清的女生。而斯韦特尼克就是其中一次轮奸派对中的受害者。

最高法院大法官这么重要的一职，国会也不会让任何人格上有污点的人上任就职。随着卡瓦诺的性侵丑闻的不断发酵，卡瓦诺迎来了他就任前的一次“大审判”。9月27日，美国大法官被提名人卡瓦诺的性侵指控听证会在参议院大楼举行。三名指控卡瓦诺性侵的女性之一，大学心理学教授克里斯蒂娜·布莱西·福特以及卡瓦诺公开出席了参议院司法委员会举行的听证会。

她被问到是否确定他就是那个在36年前性侵自己的人。“百分之百确定。”她说。最后，他被问及自己是否确定没有做过这件事。“百分之百确定。”他说。

从视频中我们可以看出，指控者福特教授的陈述非常诚挚精彩，听者无不为之动容。而后面卡瓦诺的陈述环节同样令人印象深刻，卡瓦诺不但一改平时冷静持重的形象，还用愤怒、近乎咆哮的口吻斥责所有针对他的抹黑、污蔑，并在提及家人时有所触动、眼眶泛泪。不过卡瓦诺在令人“声泪俱下”的同时，也不忘坚决否认“年少轻狂”犯下的荒唐事。并且，还在听证会上声称这场听证会是“国家耻辱”，他愤怒地指认这是民主党以及“左派”设计陷害他，用以报复特朗普2016年击败希拉里·克林顿，当选总统。而面对民主党的议员们的提问，卡瓦诺也不时打断他们，一度失态。当一名女议员问他是否有过醉酒“大脑断片”的经历时，他还饶有余味地反问道：“难道你没有吗？”而当另一名议员追问他高中时是否酗酒和胡闹，卡瓦诺没有正面回答，只是反复说他高中时喜欢体育运动，学习刻苦，后来进了耶鲁大学。当民主党参议员迪克·德宾询问卡瓦诺是否愿意申请联邦调查局调查时，卡瓦诺一直含糊其词。

总之，无论怎么审问，卡瓦诺都保持着打死不承认的姿态，而这也让部分参议员认为卡瓦诺的个人是有失可信度的。因为考虑到涉及美国下届的最高法院的大法官的任命，民主党议员提议相关性侵指控交由FBI去调查，并且在FBI查清楚前将中止卡瓦诺提名程序。

9月28日下午，迫于政治现实，共和党的参议员们和特朗普沟通，让特朗普要求政治中立的FBI（联邦调查局）对卡瓦诺进行限时调查。

FBI主要调查两方面内容：

一个是收集性侵的直接证据。这可以说几乎是不可能的，毕竟是36年以前发生的事，找到直接证据的可能性可想而知的低。

还有一个是对于卡瓦诺资质的进一步背景调查。联邦调查局重点审核了福特和卡瓦诺个人的可信度，为总统和国会作出是否继续任命卡瓦诺为大法官的决定提供参考。

而历经 FBI 为期一周的调查后，调查结果显示“没有发现支持性侵指控的证据”，因此提名程序继续。

美国东部时间 10 月 6 日，国会的提名结果依旧不出意外——卡瓦诺最终以参议院的 50 : 48 票选通过提名，成功获得美国大法官一职，并于同日宣誓就职。卡瓦诺成为特朗普任内第二位就职的大法官。

笔者点评：在美国，大法官职位可能比总统还神圣。一旦有人提出指控，也必须经过听证审理，甚至 FBI 的调查。尽管调查及听证结果没有影响大法官的任命，但程序平等显得格外重要！

小结：平等不是抽象的东西，我们每个人每一天都会遇到，它存在于每一个地方，同样是法治的基石，而且程序平等跟实体平等一样重要，不容忽视！

第二节　程序平等

程序平等是指，事件的处理与决策的过程与程序，对事件利益相关方与当事者都是公平的，这个过程中不存在因为人为偏移与“走后门”而造成这个处理与决策过程产生不公正不合理的结果。

狭义的程序公正指的是司法过程中的程序公正。在司法过程中，从立案到审理再到判决，有一套完整的司法程序。这一司法程序可以分成三个部分：一是立案，符合立案条件的都应该立案，立案条件有规定，按规定办就行了；二是审理，审理是对案件重组（回放），对案件的重组主要是对控辩双方提供的证据进行去伪存真，将证据组成一条符合逻辑的证据链，以还原案件的真相；三是判决，法官根据审理过程获得的证据链，依据适用法律进行判决。司法过程的每个环节，为了体现公开公平公正的原则，事先都进行了具体的程序设置，审理过程、判决过程都有具体的程序设置，辩护律师根据程序设置，也参与了案件的整个审理过程、判决过程，进行维权辩护，为判决结果加了一道维护公正的防线。一般来讲，只要严格按照司法程序来办案，其结果就是公正的。即使法官在最后判决和选择适用法律时有个人理解的差异，有可能导致结果的差异，但离结果的公正也不会相差太远。除非在审理和判决的过程中，违反了程序规定，受到了外界某些因素的干扰，才会最终导致判决的偏差过大。广义的程序公正是指所有的国家公权力部门严格按既定的工作程序办事，广义的程序公正也包括国有的（属于中国的）经济实体以及社会团体严格按既定的工作程序办事，凡面对全体公民服务的组织，都应该有既定的工作程序，都应该严格按既定的工作程序办事，按既定的工作程序办事，就是广义的程序公正。广义的程序公正涉及每一个公民的利益，升学、就业（包括提干）、婚姻、出国等公民权利，国家都有法律法规和政策规定，都应该一视同仁地对待每一个人，如果不同的人不同的对待，就没有程序公正。另外，公民享有的宪法规定的各项自由的权利，在执行的时候也应该一视同仁，都应该严格按照既定的工作程序予以保障。

美国哲学家罗尔斯在构筑他的正义理论体系时，是以程序倾向为特色的。在他看来，公正的法治秩序是正义的基本要求，而法治取决于一定形式的正当过程，正当过程又主要通过程序来体现。罗尔斯把程序正义作为一个独立的范畴加以类型分析，并根据程序正义与实体正义的关系将程序正义分为三种，即纯粹的、完善的、不完善的程序正义。

（一）纯粹的程序公正

所谓纯粹的程序公正（pure procedural justice），指的是一切取决于程序要件的满足，不存在关于结果正当与否的任何标准。其典型事例是赌博，只要游戏规则不偏向某一赌客且被严格遵守，那么无论结果如何都认为是公正的。换言之，在纯粹的程序公正的场合，只要程序规则不有利于某个特定的参加者，是否合乎正义就只取决于程序而不取决于结果。据此，罗尔斯指出："在纯粹程序正义中，不存在对正当结果的独立标准，而是存在一种正确的或公平的程序。这种程序若被人们恰当地遵守，其结果也会是正确的或公平的，无论它们可能会是一些什么样的结果。"因此，"纯粹程序正义的一个明确特征是：决定正当结果的程序必须实际地被执行，因为在这些情形中没有任何独立的、参照它即可知道一个确定的结果是否正义的标准"。

就民事诉讼程序而言，纯粹的程序公正具有巨大的实践优点，这就是：在满足正义的要求时，它不再需要追溯无数的特殊环境和个人不断改变着相对地位，从而避免了由这类细节引起的非常复杂的原则问题。纯粹程序公正在民事诉讼程序中仅适用于程序问题。以送达为例，送达纯属于一项程序行为，不管送达的是何种文书，也不管送达文书的内容正确与否，公正的送达程序应当是在适当的时间以适当的方式将文书送达给当事人及其代理人。然而诉讼程序并不是一个完全自我封闭、逻辑自足的体系，程序所达到的最终结果是判决，判决是用来解决实体问题的。因此，纯粹的程序公正在很大程度上是民事诉讼程序的理想状态，要把它落实到现实的制度层面上去，还需要借助于一些程序技术手段（如法律拟制）。

（二）完善的程序公正

所谓完善的程序公正（perfect procedural justice），是指在程序之外存在着决定结果是否合乎正义的某种标准，且同时也存在着使满足这个标准的结果得以实现的程序。在完善的程序公正的场合，虽然存在关于结果是否正当的独立标准，但是程序总是导致正当的结果。其典型事例是蛋糕等分问题，只要设定了切蛋糕的人最后领取自己应得的一份这样的程序，就能够保证均分结果的实现。罗尔斯指出，完善的程序公正有两个特征："首先，对什么是公平的分配有一个独立的标准，一个脱离随后要进行的程序来确定并先于它的标准。其次，设计一种保证达到预期结果的程序是有可能的。"可见，完善的程序公正具有两个关键要素，即独立的结果公正标准和保证结果公正的程序。在民事诉讼程序中，的确存在着确定判决结果正当与否的独立标准，这种独立标准就是真实地再现争执事实，正确地适用实体法。然而，要让法官在有限的诉讼期限和程序空间内充分地、完全地再现程序之外的事实构成，达到客观真实是极其困难的。因此，那种希望设计出一种诉讼程序，只要适用它就一定能实现结果公正的想法是不切实际的。就现实状态而言，民事诉讼程序的公正只能算是不完善的程序公正。

（三）不完善的程序公正

所谓不完善的程序公正（imperfect procedural justice），是指"虽然在程序之外存在着衡量什么是正义的客观标准，但是百分之百地使满足这个标准的结果得以实现的程序却不存在"。在不完善的程序公正的场合，程序未必一定能导致正当的结果，程序之外的评价标准便具有重要的意义，其典型例子为刑事审判。在刑事诉讼中，即便法律被仔细地遵循，过程被公正恰当地引导，程序要件规定得非常完备，也还是不能完全避免错误结果的发生。民事诉讼也是如此。在这类案件中，错判所导致的“不正义并非来自人的过错，而是因为某些情况的偶然结合挫败了法律规范的目的”，因此，罗尔斯说，不完善的程序公正的基本标志是“当有一种判断正确结果的独立标准时，却没有可以保证达到它的程序”。

为了弥补不完善的程序公正的场合有能确保正当结果的措施的问题，便需要借助于程序公正的正当化作用，普遍的做法是采用法律拟制，即通过追加一种所谓半纯粹的程序公正使结果正当化，常见的有陪审制度、当事人主义的参与保障等措施。具体说来，当事人自认的事实，法院可直接予以认定；当事人诉讼上和解，可以直接产生诉讼法上的效果，以及刑事诉讼中无罪推定原则和民诉中的宣告失踪、宣告死亡程序，都是在“客观真实”不易达到时所采取的拟制规定。在这里，理论上是不完善的程序公正，在制度上却作为完善的或纯粹的程序公正而发挥了作用。

罗尔斯关于程序公正的上述三种分类较为恰切地反映了程序公正的性质。尽管程序公正总是被与通过程序而达到的结果公正联系起来考察，但是真正有意义的还是纯粹的程序公正。罗尔斯的理论对人们的深刻启示在于，“在对一种至少会使一部分人的权益受到有利或者不利影响的活动或决定作出评价时，不能仅仅关注其结果的正当性，而且要看这种结果的形成过程或者结果据以形成的程序本身是否符合一些客观的正当性、合理性标准”。为了实现程序或者过程本身的正当性，把现实生活中不完全的程序公正通过一定的程序技术装置转换或拟制为纯粹的程序公正就显得至关重要了。

程序平等是保证“结果公平”的保障条件之一。程序公平是为了保障与实现公平的、一种针对事件处理过程的制度设计（另外实现公平的途径还有“起点公平”与“结果公平”）。它要求处理一种事件的程序的设计者，在考虑、综合影响这种过程的各种因素之后，制定一套能保证透明与公正的制度与法制，从而实现事件或者事物当事者与利益攸关方能在同一个程序中实现各自的利益诉求与合法合理权利的保障。程序公平除在制度设计上要求达到不偏不倚与严谨无漏洞外，还要求制度在指导事件处理的实施与监督中是开放与透明的，要求在事件处理的过程中，当事方与利益攸关方的地位是平等的，只有这样，程序公平的诉求才能得到体现。所以程序公平的实现必然要求必要的起点公平。

第一，有助于保证社会成员的基本人权。作为构成社会的一分子，每一个人都体现了人所拥有的尊严和价值，每一个人都具有一定的发展潜力和发展前景，因此，每一个社会成员都应当具有平等的基本权利。国家有责任有义务保证社会成员的这种基本权利。同时，对于社会成员基本权利的保证必须通过制度化的安排来实现。任何口头的承诺、习惯性的做法或是随机性的行为都无法有效地保证人们的基本权利，相反，却会使人们基本权利的保证问题陷入一种不确定的状态。在有关基本权利保证的制度安排当中，程序公正是一项重要的内容。通过公正的程序，人们既可以“预防”自身基本权利可能遇到的侵害，也可以矫正或是补救自身基本权利已经受到的损害。还有一点不应忽略的是，当一个人对于社会或其他人构成侵害，并且这种侵害超过了一定的“度”，因而必须受到惩处、必须被剥夺某种基本权利时，那么，国家也必须通过公正的程序予以实施，而不能随意地进行处理。这种做法实际上是从另外一个角度来保证社会成员的基本权利。

第二，有助于协调复杂的社会利益结构。随着现代化进程的推进和市场经济进程的推进，社会分化程度越来越高，这主要表现在：社会的分工越来越细致，职业分类越来越多样化，社会的差异成分日益增多，社会利益结构也越来越复杂化。于是，社会各个利益群体的特定要求就必定会越来越明确和多样化。还需要看到另一方面是，在社会分化加深的同时，社会的整合程度也在不断地提升，任何一个社会利益群体都越来越不可能脱离其他的社会群体而独立地生存。社会各个利益群体之间必须减少不必要的摩擦和冲突，必须进行有效的社会合作，以形成一种多赢的局面。因此，社会需要有一个能够对社会各个利益群体的各种要求进行协调和“仲裁”的机制，而且这种机制必须是公平、公正的。程序公正实际上是提供了这样一个场所，社会的各个利益群体包括边缘化的社会群体在这里都能够进行充分的表意和谈判，在遵循必要的和共同认可的公正规则和程序的前提之下，形成相对来说能够被社会各个利益群体接受的意见或做法。也许就某件事情来说，某个利益群体会明显地“获益”。然而，这种获益是经过协商和协调的结果，是能够被其他利益群体接受的，而且，由于这种结果符合程序公正的要求，所以也就意味着其他利益群体可期望的未来的合理利益同样能够得到保证。由此可见，从长远的眼光来看，程序公正能够有效地协调复杂的社会利益结构，防止在社会经济资源方面占据优势的社会利益群体左右社会经济政策局面情况的发生，从而有效地促进社会的合作，提升社会整合程度。

第三，有助于限制公共（国家、政府）权力对于社会公正的不当干扰。本来，国家权力的主要功能在于立足于社会的整体利益，促进社会的公共事业发展。国家权力的一项重要功能就是维护社会公正，消除不公正现象，并防止不公正现象的出现，而不是制造或加重不公正现象。但是，有时由于权力的过分集中，或者是由于权力同自身利益之间的边界不够清晰，因而权力有时会出现异化的现象，即滥用权力，使权力成为获取权力集团自身利益的工具。于是，政府在制定或是实施有关公正政策时就会明显地表现出一种特定的利益偏好。这就会造成十分有害的后果，直接损害社会公众的利益。而程序公正可以在不小的程度上限制权力对于社会公正的干扰。一旦进入了程序公正的范围，那么，通过必要的公众参与、专业咨询、分工、间隔、民主决策等，可以在很大程度上保证相关的公正政策的制定和实施，防止权力与特定的利益群体相结合，进而损害其他利益群体情形的发生。

第四，有助于减少社会公正实现过程中的技术性失误。即便是人们在制定和实施同公正相关的法律和政策时能够本着公正的基本理念，但这只是结果公正的必要条件，而不是结果公正的充足条件，仍然不能保证结果的公正性。需要看到的是，在程序公正当中，有不少属于技术性、操作化的具体内容。这部分内容同样是十分重要的。如若缺少这部分内容，那么，程序公正仍然不会是完整的，随意的、盲目的决策仍然难以避免，由此所导致的结果仍然会陷入一种低效或是无效的状态，严重者甚至会造成一种负面的社会效应。同传统社会形成鲜明对比的是，在现代社会，社会的构成成分越来越纷繁多样，社会的各个环节越来越复杂。一种社会现象的相关事物越来越多，一个社会群体在公正对待方面所涉及的信息量往往是很大的。这就对程序公正提出了很高的技术性要求。比如，相关信息的充分收集、整理和公开，相关政策实施的信息反馈及修正机制，某项资源公平分配额度或损失补偿份额的测算等技术性的工作，对于完整的程序公正来说都是不可缺少的组成部分。显然，完整的程序公正可以通过准确性、公开性等基本的要求，减少相关政策制定和实施过程中可能出现的技术性失误，从而最大限度地实现结果的公正。

第五，有助于形成社会成员对社会的普遍认同和信任。实际上，程序公正还承载着社会成员对于公正的一种期望。程序公正是要保证社会公正实现的最大概率。程序公正虽然不能保证每一项具体结果都是公正的，但是能保证大多数结果是公正的，而且还可以为纠正少数的不公现象留有余地。从某种意义上讲，人们对于程序公正的看重并不亚于结果公正（实质公正）。只有具备程序公正，人们才会普遍感到整个社会的公正是可能之事。因此，一旦程序公正成为社会的有机组成部分，那么，社会成员就易于对社会采取一种普遍认同的态度，形成一种普遍的信任。这种认同和信任有助于减少社会群体之间的隔阂和抵触，减少社会的不安定因素，进而有助于社会的安全运行和健康发展。总而言之，程序公正对于社会公正理念的实现，进而对于社会的安全运行和健康发展具有不可替代的作用。这种作用从另外一个角度或许更能得以说明，即没有程序公正意味着什么？一个社会如果缺少程序公正，那么就意味着社会成员对社会的普遍认同程度和信任程度会迅速降低，意味着权力对于社会公正的干扰不可避免，意味着社会公正实现过程中的技术性失误会大量出现，意味着社会成员的基本权利无法得到有效的保证，意味着社会利益结构难以协调。在这样的条件之下所制定的法律或是政策必定具有随意性和不确定性的特征，甚至会对社会成员造成种种威胁。

在诉讼活动中，司法工作人员及诉讼参与人普遍比较重视的是实体法上的公正，而对于程序法上的不公正现象则比较宽容。实际上，无论是实体公正，还是程序公正，其根本目的都是一致的，均是为了实现实质上的正义。但是二者的侧重点则略有不同，程序应当具有公正性和合理性，因为公正的法治秩序是正义的基本要求，而法治取决于一定形式的正当过程，正当过程又主要通过程序来体现。要达到普遍意义上的程序公正，必须在司法体制等方面进行改革，只有这样，才能达成司法体制改革的终极目标——正义的实现。

程序平等根本上决定着实体平等的实现。没有程序平等，很多情况下，实体平等根本无从实现。就像南非种族隔离法，把黑人强行安置在一个偏远的区域，让其“独立”，表面上是想实现黑人权利平等，但是在那荒无人烟的地方，根本无法生存，怎么实现权利平等？比如一个人都不知道考试或者招工这件事情，怎么去跟别人竞争？

在社会实践中，因为程序平等原因导致司法不公的现象比比皆是，严重影响了司法的权威性，成为现代社会法治建设的痼疾硬伤。而坚持程序平等，成为保证社会公平的重要因素。

案例三　丹麦首相看病想插队，医生一句话令他羞愧难当

故事发生在2009年，这是一个真实的事情！

丹麦首相拉斯穆森在这年2月份出访秘鲁，就在出访之前，他突然感觉自己的腿不舒服，走起路来很痛。

于是，在2月14日，他驱车前往离首相府较近的哥本哈根大学医院看病。这是丹麦一家医疗设备非常齐全的著名医院，什么人都可以在这里看病，这里也根本不存在VIP专属区。

拉斯穆森将车停在了地下车库后，就来到了医院挂号处。他看到这里排起了长长的队伍，就站在队伍后面排起了队。为了消磨时间，拉斯穆森从包里拿出一张当天的报纸看了起来。其间，他还从口袋里拿出手机，低声细语地接了几个电话。

有人从他身边经过，看到首相到医院来看病，有的向他点点头，有的向他问个好，还有的和他寒暄几句。人们看到首相来看病，就像看到一个普通的熟人，或者是一个邻居，一切显得都那么习以为常。这种情景，对于他们来说，太平常了，平常得就像感受日出日落或是花开花谢。

终于排到了。拉斯穆森挂了号，找到了看病的医生。可是，找医生看病的人很多，拉斯穆森又只好在外面走廊椅子上坐下等候。过了好一会儿，终于轮到了拉斯穆森。医生照例询问了他的病情，并查看了他腿上的病情。然后，医生对他说道："问题不大，一个星期后，我来给您做个小手术，很快就会好的。"拉斯穆森听了，脸上露出为难情绪，说道："医生，能不能给我提前做个手术，一个星期后，我还有个重要的外事活动。"医生说："这哪行啊，总有个先来后到呀，再说，谁没有事呢？您有事，别人也有事，如果给您先做了手术，那不是不公平了吗？"

拉斯穆森听了，面露愧疚的神色，连声说道："那是，那是！"拉斯穆森一瘸一拐地离开了医院。为了不耽误访问行程，拉斯穆森忍受着腿疾，坚持出国访问。回国后，他找到了医生，按照事先的约定，医生为他动了手术。

笔者点评：这个医生似乎有点不近情理，但是他坚持了原则：程序平等。有研究表明，程序平等的情况下，社会公共资源的利用率是最高的，浪费程度是最低的。国家的爱，是通过社会公共资源来实现的，只有程序公平，每个人才会得到关心。

案例四

经常上网冲浪的人想必没少听到“女权”这个词，其实“女权”本身并不是为了压制男性，而是为了男女平权。

尽管全世界都在为此努力，但直到现在，男女平权都是一个尚待解决的难题。在这方面，以芬兰为代表的北欧五国，已经走在世界的前列，甚至能说已经变成半个母系社会了。

“女性能顶半边天”在这里不是口号，而是实实在在的现象。

（一）世界上最年轻的女总理

前段时间，芬兰又在世界范围内掀起了一股不大不小的热潮。因为他们选出了世界上最年轻的在任女总理——34 岁的社会民主党人、芬兰交通部长马林（Sanna Marin）。说这事儿不大，是因为对于倡导男女平等的芬兰人来说，这实在没什么好大惊小怪的。马林本人也表示，世界上最年轻的女性总理这个远远抛开同龄人的头衔并不值得在意，“我从来没有想过我的年龄或者性别有什么问题”。说它不小，是因为对于我们这些外邦人来说，这确实是一件“内涵”丰富的事。她将领导的联合政府的五个党派，所有党魁均是女性，而随着她的当选，芬兰的联合政府将迎来全女性领袖时代。

虽然这种情况在北欧政坛并不罕见，但在“重男轻女”的世界里算是一个奇观。连前总理保守党成员亚历山大·斯图布都不禁发文赞赏芬兰的现代和进步。然而，芬兰女性承包政坛的景象，早在 19 年前就有了。芬兰的第一位女总统塔莉亚·哈洛宁（Tarja Halonen）在 2000 年当选，2006 年还得以连任。自 2011 年议会选举以来，女性代表占 42.5%，数字近半，在经济状况同等国家中都排名靠前。2007 年，马蒂·范哈宁（Matti Vanhanen）的第二任内阁创造了历史，因为芬兰内阁中的女性人数首次超过男性（12∶8）。这一切，都离不开芬兰女性对于自身权利的不断斗争。芬兰女性占据了太多“世界第一”了。

1884 年，芬兰就有了第一个为女性发声的女权组织；1878 年，芬兰女性获得了和男人一样的继承权；1873 年，第一个芬兰女性进入大学深造；1906 年，芬兰成为第一个女性也拥有选举权和被选举权的欧洲国家；1907 年，芬兰女性获得被选举权的次年，就有 19 位女性当选议会委员，占议会席位近十分之一；1926 年，明娜·希兰帕成为芬兰首个女部长，负责社会事务部的工作；1980 年，芬兰实现了第一个政府性别平等计划；1987 年，芬兰《男女平等法》

生效……

几十年来，妇女运动在芬兰一直不曾停歇，为她们争取到了越来越多的权利，距离男女平等的未来也越来越近。甚至可以说，某些情况下，已经从重男轻女变成母系社会了。

（二）一个芬兰女性的生活

在芬兰，一个女性从小到大的生活环境可能是什么样呢？她们在识字的时候接受的教育就是：没有 He/She（他 / 她）的分别，只有 Hn 来表示第三人称。而这个单词据说在 1543 年第一本芬兰语课本问世时就出现了。

我们可以看到，一个 10 岁的女孩在木工课上熟练地锯刨削，独立完成了一个精巧的木盒；同龄的男孩可能在手工课上学习织毛衣，在家政课上学习做菜。再长大一点的芬兰女性，可能在举着电锯修剪树枝，或者在办公室和男同事们一起抬死沉的桌子。而帅气的芬兰奶爸此时可能推着婴儿车在街上散步，或者在健身房面对几个抡哑铃的芬兰女性自愧不如。如果能穿越到苏芬战争时期，我们还能看到芬兰娘子军打得兵强马壮的苏军望而生畏的场面。

在芬兰，男孩子学烘焙做饭和女孩子学挖掘机修理一样稀松平常，社会的各行各业都有位居高职的女性。甚至在女总统时期，有一位小朋友曾很认真地问她的妈妈："我们国家男人可以当总统吗？"

前几年，一条令全世界瞠目结舌的性骚扰法律在芬兰获得通过，这条法律是：女子在办公室等公共场合任性地吃冰棒属于性骚扰行为。能把这种意味隐晦的行为都列为违法依据，可见芬兰的民风有多剽悍。很多旅居芬兰的留学生都说，在公开场合"放飞自我"的通常是女性。

在芬兰的公共场合，不论是高谈阔论的成人还是叽叽喳喳的孩子，大声聊天嬉闹的基本都是女性。相反，大部分芬兰男人都秉承着北欧男性惯有的"禁欲风"和"冷淡气"，在大街上很少高声说话。当女性进入工作环境，她们不必担心职场天花板，更不必担心自己因为结婚或怀孕被迫失业。

预产期前 7 周就可以正式休假，一旦生了孩子，国家会给 8 周的带薪产假，政府同时还会给长达 16 周的产妇补助金。等到孩子满了 3 岁，父母双方还都能休 236 天的育儿假，轮流带孩子直到上二年级。休完产假回来，工作岗位还在那里等着你，就算被人顶替，公司也会准备个差不多的职位补缺。就这样，芬兰女性们依旧觉得不够，她们还反对"妇女节"。理由是，既然男性没有一个专门的节日，那么这种专属于女性的节日就是一种男权社会的产物，存在即代表着不平等。

（三）芬兰女性们很幸运

同时，芬兰男人的日子还是挺艰难的。据说，有一个芬兰女人在和丈夫离婚后，吐槽丈夫太过娘娘腔：会在卧室里拍平枕头哄孩子睡觉，会打电话问老婆孩子摔了一跤是不是需要用创可贴……“他已经不是我心目中的男子汉了。”对于这样的抱怨，芬兰男人也觉得自个儿很委屈。“如果我们太‘硬汉’，女人会认为我们对她们不够尊重；我们尊重了女人，她们又嫌弃我们太温柔。”

芬兰大学里的男性学者曾提出过一个课题：在芬兰时下男人地位和女人不平等的情况下，究竟如何才能与女性争取平等的权利？当有的地方的女性们还在眼巴巴地高喊着“女性平权”和“同工同酬”的口号时，芬兰男性已经在琢磨着怎么才能“翻身做主人”。

而世界经济论坛自 2006 年开始发行的《全球性别差距报告》，小小地见证了这一奇景。这个报告主要是通过调查和统计的方式，针对健康、教育、政治参与和经济平等四个领域的性别差距缩小能力进行综合评估。

从 0 到 1 分别表示“差异”与“平价”，越接近 1 越平等。近十年来，芬兰在全球性别差异指数排名中从未超出前五名。

笔者点评：男女平等是程序平等里面比较重要的内容之一，也是非常难解决的问题，因为每个国家或者民族的历史文化传统及社会现实不同，但是这仍然是必须解决的程序平等及实体平等问题！爱及法对每一个人都是平等的！

第三节　不平等的危害及弱势群体保护

法律面前人人平等原则起源于古希腊、古罗马时期，近代“法律面前人人平等”原则是随着资产阶级启蒙运动的兴起而兴起的，在资产阶级革命胜利以后，“法律面前人人平等”思想作为一个原则被资产阶级以宪法的形式确立，如法国 1789 的年《人权宣言》。

现代社会法治体系强调公平正义，一方面是历史的发展使社会中的人更加注重个人存在的平等，另一方面是社会不同利益群体相互斗争妥协的结果，更主要的是，对于公平正义的要求是基于历史上的不平等。

平等是人们追求的目标，我们应在实践中不断发展、理解、丰富此原则，以适应社会的不断发展，只有这样才能保持此原则的旺盛生命力。平等是每一个人希望及喜欢的，也是每一个人必需的，从法律上确认及保护的。但是，今天平等的获得，是艰辛及曲折的。所谓特权，就是不平等。人也是非常喜欢不平等的。很少有特权的人，愿意主动放弃特权。历史的长河里，法律也长期保护特权，维护特权体制，法律上确认及保护平等仅仅只是近二三百年的事情。中国古代圣人孔子推崇的“礼”，实质上也是差等之爱。他认为不同的人及事，都有不同的“礼”，具有相应权利义务，不能逾越。

法律面前人人平等是法治社会的基本要求，也是长期以来人类社会追求的根本目标。但是，在社会实践中，很难做到法律面前人人平等。

（一）刑期幅度偏大导致量刑不公平阻碍平等的实现

我国刑法和世界各国的刑法一样，都是采用了相对确定的法定刑，赋予法官在法定刑幅度内的自由裁量权，因为允许在量刑中存在一定波动，就可能使不同法院、不同法官对具有相同或类似的情节的罪犯作出轻重不同的判决，虽然从法律层面来讲，在法定刑幅度之内确定刑罚不算违法，但是，表现是在法律上的不平等问题，这里有立法方面的原因，也有司法人员自身的因素，主要有以下几点：

第一，“十年以上有期徒刑、无期徒刑、死刑”规定为一个量刑幅度，无论从刑罚的种类、性质以及现行刑法中的幅度和台阶来分析，还是从特殊案例及其社会效果来考察，把三个性质完全不同、后果极其悬殊的刑种规定在一个量刑幅度内、跨度太大，极易使量刑结果不协调、不均衡。

第二，同一罪名法定刑幅度过于宽泛，虽然让法官增加了自由裁量权可操作性空间，但由于法官的素质不均衡，有可能使不同的法官对同样的犯罪情节、犯罪事实、犯罪后果，作出不同的认定，从而作出差别较大的判决。

第三，由于立法原因，设计刑种之间缺少过渡和缓冲带，造成同一案件中作用相差不大的被告人中有的可能被判处有期徒刑，有的却可能被判处无期徒刑，之间没有过渡，跨度太大，从而造成量刑上的不公平。

（二）自由裁量权的存在也导致刑法面前人人平等存在难度

法官的自由裁量权是指法官在刑法规定范围和幅度内，依据相关事实，在法律赋予的权利的前提下，根据自己对法律精神的理解，在审判活动中自主作出法律允许的裁决、判断的权力。

这一概念最早出现在英美法系的国家中，因法官的自由裁量产生了许多影响几代人甚至一个世纪的著名判例，如“马伯里诉麦迪逊案”，开美国司法审查原则之先河。从法治角度来说，一方面由于社会总是在发展变化的，法律规范却需要相对的稳定性，这就必然导致法律、法规的有限性和滞后性，法官自由裁量权的存在，给法律、法规赋予了新的生命；另一方面，少数法官对自由裁量权有意、无意的曲解，导致在刑法面前存在不平等。因此，必须做到对自由裁量权的设定符合法制精神的理性设计：

第一，自由裁量权不能逾越法律的规范。在我国的刑事法律规范中自由裁量权给了较大的刑罚空间，但是在行使的时候必须做到符合法律的精神，依法行使。

第二，自由裁量权必须接受广泛的监督，司法实践中经常出现法官主观擅断引发的腐败现象，就是没有很好地处理监督与被监督的关系，把社会的监督拒之千里。

第三，自由裁量必须与风险共存，必须把自由裁量与因枉法裁判可能承担的风险结合起来，对枉法判决严格实行责任查究，使自由裁量权发挥其应有的功能。

（三）法官素质参差不齐以及枉法裁判的存在，导致刑法面前人人平等存在困难

我国的法官队伍来源渠道多，素质参差不齐。司法活动是以实现社会正义、人权保障、程序公正等为价值目标，法官地位中立是确保法官公平裁判的基本要求。法官与当事人单方面的接触十分普遍，他们会从不同的角度以不同的方式对法院的审判活动施加影响，这些人员出面有的是为被告人，也有的代表被害人，还有的甚至是自认为代表社会公共利益，要求对被告人重判或轻判。另外，法官与当事人请的律师频繁接触，接受当事人、律师的宴

请，进行权钱交易、权色交易、权权交易，在这些扭曲的诉讼关系中，法官的中立立场丧失殆尽，为一部分犯罪开脱罪责、重罪轻判、轻罪重判的现象时有发生，严重破坏了在刑法面前人人平等的法律原则。必须要使法官充分认识刑事审判的重大意义，刑事审判是国家打击犯罪、保护人民财产的重要工具，事关国家和社会的稳定，司法权是国家权力的一种，要实现司法公平、正义，必须提高法官职业道德和职业素质的整体水平。

（四）社会舆论可能影响刑法面前人人平等

新闻媒体、网络的过度炒作、过度关注、不实报道，可能影响刑法面前人人平等的实施。一个品质高尚的法官或检察官必须自觉把手中的权力置于社会力量的绝对监督之下，主动接受社会方方面面的检验，始终确保司法权沿着正义、公平的轨道运行。以现代传媒为依托的社会舆论力量不仅空前强大，而且对司法活动的监督是全方位的，然而社会舆论和新闻媒体的过度炒作、过度关注、不实报道，严重干扰司法机关正常办案和司法活动。一个案件发生后，不仅仅有案发现场周围群众的关注和评价，而且会有带有导向性的评议媒体报道的介入，这些社会舆论具有强大的社会监督作用，虽然有利于案件的正确处理，但也会在判决之前形成一种社会舆论氛围，如果这种舆论过分的夸张显然会对审判人员造成一定的心理影响，对其冷静而客观地考虑量刑产生了不恰当的影响，造成司法公正的天平忽左忽右偏向一方，最终导致当事人在刑法面前不能被平等对待的现实。

（五）司法体制设置的不合理带来的不利因素

第一，我国法院的设置，趋向政府行政级别设置，导致法院的外部独立性存在严重障碍。司法独立应是以法院、检察院独立，法官、检察官独立为根本，我国现行的法院、检察院体制，在机构设置、法官及检察官管理等方面都带有明显的行政化，上下级法院、检察院之间这种行政权力的影响和控制方式，严重影响了法官、检察官的独立，法官、检察官在办案时面对能决定他的前途和命运的领导机关和其他一些更为复杂的关系因素，要想独立、公平、公正地办案确实不易。

第二，上级法院对下级法院的业务指导，下级法院对案件主动事前请示，上级法院主动对下级法院审判理论活动进行具体个案指导，有可能损害诉讼当事人的合法权益，当事人如果对下级法院的刑事裁判不服，通过上诉，希望二审程序进行救济的实际功能已丧失，形式上是二审终审制，事实上对当事人进行的是一审终审制，导致司法不公，所以有学者呼吁实行三审终审制。

第三，各级检察院、法院的检委会和审委会的组成人员的行政化设置，在基层表现得特别明显。检委会和审委会的人员应当是在法律实务和法律理论造诣、道德修养等方面出类拔萃的，这些人主要以解决办案过程中碰到的新问题、新情况如何适用法律以及进行法律理论探讨，但是在现实中检委会和审委会组成人员许多都是各个单位的部门负责人，许多人把进入审委会、检委会当成一种政治待遇，他们并不一定是法律知识掌握、司法实务方面的领军人物，因此在讨论案件过程中失误率大大提高，从而影响到司法公正。

第四，《中华人民共和国刑事诉讼法》规定，审判委员会的决定合议庭应当执行，在庭上听取当事人陈述，参与法庭调查的法官对案件没有决断权，而有决断权的却不在法庭上参与审理，这种“审、判分离”的状况，外表上看是“集体主义”的决策，实际上是否定了庭审，庭审往往成了走过场，审委会的成员由于没有参与庭审，抗辩双方的焦点问题是什么，犯罪情节、事实、证据、认罪态度等情况仅仅凭办案人员口头和书面的汇报，难免夹杂着个人情绪以及对问题的不同认识，导致决策者对被告人的处罚忽宽忽严，从而使判决失去公正，严重影响了刑法面前人人平等的基本原则的贯彻和实施。

（六）经济因素也给刑法面前人人平等带来影响

法律所面对的社会是充满事实上的不平等的多元化的个体，各人的先天条件和后天的努力都各不相同，导致各人在能力、财富、地位、影响力等方面的不同。“人生而平等”的思想正在被大多数人所接受，已成为法律的价值趋向，法律也逐渐重视对相对弱势方的特别保护与扶持，使其能在实质上获得与强势方平等的地位，当然实现平等的地位不是削减相对强势方的权益，而是让相对弱势方获得改善的机会，尽可能实现实质上的平等。但是《中华人民共和国刑法》第三十四条附加刑种类有罚金，在《刑法》分则中有许多条款都有并处或单处罚金的规定，大大扩大了罚金的适用范围。在理解其积极意义的同时，罚金刑的运用也有不利的一面，容易造成新的事实上的不公平。表现在司法实践中，同样的罪行，在都能适用单处罚金的情况下，家庭条件好、能够交纳罚金的，就可能被判单处罚金，不能够交纳罚金的被告人，人民法院就有可能适用比罚金重的刑种对其进行处罚，从这一点可以看出，经济原因有可能造成适用刑法上的不公平。另外，在刑事赔偿案件中，犯罪嫌疑人、被告人的行为给被害人造成损害的伤害案件，同样的犯罪情节、犯罪后果，如果有赔偿能力的犯罪嫌疑人、被告人给予被害人足额的赔偿，那么司法机关就有可能对犯罪嫌疑人作出不起诉处理，对被告人可能作从轻处罚或免予处罚，从而使其获得人身自由；相反，没有赔偿能力的被告人就会被判处实刑。经济原因决定他们在刑罚适用上不平等。

司法不平等会如何？有什么危害？大量的历史事实告诉我们，不平等给我们带来的危害深重，不仅仅是精神层面，更多的是实质性的灾害，包括但不限于：杀害、虐待、掠夺、强奸及伤害等等。尽管经过几代人不懈的努力，甚至很多人为此付出了生命，但是不平等在世界很多地方，还是若隐若现地以各种各样的形式存在着，我们仍然要为消灭不平等而努力奋斗！

印度的种姓制度是以法的形式确认社会不平等的典型案例。

案例五

印度的种姓制度将人划分为四个等级，形成一个牢固的鄙视链条。阶层凝固，使低种姓的人世世代代过着悲惨低贱的生活，永无翻身之日。

其实，早在1950年，印度宪法就公开废止了种姓制度。但是，这种歧视已经深深扎根在印度人心之底、骨之髓中。根基之深，远非国家立法或政策引导所能解决得了的。

早在公元前1000年左右，古代印度就形成了森严的种姓制度。根据这个制度，社会分为四个等级。

最高一级的种姓是婆罗门，是造物主用嘴创造的人，是专管祭司的贵族，掌握神权。

第二等级的种姓是刹帝利，是造物主用手创造的人，包括国王和官吏，掌握军事和行政大权。

第三等级的种姓是吠舍，是造物主用腿创造的人，包括农民、牧民、手工业者和商人。

第四等级的种姓是首陀罗，是造物主用脚创造的人，主要是被征服者。

在这四个等级之外，还有一个种姓——贱民。他们是最为卑贱的“不可接触者”，备受歧视和凌辱。

各等级贵贱分明，世代相袭，低种姓的人不能从事高等级人的职业，更不能通婚。各个阶层凝固、僵化，牢牢封死了低种姓人的上升渠道，与西方的人权、民主大相径庭，是妨碍印度社会进步的毒瘤。

低种姓的人到底为什么不能冒充高种姓的人呢？因为差别巨大！

第一，长相、身高、肤色差别显著：在印度，种姓越低，肤色越深。低种姓的人主要是南亚原住民——达罗毗荼人和尼格利陀人。他们具有明显的古南亚人和非洲人的特点——身材矮小、皮肤黝黑、毛发卷曲、鼻翼扁平。反之，种姓越高，肤色越白。高种姓的人主要是雅利安人，他们不是印度“本地人”，他们来自中亚，于公元前1500年左右，大举南下，征服了古印度，成了印度最高的统治阶级，也是种姓制度的最高等级。他们身材高大、皮肤白皙、五官立体。在外形肤色差异如此巨大的情况下，低种姓的人混在高种姓的人群中，就好比美国黑人在白人社区一样，一眼就能认出，更甭说想冒充高种姓的人了。

第二，从姓氏上就能区分出种姓高低：长久的等级制度，将高种姓与低种姓完全割裂开来。一听到你的姓名，就可以通过姓氏籍贯来辨别你的身份。而且，高种姓姓氏一般都有一个根枝相连、血脉相通的大家庭，你要如何伪装才能得到家族承认，打入家庭内部呢？

第三，语言：在印度，有两种语言使用的人最多，第一种是印度人的母语，是印度本土演化出来的印地语。第二种则是英语，是英属殖民地时期，统治阶级通用的语言。高种姓人受教育水平高，都会说英语。而很多低种姓人都没上过学，没有渠道学习英语。印度的下层人士想要融入上流圈子里，必须要掌握英语，否则，无论再怎么有钱，都会被人看不起，被排斥在上流圈子之外。

第四，职业限制：因为种姓制度是世袭的，所以，其家族传承的职业也几乎是固定不变的。高种姓是精英，从事高端职业。而大多数低种姓人居住在垃圾场旁边的贫民窟，只能从事最卑微的工作。在某些农村，低种姓人不能和其他种姓共用一口井。

因此，这种大环境导致了阶级的封闭和固化，世世代代人的命运，几乎从出生前就被确定好了，低种姓人很难通过自我奋斗改写自己的命运。就算假设：一个低种姓家庭里有个孩子撞大运了，考了好大学，从事律师或医生等高等职业，也很难进入高种姓的世界。

印度有一个叫《真相调查》的访谈节目，就谈过这个问题：某女嘉宾是个首陀罗，她通过自己的努力读完博士，当了教授。但在普通社会里，仍然逃不过等级的束缚。受同事的歧视甚至霸凌，连吃饭都不会和她坐一张桌子。

第五，受教育程度：虽然任何印度公民都可以接受免费的中小学教育，甚至高考招生时，对低种姓还有降分或扩招的政策倾斜，但实际上，印度的免费公立学校教学资源和质量很差，与高种姓的私立学校有天壤之别，根本没有竞争性。而且，因为生活所迫，大多数低种姓的孩子根本走不到高考那步就辍学了。

电影《起跑线》就揭露了印度学校和教育制度的黑幕和种种问题。从电影中可以看到印度更重视教育，决不能让孩子输在起跑线上。因为好的教育能让孩子取得优势，爬到更高的阶层。

最后，还有饮食习惯的明显差异：在印度，种姓越高，就越远离各种动物制品。他们认为，动物制品都血淋淋、腥臭臭的，属于肮脏的“不洁之物”，配不上自己这样高贵纯洁的身份，所以便吃素。在电影《摔跤吧！爸爸》里，阿米尔汗爸爸为了增加女儿们的体力，让她们吃肉，去穆斯林的摊位上买鸡肉，却遭到妈妈的坚决反对，甚至“以死相拼”，表示坚决不允许在自家的厨房里见到荤腥。一些中低种姓的印度老百姓也都不怎么吃肉。就是因为要追求这种“高贵”人的生活模式。

笔者点评：种姓制度确实是一个明显不平等的制度，谈不上爱及法，只是剥削及压迫。尽管法律上早就被废止了，但是在印度社会还是根深蒂固，可能还要经过很多年才会被消灭。

案例六

20 世纪 60 年代的美国，中产及以上家庭的女性还鲜少有抛头露面工作的。底层女性即便接受了良好的教育，可选的工作岗位也十分有限：护士、秘书、销售员、服务生。

那些核心岗位几乎没有女性。认为女性缺少才干、无法胜任重要岗位，这样的思想似乎是全球通病。在白人社会中，黑人女性的处境则更加艰难：所有的公共设施都会分隔白人和有色人种；做同样的工作薪资永远比白人低；升职加薪就是白日做梦。

在这样的社会氛围下，三个黑人女性的车在路上抛锚了，也会受到警察的盘问。而当得知她们在NASA工作后，警察原本想问的恐怕是“竟然不知道黑人女性也能在NASA工作”。能进入NASA工作，不论是什么岗位都可算是人中龙凤了。只是在NASA的西楼，那个划分给黑人女性的办公室里，大家即便有和工程师同等学力，也只能给白人男性打下手，做着最基础的计算员工作。那时候，计算机还没普及，数学计算全靠人工。

也是这间黑人女性计算员的办公室里，最后走出了Katherine G. Johnson、Dorothy Vaughan、Mary Jackson。影片的英文名为Hidden Figures。Figure，指的是有才能的人；Hidden则是被隐藏起来的意思。比起中文名，英文名能更好地诠释主人公在当时的处境。

可以说她们足够幸运，因为有机遇摆在她们的眼前，让她们能够抓住，能用自己的才能去挣来平等。但如果没有那样的契机呢？我想，她们也会忍受着不公平的待遇，却认真努力地工作和生活着。

真实而非刻意为之的英雄故事：Katherine G. Johnson、Dorothy Vaughan、Mary Jackson，是在NASA历史上真实留名的三位黑人女性。影片并不是讲述反抗歧视的“英勇故事”，而是记叙了她们平凡又伟大的工作生涯中，那最重要的转折点。1918年出生的Katherine从小就显现出数学天赋，虽然家境贫寒，但学校老师一致认为不该埋没她的才能。然而这样的数学天才，一度待在西楼的办公室里做着普通的计算员工作。直到1961年，John Glenn绕地飞行需要一位数学家精确计算轨道数据，才让Katherine有了展露才华的机会。

1961年，Katherine已经43岁了，是三个女孩的母亲。43岁的年纪，在现代社会话题中，是中年危机的时刻，可能会面临中年失业，甚至无法再就业。好像一过40岁，人生就挥别了希望和生机，只能走下坡路了。然而，Katherine正是在她的不惑之年，才等到人生的转折。在此之前，她没有抱怨不公、没有奋起反抗的热血，只是兢兢业业地做好自己的本职工作——哪怕是浪费才能的工作，也没有带上怀才不遇的委屈。

Dorothy、Mary亦是如此。

1910年出生的Dorothy在1948年成了NASA历史上第一位黑人部门主

管；1921 年出生的 Mary 于 1958 年被提升为工程师，参与超音速压力风动项目。她们是 NASA 众多黑人女员工中的佼佼者，也是她们的代表人物。影片中，将三位女科学家各自的人生转折点捏到了一起，放在了 1961 年她们都参与的绕地项目。

我们看到的人种隔离是历史上真实存在的。

我们看着 Katherine 抱着资料穿梭八百米距离上洗手间，看着她委屈至极地嘶吼后强行按捺情绪，看着她优雅地告假、坚定地离开；这一切在张弛有度的表演下变成了强大的感染力。它并不沸腾热血，却沁入骨髓。那不卑不亢地用自己的才能撕去歧视的标签和不公正的待遇，不就是职场的最佳典范吗？

43 岁的 Katherine 恐怕不会想到，自己会在 97 岁高龄（2015 年）获得总统自由勋章。年轻时的 Mary 恐怕也未曾料到，自己会为了能和白人一起参加研究生课程而提起诉讼。Dorothy 更是不会预料到，自己会带领着 NASA 的女性计算员走向 IBM 计算机时代。

笔者点评：这个案例告诉大家，即使实在极力强调平等及自由的美国，20 世纪 60 年代还是存在严重的不平等现象。可见，要在全球范围内消除不平等有多困难！

不平等的危害与弱势群体保护没有冲突。因为弱势群体本身就处于不平等的状态（身体状况或者精神状况等），他们需要得到社会平等的待遇，就必须给他们提供特殊（不平等）的条件予以保护。也就是说给弱势群体提供优于普通人的条件，去弥补他们本身的缺陷（不足），来达到平衡的目的。

第五章　法治的核心要素

法治与德治的实施都必须遵循既定原则，脱离了既定原则的法治将失去依据，脱离了原则的德治将成为社会混乱的根源，法治和德治的原则都根植于人类社会发展的客观需求中，随人类社会发展而演变，在不同时代具有明显的时代特征。一旦出现违反这个原则的情况，社会治理就会失去正确的方向，就会出现违背时代需求的恶法和违背公序良俗的不良理论，导致社会秩序混乱甚至动荡。“发现”这些原则的历程，是相当漫长且痛苦的，人类为此付出了很大的代价——死亡及毁灭，比如我们曾经认为同态复仇是天经地义的；我们曾经认为奴隶制是完美的；我们曾经认为世袭制是合理合法的。

因此，依法治国的前提必须是法为良法，治为善治，要符合社会发展的基本规律和人民群众的生存、发展要求，要以人民认可不认可、同意不同意、赞成不赞成为制定法律法规、执行法律法规的根本依据。要确保在法律制定和执行的全过程中严格遵循透明、平等、自由、民主的基本原则，确保依法治国的顺利进行。

其中，透明原则是一切原则的基础，是首要原则，是原则的原则，甚至可以说，没有透明就没有一切。

透明实际上就是实事求是，不管实体还是程序，没有透明，就谈不上一切。

任何一种社会治理方式都需要有其客观基础。比如：以教治国的国家或者组织，其大部分或者全部公民必须信仰这个宗教；人治国家，基本上就是皇权至上的国家，其大部分或者全部公民必须服从这个皇帝；以德或者以礼治国的国家，其大部分或者全部公民必须具备或者遵循一定的道德或者礼节。法治国家的前提及基础是什么？笔者认为法治国家的前提及基础是公开透明及监督。这个公开透明包括但不限于个人及组织机构的资产及行为，不仅指实体还包括程序。法治，从字面上及表面上看似乎是指任何事情只要依法进行就可以了，其实不是这么简单。法律必须运行在事实之上，才能有利于形成法治，如果事实不清或者错误，这种依法进行也是没有意义的，甚至破坏法治。有效的监督非常重要。

透明度原则源于西方世界。它早期是伴随着西方市场经济的发展进程而逐渐成熟起来的。作为商人，面临市场的巨大挑战，就要设法克服市场因政策法律变动而带来的风险，商人们迫切要求市场具有相对的稳定性和可预见性。要求政府管理市场的法律、法规、规章、政策透明，以便公众能方便地获得政府管理和服务市场的信息。因此透明度原则早期又被称为“阳光原则”或“知晓原则”。

公开原则。18 世纪，资产阶级启蒙思想家贝卡利亚首先提出了公开审判原则，以反对封建司法中的秘密审判、私设法庭、专横擅断。在 20 世纪前半叶，公开审判原则已逐渐为各国所接受。

联合国大会于 1966 年决议通过的《公民权利和政治权利国际公约》第 14 条第 1 款明确确认公开审判原则，即“所有的人在法庭上和裁判面前一律平等。在判定时对提出的任何刑事指控或任何一件诉讼案中的权利和义务，人人有资格由一个依法设立的合格的、独立的和无偏倚的法庭进行公正的和公开的审讯”。值得注意的是，该公约把公开审判的范围扩大到“在判定时”“任何”“一件诉讼案中的权利和义务”，即不限于刑事诉讼，而是一切诉讼案件中，从而进一步完善了公开审判权的内容和范围。

知情权。知情权有广义和狭义之分。广义的知情权，是指公民及居民、法人及其他组织依法所享有的、要求对方向本方公开一定的情报的权利和在不违法的范围内获得各类信息的自由，包括私法上和公法上的知情权。狭义的知情权，是指公民及居民、法人及其他组织享有对国家机关掌握情报知道的权利，即仅指公法上的知情权。

知情权在公开审判中的权利主要是指对司法活动的过程和司法信息的知悉，其权利主体包括特定的人即当事人和不特定的人即社会公众。1999 年 3 月 8 日颁布实施的《最高人民法院关于严格执行公开审判制度的若干规定》（下文简称《公开审判解释》）第 10 条对公民旁听庭审作出了规定：“依法公开审理案件，公民可以旁听，但精神病人、醉酒的人和未经人民法院批准的未成年人除外。”第 11 条对传媒的规定：“依法公开审理案件，经人民法院许可，新闻记者可以记录、录音、录像、摄影、转播庭审实况。”可见，目前司法知情权的行使主要表现在个案的审理过程中，从权利保障层面考虑，司法知情权的范围、行使方式等很多方面需要较大的发展，这一权利充分行使的前提是公开审判制度的进一步完善。

监督权。在人权体系中，民主权利与公民权利（包括自由权和平等权）不同，后者可称为一种“合法的存在状态”，这里的“存在”意味着个人所享有的权利处于一种被动状态；而前者可称为“合法的行为权利”，“行为”就意味着个人拥有创造权利的超权利，是一个主动的过程，也称为“支配权”。民主权利是相对于公权力而言的“公权利”，是组成国家的每个公民影响国家意志形成的权利，是公民得以用权利制约权力、实现公民权利与国家权力之间平衡的主要武器。之所以将民主权利称为“公权利”，是因为它不仅仅是个人利益方面的权利，更多地属于社会或公共利益方面的权利。民主权利的理论基础是人民主权论。根据人民主权理论，人民通过委派自己的代表来行使国家权力，并不意味着国家机关的行为就一定能代表自己的利益，就一定是在维护公共利益。人民只有对国家机关的行为进行监督才可能防止国家机关行使职权时背离选民的意志，背离公共利益。

《世界人权宣言》第 21 条规定：“人人有直接或通过自由选举的代表参与治理本国的权利。”“人人有平等机会参加本国公务的权利。”“人民的意志是政府权力的基础；这一意志应以定期的和真正的选举予以表现，而选举应依据普遍和平等的投票权，并以不记名或相当的自由投票程序进行。”这是《世界人权宣言》对民主权利作出的概括性规定。在我国，人民行使监督权的表现形式，根据宪法第 41 条、第 77 条、第 102 条规定，包括批评权、建议权、控告权、检举权和罢免权。但是，如果公民对司法权运行状况不了解，监督权的行使无异于空中楼阁，对司法机关及其“司法公正”的宣传只有怀疑和不满，根本无从树立司法公信和司法权威。因此，实行公开审判，增强司法透明度是人权保障的前提性条件。

那么公开透明究竟包括哪些内容呢？其与个人隐私保护怎么协调呢？笔者认为公开透明至少应该包括身份透明、财产透明、行为透明、经历透明及程序透明等方面内容。

第一节　身份及财产透明

在一个完全实行依法治国的社会里，个人的身份信息和资产信息都是透明的，法律的遵从是现代社会的基本原则。一个人首先要明确其身份，才能界定其权利义务，这是法治的前提。

信息透明是市场经济的核心。在这样一个社会，谁富有，谁贫穷，谁该获得救济，谁该为社会多作贡献，大家都清楚。在一个财产透明的制度中，能人和富人一般是得到尊重的，因为他们的财富来自个人的聪明才智，特别是在这样的社会里，财富是与责任相联系的，收入得越多纳税越多，为社会贡献得也越多，因此也得到更多的社会尊重。人富并不可怕，关键是看他的收入是否合理，如果是通过发明创造和合法经营发财致富的，财富越多，声名越显赫。例如，西方社会一再搞富翁排行榜，比尔·盖茨位居世界第一，李嘉诚排名东亚第一。在这样一个透明的社会里，富翁是人们尊重的对象，模仿、追赶和崇敬的对象。然而在财产不透明的社会，富人一般是社会憎恨的对象。

为了规范整个社会行为，要从个人做起，只有规范了个人，才能由此影响到企业，因此建立个人财产透明制度已迫在眉睫。但落实到具体操作，需要做哪些事情呢？重点是要实现人的透明化，具体路径，第一是银行储蓄实名制，第二是税务部门对家庭个人财产进行登记。

如果一个人在其身份上故意作假，这首先就是违法。具体内容包括但不限于：你是谁？你父母是谁？你亲戚朋友是谁？等等。前些年，社会上经常出现一夜暴富的人，不知道他的背景，也不知道他从哪里得到这些财富，更不知道他的成长经历，就好像突然“从天而降”！而当这些事件曝光之后，各种谣言泛滥，被一些别有用心的不法分子、海外敌对势力乘机利用、歪曲扩大，社会不满情绪快速酝酿，引起了社会的极大动荡，对社会治理造成很不好的影响。

实现资产透明化，首先要从领导干部做起，因为领导干部掌握着社会行政权力，不仅是社会关注的焦点对象，也更容易因为不透明而成为侵占弱势群体利益的群体。基于此，2011 年，中纪委、监察部、国家预防腐败局在深入调查研究、分析论证、征求意见的基础上组织起草了《关于加强廉政风险防控的指导意见》，明确提出对重点对象、重点领域、重点环节、重点任务进行“重点防控”的具体防控措施，强化财产申报制度建设，推动个人资产透明化。

对财产申报制度，民众一直充满期待。部分地区也出台了官员财产报告制度。但是离反腐倡廉的要求仍有较大差距。应该承认，社会诚信体系、信息统计体系不完善，是财产申报制度的两大软肋。我国目前还没有健全社会信用体系，民众诚信道德水平与发达国家存在差距，不动产、存款等财产信息目前只在本省市范围内可以查询，尚未实现全国范围内的信息共享。

如果官员异地存款、置业，或者把财产、存款转到亲友名下，或者转移出境、非法洗钱，确实存在监管问题。但是，从中央有关部门以家庭为单位执行二套住房认定标准的情况来看，逐步实现个人财产、存款信息全国共享，并不存在多少技术障碍。如果相关部门建立配套制度，提高官员违规成本，明确处罚细则，瞒报、隐匿个人及家庭财产的官员会受到严厉制裁，建立健全官员财产申报制度可以期待。虽说官员申报财产等个人事项涉及隐私问题，但是官员作为公共权力的行使者，民众有权监督其行使权力。在一定意义上讲，官员的隐私空间比普通民众小一些，其住房、投资等个人事项并非单纯的个人隐私，而是一种公共资源。群众有权知晓这种公共资源。

资料显示，自从 240 多年前瑞典首创官员财产透明制以来，这个“治官之术”就被世界多国仿效。目前已有近百个国家和地区建立了这项制度。一些“清廉国家”的反腐经验也证明了健全官员财产申报制度的必要性。在新加坡，公务员只要有超出收入的财产无法说明来源，就被推定为贪污。新加坡之所以敢对公务员进行有罪推定，是因为新加坡建立了完善的公务员财产申报制度。财产申报中只要有不正当财产被怀疑，公务员就有必须澄清的义务，没有沉默权。美国的政府道德法案同样要求联邦政府雇员每年必须上报个人财产信息，越资深的官员，汇报的内容就越详细。如果隐瞒或捏造财产信息，可以刑事起诉。配偶、子女的财产来源也要一并提供。联邦雇员就连每笔超过两百美元的收入，也要提供来源。

如果官员财产申报制度真正建立起来，官员住房、投资、配偶子女从业等个人事项将由内部申报走向外部公开，从小范围公开向大范围公开推进。官员及家庭成员财产信息暴露在公众视野下，舆论监督力量被充分调动起来，对官员的权力监督逐步实现从内部监督向外部监督的转变。这将大大推动社会透明化，促进社会公平正义，纾解民众的反腐焦虑情绪和不公正意识。

但是，不容置疑，由于种种客观原因，当前，我国的个人身份透明和财产透明制度建设还存在种种不足，成为影响依法治国的重要因素。随着智能科技的发展，特别是大数据、云计算的快速发展，全国公民数据库的建立，社会透明化程度将进一步加强。

案例一 郭美美事件

2011年6月21日，新浪微博上一个名叫“郭美美baby”的网友，自称为“住大别墅，开玛莎拉蒂”的20岁女孩，其认证身份为“中国红十字商会商业总经理”。

后来，根据警方调查：博主真实身份叫郭美玲，微博昵称“郭美美baby”，湖南人。她以及她的资金来源都与中国红十字会毫无关系。中国红十字会没有“红十字商会”机构，也未设有“商业总经理”的职位，更没有“郭美美”其人。

2011年6月22日，中国红十字会总会称“郭美美”与红十字会无关，中国红十字会没有“红十字商会”机构，也未设有“商业总经理”的职位，更没有“郭美美”其人。同日，新浪微博也对实名认证有误一事而致歉，取消了郭美美的身份认证（加“V”），并在中午12时左右由微博小秘书（新浪微博官方账号）发布消息称，因新浪微博身份认证过程中审核不严而造成负面影响表示歉意，就“郭美美”身份认证加“V”道歉，称身份认证审核不严 。

郭美玲也在其新浪微博公开称：“1. 我和红十字会没有任何关系；2. 我不是红十字会会长或郭沫若先生的子孙。3. 我当时新浪认证是演员。4. 我所说的红十字商会并不是公司或机构名称。5. 其他我不想解释太多，舆论和谣言太可怕……”

7月4日，中红博爱资产管理有限公司CEO翁涛在微博上曝出“真相”，称郭美美是中红博爱前董事王军的女友。王军自称春节后才认识郭美美，送她玛莎拉蒂跑车和名包。而郭美美所称是自家“小牛”的兰博基尼确为王军经常所开，附近居民也未见到有其他人使用过。而王军除兰博基尼以外，还有宾利等豪车，其中宾利挂的是深港两地牌照，连司机开的接送车都是奔驰S600。

从百度百科查知，中红博爱资产管理有限公司成立于2008年，是全国性的控股投资集团，是中国红十字会的关系企业（商业系统红十字会“借壳”的王鼎公司，正是中红博爱的股东），主要业务是关于红十字会相关公益，服务项目的投资、运营和管理。依托中国红十字会的品牌和资源的“红十字博爱服务站”与中国人寿北京分公司合作后，运作这样一个公益性质的项目收效良好，其卓越效益由此可见一斑。

郭美玲在网上与富二代隔空炫富并互掐，郭美美晒出500万元赌场筹码，而与 SCC 超跑会员互动密切的某爆料微博，晒出疑似富二代银行卡内余额 37 亿，让网友调侃："闪瞎我的钛合金眼。" SCC 俱乐部的富二代们和郭美美整夜对骂。郭美美晒出 500 万元赌场筹码后，富二代回以卡里余额，该富二代挑衅郭美美："@郭美美 Baby 你的卡里多少钱啊？爆出来看看"，并晒出自己银行卡内余额，达 37 亿元之多，令网友咋舌。

随后有网友发微博表示"数了好几遍，哀叹我辈升斗小民果然不知贫富差距如今已经这么大了"，富二代再次炫富称他另外有一个 99 亿元的账户。该富二代的真实身份一直未公开，晒出的银行余额也未能证实真实性。

在警方调查中，郭美玲称：对于红会，此前并不了解，不认识相关人员，也从未担任相关职务，是在与深圳商人王某交谈中，知道了王某与商业系统红十字会相关单位的合作意向。后郭美美认为原来在新浪微博上注册认证的"主持人、演员"身份层次较低，为满足其炫耀心理，于 5 月自行杜撰了"中国红十字会商业总经理"身份，提交新浪微博网站审核通过并加"V"认证。对于警方发布的"郭美美案件"通报，有网友认为"无直接关联"过于笼统，也有网友对涉案人真实姓名、身份、财产来源等能否见光提出质疑。

"郭美美事件"事发一个多月后，郭美玲及母亲郭登峰终于公开露面，解释事件的来龙去脉。二人在第一财经电视接受学者郎咸平专访。整个采访持续了一个小时，在当天下午 1 点完成录制。郭美玲在接受采访时表示，中红博爱股东王军是其"干爸"，而王军则是深圳的地产商人，豪车玛莎拉蒂正是由王军赠送。郭美美同时承认，她接受了公安局两天的询问。此外，郭登峰还在采访中向外界表明，她本人亦财富可观，1990 年就已在深圳有两套房子、几百万现金。至于其财富来源，则是靠炒股票。在股市只有 5 只股票时，她便已入市，并称当时一天股票涨几十块，她也因此几个月就赚了几百万。这一专访视频在当天下午播放后，迅速在网上流传开来，并引起了广泛讨论，也不乏质疑之声。

事件影响：自 2011 年 6 月下旬"郭美美事件"等一系列事件发生后，社会捐款数以及慈善组织捐赠数额均出现锐减。民政部最新统计数据表示，全国 7 月份社会捐款数为 5 亿元，和 6 月相比降幅超过 50%。慈善组织 6 到 8 月接收的捐赠数额降幅更是达到 86.6%。

案例二 广州原副市长曹鉴燎贪腐近 3 亿

广东省纪委人士透露："初步调查，曹鉴燎利用职务便利收受他人钱物折合人民币 7000 多万，另有 2 亿涉案金额正在进一步调查取证中。"此外，该人士还透露，曹与共计 11 名女性长期保持不正当男女关系。

曹鉴燎在 80 年代坐镇沙河镇多年。其后天河区设区，曹进入天河区政府系统，因总指挥广州 CBD 珠江新城大开发而仕途顺利，先后任区长、区委书记等职务。其后历经海珠区、增城市。落马前以广州市副市长身份兼任增城市委书记。广东省纪委有关人士透露，已查明曹鉴燎在珠江新城开发过程中为多个房地产公司在拿地上提供帮助，收受地产开发商数目惊人的金钱、房产。

1992 年，广州市启动 CBD 珠江新城的开发。市政府一方面有感于农民被征地后没有生活来源，另一方面当时开发商实力较弱，政府财政不足，无法大面积开发，所以留下自留地让村自行开发。1993 年 4 月市政府在《关于广州大道东侧规划控制区征地若干问题的批复》文件中明确提出关于村留用地比例为 12%。其时，曹鉴燎从中牵线，介绍相熟的开发商给村的主要领导认识，合作开发冼村、猎德等地的集体留用地。珠江新城内镇村留置的 19 幅土地，哪个开发商有资格"合作"，全部由曹鉴燎拍板。作为回报，开发商为曹鉴燎送上数千万巨额贿赂和房产、商铺。曹鉴燎更将镇村自留开发用地比例由 12% 提高至 18%。

调查笔录显示，曹鉴燎收受的第一笔贿赂来自珠江新城知名综合体老板苏某。早在 1992 年，沙河镇政府搬迁，苏某找曹鉴燎要镇政府旧址土地用以开发，后以工程款名义划账给曹 200 万元。1998 年，曹鉴燎与猎德村村委书记李方荣、沙河经济发展总公司等一行多人前往加拿大旅游，并在多伦多一家高级餐厅就餐。一家开发商则给猎德村村委成员赠送了至少四套豪宅，面积自 380 ～ 480 平方米不等。此外，在开发商以低廉价格囤积大量土地后，曹鉴燎还为他们的经营出谋划策，享受物业价值飞涨的收益。这些开发商也自此成为曹鉴燎的"钱袋子"。

据调查笔录，2007 年广州某开发商在香港上市，曹鉴燎以其儿子名义与苏某合作购买该公司股票，苏某替曹鉴燎出资 1000 万元。2008—2010 年期间，曹鉴燎向苏某借款港币 5000 万元，用于炒港股和境外投资。曹鉴燎在笔录中称，这些款项已退回给苏某。

公开资料可见，曹鉴燎就任增城市委书记期间，增城“三旧”改造数量大幅增加。2012—2013 年共有六批次“三旧”改造通过审批，每批次有十数个项目。

案例三

瑞典是北欧最大的国家，也是权力监督体制较为完善、行政效能较高的国家之一。近年来，瑞典官员贪污率低于十万分之一。其特点主要是通过一系列制度，保证了官员财产透明。

瑞典的反腐败法律体系完备缜密，为瑞典有效防治腐败提供了法律保障。从 20 世纪初开始，瑞典就按照预防与惩治相结合的原则，陆续制定了一系列反腐败法律，包括《行政法》《反行贿受贿法》《审计法》等，对政府部门和公务员该做什么、不该做什么，作出了明确具体的规定。《反行贿受贿法》将贿赂犯罪的量刑起点额定得很低，规定收受价值超过 200 瑞典克朗（按现有汇率，约合人民币 150 元）的礼物就可被视为腐败。1977 年，修改了刑法关于受贿罪的规定，将犯罪主体由公务员扩展到企业职员。1999 年，再次对该条款作出修改，使犯罪主体扩展到欧盟委员会成员、欧洲议会成员和欧盟法庭的法官。2012 年，瑞典在立法中增加了“对资金管理不善或者过于滥用资金罪”，加大瑞典跨国企业海外反腐力度。与此同时，瑞典坚持严格执法，有效避免了腐败问题上的“破窗效应”。比如，1995 年 10 月，时任瑞典副首相萨林因为使用公务信用卡购买了价值几十克朗的巧克力食品，被迫辞职。由此可见，瑞典对官员腐败行为的容忍度极低。

瑞典实施了很多权力制约和监督制度，实现了全面监督、全民监督。比较特别的制度有社会监督制度。瑞典的民众和媒体都有很强的监督意识。在他们看来，反腐败不但是专门机关的责任，而且是全社会都应该关注的事。如果一个官员的生活水平高出收入水平，很快就会有人举报，随后就会有监察官和税务官调查。同时，瑞典民众还通过参与工会等社团组织发挥监督作用。这些组织代表会员的利益，一旦发现政府部门和公务员有不作为或腐败行为，就会向议会监察专员投诉，或者诉诸媒体。为了防止恶意举报，瑞典相关法规明确，凡有恶意举报者，一经发现就将给予其“最低信用级别”，而拥有这样信用级别者，今后若想在银行贷款、找到理想工作，几乎是不可能的。

透明与公开是瑞典政府行政的一条主要原则。根据这项原则，政府或公共机构的书面公务资料、公函、财务报告等，只要不属于国家机密，都必须向公众和媒体开放。政府研究工作、法院开庭审判，公众如果有兴趣，可以随时旁听。目前，瑞典民众有权查阅任何一个政府部门的文件（涉及国家安全的除外）。为限制政府对政务公开信息的自由裁量权，瑞典还专门制定了《保密法》，极为详细地列举了哪些信息属于国家机密，这就避免了相关部门以国家安全为由，故意向公众隐瞒非涉密信息。

第二节　行为及经历透明

当今社会是高速发展的信息化社会，透明化已经成为其重要的特征。行为及经历透明，是指社会公民在进行社会公共行为并通过这种行为获取个人利益，且此利益有可能影响他人利益时必须确保其行为公开、透明化。

公民行为及经历透明是现代社会推行法治建设实现公平正义的重要前提与基础。

公民行为及经历透明的推行必须首先从具有社会领导地位的群体推动，逐步实现整个社会的透明化。党员干部的一举一动、一言一行、一次失态、一次越线都可能迅速成为网络传播的热点和关注焦点，一夜之间路人皆知，瞬间变成“网红”。因此，党员干部应当自觉在工作中、生活中和作风上保持“透明度”，在平时就建立开明坦诚、务实担当、为民为公的形象。

我们国家高度重视社会公民行为及经历透明化的推动及实现。习近平同志指出：“对党绝对忠诚要害在‘绝对’两个字，就是唯一的、彻底的、无条件的、不掺任何杂质的、没有任何水分的忠诚。”要毫无保留地向党汇报自己的所思所想，在党的面前彻底脱掉心灵上的伪装，认真严肃地过好双重组织生活，主动向党组织汇报自己的思想动态，吐露自己的心声，及时清扫思想上的“尘埃”。对标党章党规，校正思想上的偏差，忠诚于党，拥护党的路线方针政策，永远在思想上与党中央保持高度一致，向党中央看齐。

2018 年 9 月 12 日，中共中央办公厅、国务院办公厅印发《领导干部报告个人有关事项规定》和《领导干部个人有关事项报告查核结果处理办法》。强调作为领导干部，必须认清形势，端正态度，真实填报，敢于在党的面前做

"透明人"，即做对党掏心亮胆、绝对忠诚、毫无保留的人。要求领导干部要在言行上做"透明人"。"行经万里身犹健，历尽千艰胆未寒。可有尘瑕须拂拭，敞开心肺给人看。"这是老一辈无产阶级革命家谢觉哉光明磊落一生的真实写照。作为领导干部，就是要向他们学习，牢记入党誓言，不忘初心，始终把自己当作党的人，什么话、什么事都对党说。为人做事，言行一致、表里如一；为官从政，真心为民、不谋私利；遵规守纪，党要求说清楚的问题能够主动说清楚，组织要求报告的个人事项能够如实报告。领导干部要在个人财产上做"透明人"。我们赤条条来到这个世界，也将赤条条地离开，不应被名利所羁绊。纵观贪官污吏，无不是被自己的贪欲所累，眼睛里只有车子、房子、票子，巧取豪夺，积累大量不义之财，丢掉了党性，失掉了人格，到头来受到了党纪国法的严惩。向组织如实汇报个人财产情况，这不仅不是暴露个人隐私，而且是对党给予自己关心和爱护的积极回应。它可以时刻提醒我们不该贪的不贪、不该要的不要、不该占的不占，并真正明白"手莫伸，伸手必被捉"的道理。让权力在透明之中运行，用自己的实际行动引领社会风气，树立党的良好形象，增强政府公信力，为依法治国奠定坚实的基础。

（一）行为透明

行为透明不是说一个人或者机构的任何行为都必须公示，必须让大家知道，而是一个人或者机构的主要行为要透明，主要包括但不限于获得财产、荣誉、名誉、学位、职称等影响一个人或者机构在社会中地位及作用的行为。这里说的行为是一个个具体的行为，比如获得学位的论文，取得财产的继承，受到表彰的事迹等。如果一个人或者机构的任何行为都让人知道，就没有隐私了，这不合理，也不合法。如何界定需要公开的行为的范围，这主要看一个人或者机构能左右的公权力的大小及社会影响力，基本是成正比的。

人或者机构违法获得的利益是用来享受的，也几乎没有人会把违法获得的利益终身不用。所以，通过监督一个人或者机构的支出，就基本上可以看出他的行为是否有违法嫌疑。这个行为，包括但不限于投资行为、消费行为等。比如说，一个人没有什么财产，却大吃大喝、买房、买车等；或者一个人大吃大喝、买房、买车等，财产却没变化；或者一个人的消费由其他人来支付等，都是值得怀疑的。公款的大吃大喝基本源于行为的不透明。还有人及机构头上顶着“硕士”“博士”“教授”“劳模”“顾问”“专家”“爵士”“高科技企业”等若干荣誉，让人羡慕不已，这种人或者机构的说话分量很重，影响着社会，影响年轻人的发展，他们获得荣誉及学位的行为就必须真实。而虚假的行为及欺诈的结果，既破坏社会诚信体系，更破坏法治建设。

行为透明要求公民主动自觉地公开自己的行为，便于社会监督，不能隐藏，更不能明知不说，甚至篡改、伪造等。社会各种主体的行为，尤其是获得各种荣誉及专利技术等，必须透明。我们经常在一些公司宣传资料及产品包装上看到很多诱人的“成绩”及“成果”，但无从考证。一些有欺诈或者犯罪行为的公司，往往会编造很多虚假的“成绩”及“成果”，作为骗人的工具。

庞氏骗局：利用新投资人的钱向老投资者支付利息和短期回报，以制造赚钱的假象进而骗取更多的投资。它又叫作击鼓传花、借新还旧、拆东墙补西墙，实质是一种资金流的时间游戏，技巧在于对资金流出量的控制。它不需要对资金或实体产业的真实运作，只需要编一个故事、吹一个牛皮来吸引投资，是最不费吹灰之力的骗局，可以说是“空手套白狼”。所以这也是发展最迅猛、形式最多变的一种金融骗局，更成了其他很多金融骗局的“核心思想”。只要看清了庞氏骗局，世界上 90% 的金融骗局就都能看懂了。

庞氏骗局的名称来源于它的第一位大推手——查尔斯·庞兹（Charles Ponzi）。

庞兹的骗局只维持了一年，就因为无法兑付大量的到期收益而破产。而纳斯达克交易所前主席伯纳德·麦道夫（Bernard L. Madoff），这位“纳斯达克之父”才是真正的“庞氏之父”，在他的“管理”之下，他的庞氏骗局居然持续了 20 年！

20 世纪 80 年代，麦道夫成立了一支基金，真实的基金，真实的股票交易，但是后来发现，自己操盘的结果并不能达到他对客户承诺的收益，为了保住自己主席的脸面，还是改道庞氏骗局更“靠谱”。这时候他的水平就显现出来了，他通过缜密的计算，发现只要把收益率维持在 10% 左右，就可以保证基金的资金池永不枯竭。

事实证明，麦道夫主席确实有“庞氏天赋”。他的基金是私募基金，只接受富人圈里的投资者，投资者买他的基金既能拉关系买面子，又确实每年都能收到稳稳的不算高的收益，而且富人们不差钱，所以没有遇到过大额赎回事件。有人好奇他的投资策略，别问，问就是天机不可泄露。直到 2008 年金融危机爆发，富人们不得不向麦道夫提出赎回本金，麦道夫遭遇了挤兑危机，这一场持续了20年的庞氏骗局才被揭露出来。麦道夫总共诈骗了500亿美元，被判刑150年。

案例四　“房姐”龚爱爱以伪造、买卖国家机关证件罪受审

2013年9月24日，龚爱爱站在被告席上。当日，陕西省靖边县人民法院开庭审理“房姐”龚爱爱涉嫌伪造、买卖国家机关证件案。龚爱爱作为被告人出庭。

公诉方指称，2005年，龚爱爱在北京购房时，花费30万元购买了本人及其女儿的两个北京户口。2007年，龚爱爱托人为其办理了名为“龚仙霞”的户口本和身份证。2008年，龚爱爱又再次托人办理了一个名为“龚爱爱”的户口，并拿到了与原身份证号码不同的“龚爱爱”居民身份证。检方认为，龚爱爱构成伪造、买卖国家机关证件罪。

检方认为，龚爱爱明知自己有合法的户籍，为购房买卖两个户籍，还委托他人为自己办理另外两个户籍，且用新办的户籍从事民事活动，妨碍了我国户籍管理制度和社会管理秩序，其行为已经构成伪造、买卖国家机关证件罪。

在庭审过程中，龚爱爱当庭否认控罪。她表示，自己并不知道持有多个户口是违法的，认为只要是公安机关办理的户口就是真的。自己并没有伪造和买卖户籍，也没有拿着这些户口干过任何具有危害性的事情。对于造成的社会影响，龚爱爱当庭表示道歉。法院以伪造、买卖国家机关证件罪判处龚爱爱有期徒刑3年。

案例五　前健力宝原董事长假立功获减刑

近日，广东省高级人民法院对外通报，张海在监狱服刑期间的立功、重大立功表现均属虚假，以此裁定对其减刑系错误行为。韶关市中院重审并于2013年10月31日对张海两次减刑的裁定予以撤销。广东省检察院也证实张海立功减刑造假属实，已立案审查。

2014年1月20日，广东检方证实，前健力宝总裁张海已逃往境外。

千方百计获取线索，根据线索，检举、立功、减刑。如果没有找到这条“越狱”的捷径，40岁的张海现在应该还在广东韶关乌江监狱里服刑。

2005年3月24日，张海因涉嫌职务侵占罪、挪用资金罪被刑事拘留，

2005年4月30日被逮捕，羁押于佛山市看守所。2007年2月12日，广东省佛山市中级人民法院一审以职务侵占罪、挪用资金罪判处张海有期徒刑15年。张海不服提出上诉。张海女朋友黄鹭及秘书康杰，通过律师找到佛山市看守所副所长罗建能、民警陈松柳，由他们将另外两名犯罪嫌疑人的检举揭发材料分别提供给张海，其中一条作为立功表现的依据，被广东省高级人民法院在二审时采纳。2008年9月12日，广东省高级人民法院作出二审判决，以职务侵占罪、挪用资金罪改判张海有期徒刑10年。

2008年8月，黄鹭向广东省监狱管理局时任狱政处处长郭子川行贿，请求郭子川在调监、减刑等方面对张海予以关照。2008年11月，张海被交付佛山监狱执行刑罚，2008年12月被调往番禺监狱。其间，广州市紫润投资发展有限公司董事长杨晓受黄鹭所托，贿赂请求广东省司法厅原党委副书记王承魁对张海予以关照。2009年11月，张海被调往武江监狱服刑。2010年9月，武江监狱根据张海在佛山市看守所获得的另一份假立功材料为其提请减刑，韶关市中级人民法院裁定减刑2年。张海在武江监狱服刑期间，指使他人为其虚假申报型专利。2010年7月，武江监狱据此为张海申报重大立功。2011年1月25日，张海因重大立功被韶关市中级人民法院裁定减刑2年1个月28天，次日刑满释放。

2013年1月到9月，全国各级人民法院办理减刑的案件有403422起。《2013年最高人民检察院工作报告》显示，2008—2012年5年间，检察机关开展保外就医、职务犯罪罪犯刑罚变更执行等专项检查，纠正减刑、假释、暂予监外执行不当52068人。

法律学者、最高人民检察院检察官尚爱国认为，我国现行的减刑制度容易滋生司法腐败。监狱警察和法官手中握有决定罪犯减刑的权力，而罪犯是否“认真”遵守监规，是否“确有”悔改表现，是否呈报、建议减刑，是否裁定减刑，减多减少，早减晚减，完全由监狱警察和法官来决定。

（二）经历透明

一个人或者机构的经历应该是真实的，比如婚姻家庭、民族、血型、学习经历、发展经历、工作经历、获得财产经历等。因为社会在判断一个人或者机构的能力时基本依靠这些信息，一个人或者机构本身也应该保证其经历的真实性，尤其在从事公职或者对社会有一定影响的非公职位时。任何人都会有缺点，但必须诚实。俗话说，“身边无伟人”，讲的就是这个意思。如果大家知道一个人的缺点及错误，仍然决定信任他，这没有问题。但是如果一个人伪造了自己的经历，即使他再优秀，也应该被质疑或者解除现有的职位，甚至被追究责任。

经历是由一系列单独行为构成的，是若干主要行为的集合体，是一个人或者机构综合素质的体现。人们在关注一个人的时候，很难在短时间内辨别其经历的真假，主要依靠其本人的诚实。任何组织在选择一个人时基本也是考察其经历，但因为其时间性及程序性不可能非常全面。因此，经历的提供者应该保证内容的真实性，供社会公众监督。

经历透明主要指一个人获得现有财产、学位、荣誉等的透明，法律保护个人的财产、名誉、荣誉等，但必须是合法的。比如财产无论是工资收入、继承还是获得赠与等，都应该清清白白。学历、学位等也是如此，它一定程度上代表了一个人的专业能力，必须真实。荣誉、名誉等的获得也应该合法，它在一定程度上代表一个人的成就及对社会的贡献。

经历透明的范围同样与一个人能够左右公权力的大小及社会影响力成正比。

经历透明同样应该是对世的，一般不应该有限制。

案例六　揭秘铁匠10年变国务院厅官：借助行业协会晋升

魏崇金原系国务院扶贫办下属事业单位的厅级干部。《中国青年报》刊发报道《魏铁匠的升官路线图》，魏崇金2012年下半年被有关部门带走调查，其学历、党员、干部身份均涉嫌造假。

中纪委常委俞贵麟披露，国务院扶贫办有一个“假党员、假干部、假学历”的“三假”处级职工被查处。相比之下，“三假干部”魏崇金的行政级别更高。2006年1月，魏崇金当选中包联党委书记，这也是他到扶贫系统前的职位。随着魏崇金简历的曝光，更多升迁细节及疑点得以公开。中包联多位要求匿名的人士透露，魏崇金至少两次向中包联发起冲刺。第二次，魏崇金向中包联支付了30万元“赞助费”。

在我国行业协会中，中包联不容小觑。它的前身成立于1980年，是经国务院批准成立、由国资委直管的15个行业协会之一，并曾拥有行政管理的权限。一位行业内部人士评价其“承担了一定的公权力的延伸”。中包联早期还叫“中国包装技术协会”，时任会长是创始人邱纯甫。邱被视为中国现代包装工业的奠基人。

魏崇金原为江西瑞昌的乡村铁匠，做过物资、镀锌厂生意，离乡进京时的学历是初中未毕业。第一次冲刺以失败告终。4年后的2005年5月，魏崇金卷土重来。这一回，至少在公开资料中，魏崇金是从云南省发展与改革委员会调来的。据《云南政报》透露的信息，2003年4月，魏崇金挂职云南省发改委副主任。2004年年底，他结束挂职。2006年1月，中包联召开了第一次党员大会。魏崇金成为中包联的第一任党委书记。

多位匿名人士提供了魏的两份简历，一份是2006年他参加选举时的，另一份是其2005年进入中包联时留下的。两份简历记载的工作岗位并无不同。简历显示，从1980年至2005年进入中包联之间的25年间，魏崇金历经8家单位，平均三年一换，任职单位有6家为企业，且两家企业据称有一定公权力背景。两份简历的最大差别，在于魏崇金进入中包联前的行政级别。参选简历中，魏入职前的级别为“正司局级”，而在入职简历中，魏的最高级别是“副局级”。另一个行政级别的差异，出现在魏崇金简历中的20世纪90年代。入职简历显示，1990年12月至1992年7月，魏崇金任瑞昌市石油液化气供应公司总经理。这一职务被注明是“副处级”。但在参选简历中，魏崇金最早的副处级职务，出现在其离开瑞昌、前往北京之后。这一职位，是“某军事科研机构院务部企业局北京乔海经济发展中心”的常务副总经理。

以进京为分水岭，魏崇金的人生显示出不一样的印迹。18岁，魏崇金进入瑞昌市赛湖机械厂，任供销科科长、厂长。成为当地镀锌管厂厂长时，魏崇金年近30岁。按照简历的记载，30岁之后，1992年起，魏崇金来到北京，在前述北京乔海经济发展中心工作3年，又来到“最高人民检察院机关服务局北京三河泰实业总公司”。后来，魏崇金成为这家公司的常务副总经理。但是在北京市工商局官网并未查询到这家三河泰公司。与此相近的有一家“北京三河泰实业总公司九龙经济发展中心”，位于江西九江，1999年9月成立，注册资本100万元，经营范围包括木材、钢材等，魏崇金是法定代表人。

1998年起，魏崇金的简历里多了政府部门的色彩。当年至2001年6月，魏崇金进入北京市电子工业办公室。两份简历均没有记载其具体职务。而按照简历的记载，在2000年1月至2002年3月，魏崇金还进入某部委机关服务中心上苑基地帮助工作。他最后的政府部门任职经历，出现在2003年至2004年。那时，魏崇金进入云南省发改委，任副主任、党组成员。不过，记者没有检索到此间对魏的公开报道。

2008年，在中包联工作两年后，魏崇金进入中国国际扶贫中心担任副主任。这是国务院扶贫办下属事业单位，也是魏崇金仕途的终点。国务院扶贫办一名官员透露，魏崇金出事，最早并非因为是“三假干部”。他说，在国务院扶贫系统面向处级干部的内部通报中，魏是因经济方面的原因被人举报，后来，在调查的过程中，干部身份造假的问题被意外发现。

如果一切经历属实，魏崇金本应该是一个“励志人物”——原本为江西瑞昌的乡村铁匠，做过生意，学历不到初中，而进京10年之后，他一跃为“985高校”硕士研究生，并官至厅级。

从以上案例可以看出，推动公民特别是领导干部的行为及经历透明，不仅是依法治国建设的客观需求，也是对公民及领导干部自身的保护。

第三节 程序透明

依照现代司法理论，司法与政治统治是社会公共空间的两大支柱。在现代法治下，司法和政治统治的运行都不可能离开社会民众。片面地看，似乎司法制度的运作只是法官、检察官、律师等法律职业者的互动行为，民众只是司法的客体。实际上，司法所要实现的目标是建立和维护民众所期望的民主、自由的社会，在这个社会里，个人的价值能够得到充分的尊重，因此，司法必须以民众作为基础，反映民众最广泛的意愿。一个国家的司法如果不能得到民众最广泛的信赖，司法便会被扭曲，成为一种异化的力量。要想司法得到民众的信赖和获得广泛的民众基础，就必须使司法体制及其运作具有“透明度”。基于此，现代法治国家在提出建构精简、高效、透明的政府的同时，也提出了应当建立迅捷、适正、透明的司法体制的要求。

司法体制以裁判体制为核心，而裁判的实质就是中立裁决。公正性是裁判的生命线，裁判公正性的表象之一就是裁判规则、程序和运作过程等的透明化。司法的透明不仅仅是一种满足社会公正心理的问题，也是程序正义的要求，只有充分的司法透明度才能真正和最大限度地吸收不满。真正的、高度法治化的国度应当是规则充分透明或公开的国度。充分透明的司法制度是法治国家的重要构成部分，没有透明的司法体制，民众就自然会被“客体化”。司法的神秘性在一定的背景和知识体系之下有可能成为一种慑服民众的权威力量，对社会的稳定也能够发生作用。但社会的进步表明，社会的公开化是一种不可逆转的潮流，民众对主体化的要求也越来越强烈。如果再以神秘性来取得民众的信赖已经是不可能的。总之，司法的透明化也应当是司法改革的一个重要内容。

司法的透明，首先应当包括司法规则的透明化。广义上的司法规则包括了法律、法规以及司法机关的各种具体运作性规则。从我国的司法实践来看，裁判的依据性规则中，不容易透明的是所谓的“内部规则”。我们对内部规则常常有这样的误识，即既然是内部规则，当然就是不公开的，不应当透明。这里应当矫正的是，只要这些规则涉及当事人以及案件的关系人就应当予以公开。

其次是司法行为和过程的透明化。司法行为和过程的透明化主要是指法院审理裁判行为和过程的透明化。这又包括审前程序的透明和审理过程的透明。公开审理与审理行为和过程的透明并非完全等同。行为和过程的透明是事前人们对审判行为和过程的预知和充分了解。公开审理是指审理过程对人们开放的方式。我们在实践中并没有完全做到审判行为和过程的透明。例如在上级法院二审撤销原判，发回重审时，常常在裁定之外还有一个内部的通知，更具体地告知下级法院所谓“内情”，而这些内容是当事人不知道的。下级法院向上级法院提交的关于案件的报告，上级法院对下级法院的指示，既反映了法院行政化的运作方式，也反映了运作的不透明。许多所谓“内部运作”恰恰造成了司法的“灰色区域”。

再次是裁判结果的透明。裁判结果的透明包含两个方面：其一，是裁判结果中裁判规则依据、事实依据以及说理的充分。其二，是裁判结果为人们所知晓。裁判结果不仅应当向当事人或利害关系人公开，也应当以某种形式向社会公开。我们注意到在许多国家和地区，法院的判决是完全可以查询的。通过对判决的了解，人们可以把握司法的动向和法律的具体适用。众所周知，法律条文与个案的法律适用是存在一定差距的，对个案法律适用不知晓，是不能充分认识法律的。不仅仅是学者或其他从事法律研究和学习的人应当了解，民众也有了解的权利。当然，判决的公开有一个如何保护当事人隐私权的问题，但这一问题在技术上是可以处理的。在有些国家和地区，判决甚至可以全部在网上查到。判决的公开也有助于提高审判的水平。

最后是司法资料信息的公开。司法资料的公开也是司法透明的一个重要方面。我们在从事司法改革的研究时，常常感叹对我国司法现状的不了解，就是因为我们没有充分的司法资料信息。对司法的了解不仅仅是司法机构的领导和研究者需要，也是民众的需要。只有司法资料信息的透明化，才能使人们了解司法、支持司法。尽管我们有法律年鉴和法院年鉴以及其他公布司法信息的载体，但不能不说，这些司法信息还远远不够。

当前，在社会实践中，一般非常强调实体而忽视程序，事实上程序与实体一样重要，程序与实体相辅相成，缺一不可。财产、行为、经历等的程序必须合法。缺少了程序，法治同样无法实现。这个程序包括但不限于诉讼程序，也包括权利的行使及义务的履行程序等。

没有透明，就没有监督，就会产生腐败，更会造成冤假错案！一些错案、冤案就是侦查机关审讯不透明，缺乏监督或者监督不到位的结果。

身份透明、财产透明、行为透明、经历透明及程序透明等五个方面是一个有机整体，缺一不可，很多时候它们又是交织在一起的。没有透明，就没有监督，更不可能有法治。

透明时，违法行为、不道德行为都会隐藏起来，社会得到蓬勃发展。

公开透明是保障社会公平正义的最有效措施，是反腐败的利剑。腐败的利益总是被腐败分子隐藏起来，俗话说“要想人不知，除非已莫为”，人民群众总是能发现的。有了公开透明这把法治的利剑，人民群众就会让腐败无处藏身！

案例七

2012年3月初，天津市西青区副区长李治阳的女儿被曝曾“曲线”升学，通过转校成功逾越了大学招生分数线鸿沟；而在大学毕业后，她又成功地以“特招”身份进入区国土分局。据称，西青区国土分局现任四位局领导，无一例外均是李以前的下属。

和大多数“80后”一样，27岁的李颖爱发微博，爱自拍。在她的微博“莜莜笑了”简介一栏上，她自称是“木有上进心，乐于享受，竟然已当娘的，幸福已婚小女子一枚”。在微博上，李颖毫不掩饰乐于购物的爱好，多次发布自己购买的LV皮包、菲拉格慕皮鞋以及迪奥、香奈儿化妆品等诸多奢侈品照片，仅是一个普拉达的黑色鹿皮包价值就近20000元。

对此，李在回应时否认自己以权谋私，称女儿升学、工作确实受到照顾，但已经过市领导同意。

天津西青区国土分局工作的李颖，“每个月工资不过两三千元”，而其父亲李治阳55岁，现任西青区副区长，主管城乡规划建设和管理、房地产业管理与开发等相关工作。西青区国土分局现任的四位局领导，无一例外均是李治阳以前的下属 。

天津工业大学招生办负责人接受了记者采访，查阅相关资料后说：“当年，李颖是被西安工程大学录取，后来才转学到我们学校的。”对此，西安工程大学教务处工作人员查询后表示，李颖在大一结束后，就办理了转学手续，相关手续在2005年9月办理。蹊跷的是，李颖四年大学都是在天津工业大学人文与法学院读的，专业为法学，其班主任倪娟确认了这一信息。

李治阳亦明确表示：“李颖四年大学都在天津工业大学读的，一步都没离开那儿。”2004年，天津工业大学在本地的文科最低录取分数是490分，而西安工程大学法学专业在津的最低录取分数只有462分，两者相差28分。也就是说，通过转学，李颖轻松逾越两校之间的录取线鸿沟。对此，李治阳称：“（转学）程序上具体我还说不清楚。这是学校之间的事。”

李颖在2008年毕业当年，参加了天津市公务员考试，报考单位为西青区司法局，因分数不够未能如愿。“我当时没管这事（指公务员考试），但是后来（她）上班，我得管。”李治阳毫不讳言。

2007年，国土部门进行管理调整，西青区规划和国土资源局一分为二，成为西青区国土分局和西青区规划局。在调整前的7年时间里，李治阳一直任局长一职。

“成立国土分局后，也要招人啊。我跟市局都很熟啊。孩子上了学不也得有个班上嘛。”于是，李治阳找到西青区领导说明此事。“我再和市国土局沟通，市局的领导最后经过研究也通过了。”

西青区国土分局一位负责人说：“那次招聘只招了李颖一个人，算是‘特招’吧。”

案例八　念斌投毒案

2006年7月27日夜，福建省平潭县澳前村17号两户居民家中多人出现中毒症状，其中两人经抢救无效死亡。

平潭县公安局于7月28日凌晨5时28分接到报案后，6时许便封锁了丁云虾、陈炎娇家厨房进行现场勘查，并于7月28日当天做出〔2006〕080017号《立案决定书》，对俞攀、俞悦中毒死亡案立案侦查。现场勘查的同时开始向有关人员展开调查。

现场勘查中，侦查机关从丁家厨房里提取了包括酱油煮杂鱼、调味料和锅碗瓢盆等在内的150多件物品，连地面上的尘土也被扫起来送去化验。但这150多件提取物中登记造册有记载的只有五件：

（1）丁云虾卧室内呕吐物一份；

（2）丁云虾灶台上铁锅一个；

（3）灶台旁高压锅一个；

（4）煤炉上烧水铝壶（原壶）一个；

（5）念斌食杂店通往陈炎娇天井的门外侧门把一个。

2006年8月1日，福州市公安局首先从呕吐物中检验出氟乙酸盐，同时在念斌食杂店外面靠近卫生间的门把上检出"疑似"氟乙酸盐毒物的物质，便出具了门把上"倾向于认定"存在氟乙酸盐的《分析意见书》。该分析意见书令平潭县公安局将视线转移到念斌身上。8月6日，福州市公安局在检验了数十件物品之后，从被洗刷干干净净的炒菜铁锅里检验出氟乙酸盐毒物。据此，念斌被平潭县公安局认定具有投毒作案的重大嫌疑。

8月7日，念斌被平潭县公安局刑侦大队以"留置盘问"的方式留置审讯，8月8日被拘传，拘传当天下午做出从水壶内投毒的有罪供述。8月9日被拘留，8月18日被平潭县检察院批准逮捕。10月11日，平潭县公安局以念斌犯故意杀人罪将案件移送平潭县检察院审查起诉。平潭县检察院以被告人念斌涉嫌投放危险物质罪于2006年11月6日转至福州市检察院审查起诉。福州市检察院受理后退回补充侦查一次，平潭县检察院于2007年1月8日再次将此案移送福州市检察院审查起诉。期间，福州市检察院依法延长审查期限15日。

2007年2月6日，福州市检察院以念斌犯投放危险物质罪向福州市中级人民法院提起公诉，指控念斌犯有如下罪行：

2006年7月26日被告人念斌在其食杂店中，看到顾客被丁云虾招揽过去而怀恨在心。次日凌晨1时许，被告人念斌到其与丁云虾等人共同租用的厨房，将半包鼠药倒入矿泉水瓶掺入水后倒入丁云虾放置在与他人共同租用厨房烧水的铝壶中，剩余的半包鼠药及装鼠药的矿泉水瓶丢弃在附近的竹筐里。当天下午，陈炎娇用铝壶中的水帮助丁云虾煮鱿鱼，傍晚丁云虾用铝壶中的水煮稀饭。当晚被害人俞攀、俞悦、俞涵、丁云虾、陈炎娇、念福珠食用了稀饭、鱿鱼相继中毒。其中，俞攀、俞悦经抢救无效死亡。经福州市公安局法医检验，俞攀、俞悦心血尿液中检出含氟乙酸盐鼠药，系氟乙酸盐鼠药中毒死亡。丁云虾的铝壶内的水、高压锅残留物、铁锅残留物均检出氟乙酸盐成分。

在庭审中，念斌在法庭上喊冤，称自己没有干投毒的事，自己做预审中的口供系被警方刑讯逼供所致。

2008年2月1日，福州市中级人民法院以投放危险物质罪，判处念斌死刑，剥夺政治权利终身。念斌不服判决提出上诉。

2008年12月18日，福建省高院在开庭审理该案后，以“事实不清，证据不足”将案件发回福州中院重审。

2009年6月8日，福州中院再次以投放危险物质罪判处念斌死刑，剥夺政治权利终身。念斌不服再次提出上诉。

2010年4月7日，福建省高院做出终审裁定，驳回上诉，维持原判。案件依法报请最高人民法院进行死刑复核。

2010年10月28日，最高法院以“第一审判决、第二审裁定认定被告人念斌投放危险物质罪的事实不清、证据不足”，裁定不核准福建省高级法院维持死刑的裁定，并撤销福建省高级法院维持死刑的裁定，将案件发回福建省高院重新审判。

2011年5月5日，福建省高院也撤销了福州市中级人民法院对念斌的死刑判决，该案件发回福州中院重新审判。

2011年9月7日，该案在福州中院再次开庭审理，在没有新事实新证据的情况下，福州中院于同年11月24日再次对念斌判处死刑，剥夺政治权利终身。

2014年8月22日，福建高院作出终审判决：一、撤销福州市中级人民法院〔2011〕榕刑初字第104号刑事附带民事判决。二、上诉人念斌无罪。三、上诉人念斌不承担民事赔偿责任。

第四节 不透明的危害及隐私保护

透明是依法治国的前提与基础，同时，强调透明也影响了社会部分群体的利益，将透明与隐私权相对立成为社会上被影响群体反对透明的主要借口及理论武器。

事实上，公民行为及经历透明与个人隐私并不矛盾。首先，公民行为透明强调其行为为公共行为；其次，强调该行为将从社会获取利益；最后，该行为有可能对他人利益获取造成影响。而个人隐私的一个核心是属于个人行为，与他人利益没有冲突，因此应该被尊重和保护。法治社会不仅人人有隐私，而且对个人隐私保护得更好。对擅自使用或者泄露个人隐私的人，要依法追究其法律责任。现在社会上公开叫卖个人电话号码、病历、家庭情况等现象，逐步就会消失。那么公开透明如何与保护个人隐私协调呢？肯定是依法保护。我们上面谈的五个方面的透明，却没有涉及个人隐私，比如：个人的身体健康状况、嗜好、宗教信仰、性取向等。

一个人具有多方面的信息，举不胜举，上面所说的四个方面只是透明的主要内容，或者基本内容，对每个人都适用。但透明总是相对的，世上没有绝对的透明。具体到每个人而言，透明的内容及透明程度的要求，根据其担任社会职务的高低及社会影响力的大小而不同。原则上，透明的内容及透明的程度与一个人的社会职务或者社会影响力成正比。

隐私的内容及范围也是相对的，透明得越多，隐私就越少，反之，则相反。比如一个人患有严重疾病，如果他不担任公职或者有影响力的职位，他就没有必要公开这个疾病的信息。但是如果一个人担任很高的社会职位或者很有社会影响力，他就必须公开这个疾病信息，让大家评价及选择。之所以这样，是因为一个担任高职位或者有高影响力的人，他会影响很多人的利益。如果不充分透明，社会大众可能会因为这个担任高职位或者有高影响力的人没有透明的信息而作出错误的判断或者决定，从而影响个人或者社会的利益。公开透明并不意味着信息的随便或者任意使用，任何人都不能恶意使用他人的信息，否则，会受到惩罚。因此，信息的透明公开与隐私保护并不是截然对立的，而是相对统一的，是随着一个人社会状况的变化而变化的。

一般认为，隐私权这一概念起源于美国法学家萨缪尔·沃伦（Warren）

和路易斯·布兰蒂斯（Brandeis）1890年在《哈佛法律评论》上发表的《隐私权》（the right to privacy）一文。关于隐私权的概念，至今尚无统一的解释。通说认为，隐私权是自然人享有的对其个人的、与公共利益无关的个人信息、私人活动和私有领域进行支配的一种人格权。关于隐私权的内容也是众说纷纭。我国民法学界普遍认为隐私权主要包括：（1）个人生活安宁权，即权利主体能够按照自己的意志从事或不从事某种与社会公众利益无关或无害的活动，不受他人的干涉、破坏或支配。（2）个人生活情报保密权，权利主体有权禁止他人非法利用个人所有信息和资料，诸如个人健康、财产、婚姻等状况。（3）个人通信秘密权，权利主体对个人信件、电报、电话、传真以及谈话的内容加以保密，禁止他人非法窃听和窃取。（4）个人隐私利用权，权利主体有权依法按照自己的意志利用其隐私，以从事各种满足自身需要的活动。他人的行为只要符合了上述禁止性行为的一种，即为侵权。

保护隐私权的法律制度首先在美国建立起来。美国于1974年制定了《隐私权法》《家庭教育及隐私权法》《财务隐私权法》。随后，其他国家也相继开始在立法中保护隐私权。同时，隐私权作为一项与每个人密切相关的权利，也引起了国际社会的关注。联合国大会1948年通过的《世界人权宣言》第12条规定："任何人的私生活、家庭、住宅和通讯不得任意干涉，他的荣誉和名誉不得加以攻击。"

我国《民法通则》虽然没有对隐私权作出明确规定，但是宪法、刑法的有关规定和有关的司法解释都表明承认公民隐私权的态度。《最高人民法院关于贯彻执行〈中华人民共和国民法通则〉若干问题的意见（试行）》第140条第1款以及《关于审理名誉权案件若干问题的解答》第7条第3款，规定了对侵害隐私的行为以侵害他人名誉权追究责任。这标志着正式确立了对于隐私权的保护。

但是隐私权保护并不能成为干预司法透明的借口。在司法透明问题上，必须清醒地认识到，法院的责任不仅仅是审理案件，法院也是在把持着国家的未来。一个国家今后应该怎么走，这也是法院应当承担的一项非常重要的任务。是不是有些东西不能告诉人民或投资者，是不是必须用一块毯子把审判过程掩盖着呢？比如一些政府秘密。其实这种情况应该很少，而且即使这样做也应该保持公正、公平。公众不会相信一个秘密法院，越是公开和越有透明度的法院，才越会是一个公正的法院。即使法院的有些东西不能向社会公开，也应当用法律的形式明确地规定不公开的范围。案件的卷宗应当让公众自由地查阅。让公众查看卷宗没有什么害处。现在很多国家的法院在这方面做了大量的工作，以保证让公众看到法院的卷宗。还有的地方借助科技手段，通过网络以无纸化的形式让人们看到案件卷宗材料。在美国也是这样，世界各国的公民可以很方便地在网络上看到法院的文件①。

对于一个不是司法系统的人来说，如果一个法院把什么都给你看，而另一个法院将什么东西都不给你看，你是愿意相信哪一个法院呢？所以法院应该打开大门，只有这样才能获得公众更多的信任和支持。当然司法透明会有很多限制，但是这些限制应该有充分的理由。我到过一个国家，那里的法院无论网上还是纸上，都能找到相关文件，这是非常重要的。要打官司的人，只要打开法院办公室的电脑，就知道下一步会发生什么事情。在审判结束的时候，当事人能够知道自己的命运。许多打官司的人最开始都认为自己会赢。如果后来输了，他们就会要求法院说明理由。法官应该把裁判理由清楚地告诉当事人，他们为什么会输，要摆事实、讲道理。如果你是当事人，你一定想知道这个裁判结果是怎么形成的。现在许多国家法院的判决书在网上都可以看到，不仅是当事人，其他公民也可以看到。这样做可以让律师更好地理解法律问题是什么。在这种情况下，司法效率也会相应地提高。

大多数法院的裁判规则是法院自己制作的。只有这些规则是公开的，公民到法院来才知道该怎么做，当事人才知道打官司会面临什么情况。还有就是审判制度的公开。任何人都可以进来，参加案件的旁听。现在中国在这方面做得很好。中国公民通过电视，可以在自己家里看到审判过程，他们觉得自己是法院真正的主人。这样会伤害谁呢？我想不会伤害任何人吧。

另外，还有法院预算和经费情况，在一些国家，很多年来都认为这是秘密。法院的经费是从哪里来的？又是怎么花的？法官的工资是多少？这些情况公布后，公民也许会认为法院经费太少了。比如，美国这么富裕的国家，法院经费只有不到1%的财政预算。如果公民知道法院经费太少，他们就会有一个认识，要求给法院增加财政拨款。这样只会加强司法的力量，增强司法权威。相反，如果法院将这一切隐瞒起来，人民就会不了解法院的实际情况，当法院增加收费时，就会遭到人民的强烈反对。

① 胡道才、魏俊哲：《论司法透明之度——以当事人隐私权的保护为视角》，《法律适用》2006 第 5 期。

在具体的庭审过程中，要增加司法透明度会遇到比较大的困难。首先应当明确的是，司法是否透明，跟法院裁判文书是否上网没有关系。许多国家都有这种情况。他们希望一些不能上网的群众也知道法院的有关信息。在孟加拉国，80%的妇女是文盲，这些地区不通电。应该说首都发生司法的事情跟农村文盲妇女没有关系。应该对这些文盲妇女进行培训，然后通过她们再帮助其他姐妹了解法院的事情。

真正做到司法透明，还要做好审前准备工作。在审前阶段，当事人都应该出席。这样审前工作才能发挥更大作用。在美国，诉讼费是上涨的，一些穷人打不起官司，因此应当为他们提供足够的信息，让他们知道该怎么做。在一些刑事案件中，是一定要有律师的。有的法院会提供一些简单的表格，当事人在审前准备阶段都必须填写。这些表格能够告诉公众，打官司应该满足什么条件。在这种情况下，对于当事人更应该保持信息透明度，让他们自己知道应该做什么事情，起码应该知道法院没有阻止他请律师，案由是什么，法庭上应该讲证据。

只有一切都是透明的，才能确保法律的权威，才能确保当事人的权利，也才能确保整个社会在法治的框架下和谐发展①。

透明原则一般适用于公共领域，就是涉及公共利益的事情，而私人的隐私一般不涉及他人，故不适用透明原则。当然，这里需要界定隐私的范围。如果隐私涉及公共利益，则必须透明。比如一个人做过胰腺切除手术，痊愈了，他没有必要告诉他人，这是他的隐私。但如果一个人有传染病，没有痊愈，可能会传染他人，他就必须告诉他人，并采取措施，保证安全，这就不是隐私。当然，不同的人对隐私的理解可能不同，这需要法律来界定。

小结：透明原则之所以非常重要，就是因为它是基石。没有透明，就无法掌握真实情况、无法判断。那种情况下，“假的证据”会伪装成“真的证据”，真的事实会变成“假的谎言”，平等、自由及民主等无从谈起，法治的大厦永远建不起来。在不透明的情况下，即使我们做对了，也绝对是侥幸！

案例九　安吉丽娜·朱莉：在叙利亚，无所作为的代价太高

作为《时代周刊》的特约编辑，联合国难民事务高级专员特使安吉丽

① 华莱士：《司法透明的理论、实践与挑战》，《法律适用》2006 第 3 期。

娜·朱莉在2020年2月20日发表了一篇名为《在叙利亚，无所作为的代价太高》的文章。文章反映了，在一个什么都不透明的地方或者空间，真爱无法得到彰显，犯罪不会得到惩罚，很多组织包括国家，都在做坏事，自私、贪婪、残暴等各种丑恶事情比比皆是，人及组织（包括国家）的基因里本身就包含着这些成分。因此，国际上的帮助及支持等等，很多因不透明而付之东流，

在2011年叙利亚冲突爆发后的几个月里，我曾在夜间前往约旦边境，一些饱受战火摧残的叙利亚家庭正在夜幕的掩护下穿越边境，以免遭到狙击手的射击。边境哨所的一名医生告诉我，有一家人最近刚到这里，他们带着受伤的8岁的儿子和一条腿来到这里。丈夫的腿在一次空袭中被炸断了，他恳求他们逃跑时带上它，希望它能以某种方式重新接上。

当时，我希望像他这样的故事能够迫使世界上富裕而强大的国家出面进行干预，制止暴力。

但现在，近十年过去了，我突然想到，这就是叙利亚冲突后无形的伤害：一代儿童的天真无邪被击碎；对一个世俗的、多种族的社会造成的不可挽回的损害；以及多年无法获得的帮助。

自从冲突开始以来，我已经去过叙利亚地区大约10次。起初，我遇到的家人都满怀希望。他们说："请告诉人们发生在我们身上的事。"他们相信，一旦真相大白，世界会来拯救他们。但最后，希望变成了愤怒，变成了生存的挣扎。那名父亲抱着孩子问我："我儿子是恐怖分子吗？"

我所遇到的那些痛苦的家庭，他们每天都面临着选择，以便让他们的孩子得到稀缺的食物和药品。我们已经看到了无数叙利亚儿童被毒气窒息、被弹片炸伤、淹死在欧洲海岸的画面——正如我所写的那样——在叙利亚伊德利卜省的寒冷中冻死。

但是，这些都不足以推翻导致叙利亚毁灭的敌对势力和无情冷漠的利益集团。一些大国的反应远远不是去治愈叙利亚的伤口，而是对叙利亚造成进一步的伤害。在这个过程中，他们的双手沾满鲜血。而其他国家，在专注于打击恐怖主义或进行人道主义救援工作时，反而让战争中的流血事件越来越多。

禁止杀害平民、炸毁医院和学校的法律，禁止使用化学武器攻击的条约，由联合国成员国签署的《保护责任公约》以及联合国安理会采取行动制止冲突的权力，在叙利亚冲突中都被破坏、闲置或滥用。

自2014年以来，联合国一直无法统计叙利亚的死亡人数，一些人估计，有超过50万叙利亚人死亡。

政治家通常会暗示我们，在叙利亚，他们将以伊拉克和阿富汗为例子，在那种开放式军事干预和外交干预之间作出选择，并且提供一些我们愿意提供的任何数量的人道主义援助，并且封闭自己。这样做其实就是让叙利亚自生自灭。叙利亚冲突的后果再次证明了叙利亚的领导和外交的缺失。

作为美国人，这也给我们提出了一个最基本的问题：我们什么时候不再想要为弱者、为无辜者、为那些为自己的人权而战的人挺身而出？如果我们放弃这一原则，我们会是一个什么样的国家？在今天，美国人非常注重自我保护。但是，真正懂得战争的人几乎总是在为争取和平而进行最艰苦的斗争。

历史表明，当我们在第二次世界大战中为欧洲的解放而战，或为建立战后全球秩序作出贡献时，我们是为了自己的利益而战，因为我们的确从中获益良多。

当美国遭受“9·11”袭击时，许多国家与我们共同努力，我们得到了他们的帮助。我们正在观看叙利亚战争的残酷结局，似乎这与我们无关，但它确实和我们息息相关。我们应该利用我们的外交力量坚持停火和谈判和平，或者至少建立某种程度上的政治参与、问责制和达成难民安全返回的条件。

叙利亚冲突成为一个令人唾弃的新参照点。在这个参照点上，它可以肆无忌惮地对平民实施暴行和破坏，而重建一个支离破碎的国际体系的重担，也将落在已经负重的下一代肩上。

笔者点评：有研究表明，同样的室外环境，夜晚光亮的程度，与违法犯罪发生的概率，呈现负相关，即光亮度越差的地方，越容易产生犯罪。其实，就是跟透明度有关，违法犯罪总是有利可图，但是违法犯罪分子也不想被别人发现，也想道貌岸然。叙利亚、伊拉克及阿富汗等战争发生的地方，很多证据会被毁灭，无法开展调查，透明度显然很差，利益巨大，什么事情都会发生，尤其违法犯罪！因此，消灭战争，是人类走向和平必须攻克的障碍！

在不透明空间或者地方，任何人都可能被洗脑，继而做出令人惊讶的事情。不透明，就意味着没有真相，没有正确的信息，错爱或者恶，就会大行其道，法治反而偃旗息鼓！

第六章　德与德治

德治与法治互为表里，相互支撑，共同统一于现代国家社会治理，全面推进依法治国必须坚持德治与法治并举，以德治实现内心约束，以法治实现社会强制约束，确保社会和谐安康。

党的十八大以来，习近平总书记围绕建设当代中国特色社会主义德治国家发表了一系列重要讲话，对于贯彻落实党中央的“以德治国”重大战略思想，实现中华民族伟大复兴中国梦，具有重大的理论价值与实践意义。习近平在2012年11月召开的十八大会议中用12个词24个字概括了社会主义核心价值观。这24字，其实就是对“德”字的一个浓缩，“德”既是个人的德，也是一种大德——国家的德、社会的德。习近平总书记希望每个中国人都能以这24个字为人生信条，严于律己，改善我国因市场经济转型和外来文化的冲击涌现出的诚信缺失和道德滑坡现象。对此，我们应立足于当前新格局，认清面临的新形势，回应涌现出的新问题，继承和弘扬中华民族重“德治”的优良传统，稳稳地扎根于拥有着深厚文化底蕴的华夏大地，建立与社会主义市场经济相适应的、与社会主义法律法规相协调的、与中华民族传统美德相衔接的具有中国特色的社会主义思想道德体系，实现中华民族伟大复兴。因此，我们应立足于当前社会主义发展新趋势，清楚地认识到德治在我国政治建设层面上的战略地位，着眼于提高民族文化自信与国家文化软实力来深刻解读“以德治国”方针。这不仅关系到德治本身的发展，而且还将深刻地影响到中国未来的发展[①]。

第一节　德与道德

“德”，始见于商代甲骨文，从彳（或从行）、从直，以示遵行正道之意。

① 王莹、尹思聪：《推动法治与德治在治国理政中协同发力》，《光明日报》2018年12月21日。

也有人认为“德”的本义是登上、升，常用于指道德、品德，引申指有道德的贤明之士。“德”是美好的，故又引申为恩惠、感恩，或引申指客观规律等。德在古代文献中也与“得”通，表示得到。从甲骨文形体来看，它的左边是“彳”（chì），它在古文字中多表示“行走”之义；右部是“直”字，其字形像一只眼睛上面有一条直线，表示眼睛要看正；二者相合就是“行得要正，看得要直”之义。“直”也有表示读音的作用。西周金文的形体与甲骨文的形体基本相似，只是有的字形在右边的眼睛下加了一颗“心”，这时的人们又给“德”字的含义加了一条标准，即除了“行正、目正”外，还要“心正”，可见人们对“德”字的含义标准要求越来越高。

本书说的德，是指社会意识形态的道德，通过行为规范和伦理教化来调整个人之间、个人与社会之间关系的意识形态，是人们共同生活及其行为的准则和规范。以善恶评价的方式调整人与人之间及个人同社会之间关系的行为规范的总和。主要通过教育和社会舆论的力量，使人们逐渐形成一定的信念、习惯、传统而发生作用。道德属于上层建筑，必须适合经济基础状况，由一定社会的经济基础所决定并为之服务。道德规范的调控作用几乎体现于人们的所有活动领域，既体现在日常生活中，也体现在有组织的社会活动中。道德从根本上起源于欲望和理性的统一。实践或活动起源于欲望，而非理性。理性只能分辨对错，而不引起任何活动，欲望正好相反，它能够引起活动，却不能分辨对错。欲望能够服从理性，也能够反对理性。服从理性的欲望导致良好的选择，反对理性的欲望导致较差的选择，而道德正在于这种良好的选择，是社会普遍认可、增进人民幸福、促进社会进步的统一规范。

道德一词，在汉语中可追溯到先秦思想家老子所著的《道德经》一书。老子说：“道生之，德畜之，物形之，势成之。是以万物莫不尊道而贵德。道之尊，德之贵，夫莫之命而常自然。”其中“道”指自然运行与人世共通的真理；而“德”是指人世的德性、品行、王道。但德的本意实为遵循道的规律来自身发展变化的事物。在当时道与德是两个概念，并无道德一词。“道德”二字连用始于荀子《劝学》篇：“故学至乎礼而止矣，夫是之谓道德之极。”在西方古代文化中，“道德”（Morality）一词起源于拉丁语的“Mores”，意为风俗和习惯。《论语·学而》：“其为人也孝弟，而好犯上者，鲜矣；不好犯上，而好作乱者，未之有也。君子务本，本立而道生。”钱穆先生的注解：“本者，仁也。道者，即人道，其本在心。”可见，“道”是人关于世界的看法，应属于世界观的范畴。希伯来、伊斯兰和印度文化中，道德附属于宗教；原始部落中（非洲人、印第安人、澳洲土著等），道德通常附属于传统习俗，亦非独立单元。

因此，道德是人类社会的共同追求，具有普世意义。

案例一　中国老人因病毒被殴，意大利歌手挺身而出

据《欧洲时报》意大利版报道，2020 年 2 月 24 日，意大利知名歌手、制作人 Francesco Facchinetti 在社交媒体上，讲述了他亲眼目睹一名中国老人因新冠病毒被两名当地青年殴打的事情。他表示，他当时上前制止未果后，怒扇了青年几个巴掌。

意大利 ilsussidiario 网站报道，据 Francesco Facchinetti 讲述，当天早上 10 点左右，他与一位合伙人在给车加完油去市区购物的路上，看到两名意大利青年正在辱骂一名中国老人："你快滚！是你带来了病毒！" Francesco 对此表示，"这是他一生中看到的最恐怖场景"。

他上前试图向这两名青年解释中国人并不是传播病毒的罪魁祸首。但两人依旧向中国老人吐痰，并继续对其进行辱骂，Francesco 在脸书上形容，这两位青年表现得就好像他们是这位老人的主人。其中一位青年拿起地上的石头要扔向老人。Francesco 称："那一刻我自己都搞不懂'我们到底是群什么样的人？'" 他迅速拉住两位青年试图将他们与老人分开，但其中一个青年直接挥拳将老人打倒在地。

Francesco 称："我实在看不下去了，上去抽了他俩耳光。我不在乎他们去宪兵局起诉我，反正他们也知道我是谁。（我想告诉你们）如果你的父母没有好好教育你，那么我就用我的方式来教育你们！" Francesco 对媒体称，他抽两人的时候用了很大力气，打完后手都疼。"在我们国家，有些人太无知了。对一件事下结论之前，要先了解这件事的全貌！"

该事被报道后，引发了意大利网友的讨论，很多网友都对 Francesco 的做法表示支持。网友 Tatiana：在这个冷漠的世界里，终于有人看不下去来干涉了，我对你表示尊重。网友 Concetta：你做得很好！这两人需要上一课，他们不知道什么是有教养，发生这样的事，主要是他们父母的责任。我们到底生活在什么样的世界，我每天都很震惊。网友 Susy：你做得很对，这也许是对抗无知的唯一方法。网友 Roberto：这是社会文明的倒退，真正的灾难是，

这一切正在向不文明演变。如果我当时在场，我也会赏给他们两巴掌，我希望这堂“课”能对他们有所帮助。网友 Giuseppina：你做得对！无知的人不分年纪，抽个耳光并不会让他们受伤。

笔者点评：意大利知名歌手、制作人 Francesco Facchinetti 不认识这个中国老人，但中国老人被欺负时，他挺身而出，冒着违法的风险，及时制止了街头混混们殴打老人的行为。什么是爱？我想大家一定感受到了！街头的混混，他们的爱是什么？他们可能大言不惭地说是“爱国”或者“爱健康”，我想大家都不会相信的。因为“爱国”或者“爱健康”有其合法的方式，绝对不是辱骂或者殴打他人，所有的现代文明社会都绝对不会允许这种违法行为！《孟子·梁惠王上》中的“老吾老以及人之老，幼吾幼以及人之幼”，也就是这个道理吧？！是人，爱就是相通的，不管在哪里（个人、民族或者国家等等）！

马克思主义认为，道德是一种社会意识形态，它是人们共同生活及其行为的准则和规范。不同的时代、不同的阶级有不同的道德观念，没有任何一种道德是永恒不变的。道德不是天生的，人类的道德观念是受到后天的宣传教育及社会舆论的长期影响而逐渐形成的。这是一种道德相对主义，与之相反的主张则称为道德绝对主义。道德很多时候跟良心一起谈及，良心是指自觉遵从主流道德规范的心理意识。人类作为有思想的生物，当存在利益矛盾时，必然会产生调节矛盾的自我意识。从道德起源来看，道德是人们为了维持社会关系的稳定而形成的一种自主意识，并且这种意识得到普遍认可，同时又因为它的普适性，所以在一定程度上也是处理个人与他人、个人与社会之间的行为规范和实现自我完善的一种精神支柱。

道德是一种主要以非正式、非成文形式表现出来的“隐性制度”，在现代社会生活中发挥着广泛、普遍、持久的社会治理作用。当前在推进国家治理体系和治理能力现代化的过程中，人们有必要厘清道德参与社会治理的现实机制，探讨其作用发挥的实践维度。

道德实现社会治理，首先表现为对主体行为的引导与规范，继而维护社会的稳定有序运行。道德是人类生活的一种实践形态，各种伦理原则与道德准则立足于人的道德良心与行为自觉，依靠社会舆论与公众评价，在现实生活中引导、约束、规范着人们的行为。这是一般意义上道德的社会功能，是伦理道德作为软性约束、柔性规范所具有的社会治理作用。

当然，道德的社会治理作用远不止于此。作为“隐性制度”，道德与其他“显性制度”的交互影响，是其参与社会秩序构建、实现社会治理功能的关键形式。正是在“隐性制度”与“显性制度”、道德与成文法的互动中，道德影响和塑造了诸多正式制度，将作用范围拓展到制度创新、制度施行的广阔领域，发挥了广泛、有效、独特的社会治理作用。

道德为诸多“显性制度”奠定了价值基础，赋予其道德合理性，保障了后者的相对稳定性。“显性制度”或成文法，是人类在社会实践中，基于主体的自由意志，进行合目的性活动的产物。人类在设计和建构这些制度的过程中，并非随意为之，而总是基于一定的价值基础，并接受一定价值理念的指引和价值标准的评判。在建构和实施各类“显性制度”的过程中，人的社会活动是一种特定的价值选择和价值实践活动[①]。

社会主体的这一独特的实践形式，打通了“制度”与价值的关系，使通常所说的伦理道德进入“显性制度”的建构过程。具体而言，作为一种“隐性制度”的伦理道德，“通过对主体的行为目的、动机、手段的选择，通过对行为效果、从事活动的社会关系状态的评价，以及通过对主体行为态度的作用，获得实践性品性，并存在于实践的全过程。正是在这个意义上，伦理道德作为实践与精神本身虽并不直接是具体感性的，但它却始终有要转化为感性现实存在的态势。人的一切自由意志行为都贯穿着伦理道德。伦理道德是人类实践中隐而不露又无所不在的灵魂”。它为各类“显性制度”奠定了价值基础，赋予后者以道德合理性。只有当“显性制度”具备了道德合理性，它才能作为一种“善”的制度获得成立的必要和持久的生命力。如美国法学家富勒在论述法律的道德性时所言，如果法律制度没有蕴含内在道德，则“不仅仅会导致一套糟糕的法律体系；它所导致的是一种不能被恰当地称为一套法律体系的东西”。简言之，没有道德支撑的成文法规，不仅是恶的制度，而且根本就不宜称之为制度。进而言之，伦理道德作为一种“隐性制度”，不仅为各类“显性制度”提供了道德合理性，也在实践中保障了后者的相对稳定性。以美国社会为例，在 2013 年 10 月美国联邦政府的关门危机中，虽然

① 朱辉宇：《道德在社会治理中的现实作用——基于道德作为“隐性制度”的分析》，《哲学动态》2015 年第 4 期。

普通民众对民主、共和两党的政争不胜其烦，但仍然不接受某一政党独大的政治安排。根据盖洛普公司同年 10 月 11 日统计，希望一个党同时控制政府和国会的美国人仅有 25%，仍处于历史低位。这表明，即便出现了驴象政争、权力分散、效率降低等重大问题，但人们关于政党政治与政府运行的基本认知并未改变，关于制度架构及其公平正义的伦理理念并未动摇。这种价值理念的持续与稳定在很大程度上维护了美国现有政治制度的稳定性。可以说，伦理精神和道德理念作为一种“隐性制度”，能够内化到行动主体的心灵之中，不仅不会随偶然事件的发生而任意改变，还会在一定程度上维护相关“显性制度”的稳定性。

中国是一个有着五千年悠久文化的文明古国，在古代就特别注重道德建设，因此道德体系相对完善且不易改变，从而保证了当今中国社会良好的社会道德风气。道德建设是社会各项事业健康发展的基础，基础不牢，地动山摇，不能以“道德是看不见、摸不着的事物”为由弱化道德建设工作。全社会应当站在时代的高度，重新审视道德的力量，从小事做起，从细节抓起，让道德与法治双管齐下，共同发力，打造当今社会的太平盛世。

道德建设是一项非常重要的意识形态工作，虽然不像经济建设那样直观形象，但能够在社会中发挥强大的引领、激励、促进作用，是实现“两个一百年”伟大中国梦的强有力抓手。着眼我国推进全面小康社会建设的时代高度，立足道德建设的系统化社会工程，应该增强抓实抓细道德建设的自觉性，统筹兼顾，融会贯通，真正把道德建设落地生根，彰显时代风范，提升社会文明，续写德耀中华的辉煌篇章。

第二节　道德的本质及文化载体

道德本质是指道德现象的内在联系及根本性质。不同伦理学说对此有不同看法。宗教神学伦理观把它归于神的意志；理念主义的伦理学把超历史、超现实的“善本身”“真精神”“天理”看作道德的绝对本质；而先验主义的伦理学则认为不依靠任何经验成分的先验的善良意志是道德的根本。中外伦理学说中的快乐主义、幸福主义、功利主义等，则从人的需要、功利或经济利益方面去说明道德的本质，他们或者把人的自然本能当作道德的本质，或者虽然从经济利益关系的事实中去考察道德的本质，然而却不能认识到经济发展的切实演化和道德本质的相应变化，以及结合人的主观和能动方面去说明道德本质。

不同时代、不同国家和地区、不同的民族对于道德有不同的认识与阐释，并通过自身的文化载体对道德进行释义与传播。中国历史上，老子庄子的“自爱”、孔子孟子的“仁爱”、墨子的“兼爱”，西方社会苏格拉底之前的哲学家当成“结合的力量”的“爱”、苏格拉底柏拉图的“欲爱”、亚里士多德的“友爱”、基督教的“爱”、奥古斯丁“爱的伦理学”及托马斯·阿奎那的“神爱”等，都从不同的角度对道德进行了一定的解释或者定义。这些对道德的释义虽然因为时代和区域的不同而具有一定的差异，但是从本质上，都是力图构建一种普世的社会价值观，并期冀成为维护社会秩序的社会规范，从而实现社会治理。因此，也可以说，“爱”作为一种广义的文化符号，既是道德的本质，同时又是道德的文化载体。

（一）老子、庄子的“自爱”

老子，姓李名耳，字聃，一字或曰谥伯阳。春秋末期人，大约于周灵王元年（公元前571年）出生于楚（原为陈）国苦县。据《史记·老子韩非列传》所说，老子即李耳，是楚国苦县厉乡曲仁里人。中国古代思想家、哲学家、文学家和史学家，道家学派创始人和主要代表人物。其与庄子并称“老庄”。在道教中被尊为始祖，称“太上老君”。在唐朝，被追认为李姓始祖。老子曾被奉为世界文化名人，世界百位历史名人之一。

老子的主要思想是“道生万物”的宇宙生成说，把宇宙看成一个自然产生、自然演变的过程，天地万物是依照自然规律发展变化的，而“道”是世界的本源。认为天地万物都是相辅相成的。“有无相生，难易相成，高下相倾，声音相和，前后相随”，矛盾双方相互依存，互为条件。在政治上，老子主张无为而治。在权术上，老子讲究物极必反之理。在修身方面，老子是道家性命双修的始祖，讲究虚心实腹、不与人争的修持。

庄子约于周烈王七年（公元前369年）出生于宋国蒙，是宋国公室的后代，其先祖可以追溯到宋国的第十一代国君宋戴公。战国中期思想家、哲学家、文学家。他是继老子之后道家学派的代表人物。

庄子在哲学思想上继承和发展了老子“道法自然”的思想观点，使道家真正成为一个学派，他自己也成了道家的重要代表人物，与老子并称“道家之祖”。庄子的才学不可小视，然而其要本归于老子之言，故其著书十余万字，大多都是寓言，如其中的《渔父》《盗跖》《胠箧》等篇，都是用来辨明老子的主张的。他把“贵生”“为我”引向“达生”“忘我”，归结为天然的“道”“我”合一。

道教是产生于中国的宗教，在世界上影响并不大，但是在中国历史上有很大影响，至今中国还有许多道教庙宇。与其他宗教相比，道教的信仰系统颇为庞杂。它有一个多达 10 个等级的神仙谱系。

道教的经典也很多，老子的《道德经》是道教的圣典。汉代有《太平经》《老子想尔注》《周易参同契》。其他重要经典有：《阴符经》《度人经》《清静经》《玉皇经》《三官经》《北斗经》《太上 感应篇》等。历代都有《道藏》，汇集道教的经典。道教的思想体系也较混杂，它综合了《易经》、老子、庄子、儒家、阴阳家等各种思想。

从人类“爱”的角度来考察，道教有以下几个基本信仰：

1. 长生成仙与自我之爱

虽然老子的《道德经》中，以“道”作为宇宙的根本（“道生一,一生二,二生三,三生万物”），但对于一般信徒来说，“道”的概念是抽象的，他们需要有形象化的崇拜对象。因此，玉皇大帝（最高神）就是“道”的代表或象征。道教信徒们修养的目标是长生不老，成为神仙。这是在世界各种宗教中非常独特的信仰。应当说，也是一种积极的人生追求。它要在现实的人生中追求长生，成为神仙。

中国的主要哲学——儒学，也完全是入世的，而不是出世的。儒学是寻求自身的道德修养，谋求人间社会的和谐。道教则着重寻求个人的幸福，即长生成仙。

儒道的结合，成为中国历代许多人（特别是士大夫）的人生目标。中国 5000 多年的灿烂文化，与这两种思想体系是分不开的。

应该说：道教的长生与成仙的思想，是一种积极的自我之爱。

在人类爱的体系中，自爱（不是自私），应该是各种爱的基础。真正地爱自己，就会爱家庭，爱他人，爱祖国，爱事业……尽管成仙是一种难以实现的想象，但是长寿或长生（不是永生）是完全可能的；在思想意境上保持积极乐观，似同成仙，也是可能的。我们需要领悟道教思想的积极因素。

2.“以德养生”与大众之爱

道教的思想并不是只要自爱，而不考虑对他人之爱。它的“以德养生”思想，就是以对大众之爱，来达到自爱。《道德经》说：“道生之，德畜之，物形之，势成之，是以万物莫不尊道而贵德。”道教的最高信仰是“道”，万物都是“道”所生的，而万物又需要用“德”来养育。“尊道贵德”是道教的基本教义。

道教的人生目标是长生成仙，而要达到长生成仙，必须有德行。以德行来养育“长生”，这就是“以德养生”的含义。道教经典《墉城集仙录》中说：“长生之本，惟善为基。”做善事是长生的根本。道教在德行与为善方面，大量吸收了儒家的教诲。例如道教经典《太上洞玄灵宝智慧罪根上品大戒经》要求人们：

“与人君言，则惠于国；与人父言，则慈于子；与人师言，则爱于众；与人兄言，则悌于行；与人臣言，则忠于君；与人子言，则孝于亲；与人友言，则信于交；与人妇言，则贞于夫；与人夫言，则和于室；与人弟子言，则恭于礼。”

意思是：做君王的，应关爱国家；做父母的，应慈爱子女；做老师的，应爱护学生；做兄长的，应友爱弟妹；做官员的，应忠爱君王；做子女的，应孝爱父母；做朋友的，应有信义；做妻子的，应贞爱丈夫；做丈夫的，应爱妻子；做弟妹的，应敬爱兄长。

道教经典《度人经》说：“仙道贵生，无量度人。”意思是成仙之道，在于尊重生命，在于尽一切可能去帮助大众。

明代道学思想家吕叔简说：“仁可长寿，德可延年，养德尤养生之第一要也。”

道教经典《西升经》：“道以无为上，德以仁为主。”

以上论述都说明：道教是以德行作为自我养生的首要条件。而所谓“德”，就是“仁爱”，即对大众、对他人的爱。

总之，道教的思想是：以爱人以达到自爱的目的，将自爱与他爱密切结合。

3.“道法自然”与自然之爱

《道德经》是道教理念的最高来源。《道德经》的教导是：“人法地，地法天，天法道，道法自然。”（《老子·二十五章》）“道法自然”的意思是：道是宇宙的最高法则，而道的形成，又是来自大自然。大自然是宇宙的永恒存在，而道就是大自然的内在本质或基本运行规则。这样的思想，事实上和现代自然科学的理念是一致的。自然科学的研究对象就是大自然，自然科学所要探求的就是大自然运行的基本规律（即老子所说的“道”）。“道”不是凭空产生的，它是依存于大自然之中的。因此，也可以说，大自然是“道”的母亲，当然也是自然万物的母亲。

道教遵循“道法自然”的思想，因此，道教是热爱自然的。

道教经典《度人经》说“仙道贵生”，意思就是：道教重视一切生命，尊重一切生命。

道教出于“长生成仙”的人生目标，必然会有建造人间仙境“洞天福地”的理想与实践。历代道教都在这方面作出努力，形成了许多名观胜境，如道教著名的十大洞天、五岳仙境等。山东青岛的崂山，湖北的武当山，江西的三清山，四川的成都西部的大邑鹤鸣山、都江堰青城山等，都是道教的著名胜地。到这些胜地去游览，你不能不感叹道教对于祖国山河保护之功绩，同时也能领悟到道教的伟大的对自然之爱。

当代世界各国都在关注地球生态和环境的保护。人类对自己唯一的家园，由于以往只知道开发、利用，不重视保护，已经付出了沉重的代价。在这样的大背景下，道教的热爱自然的理念，是值得我们重视的！

（二）孔孟的“仁爱”

孔子（公元前551—公元前479年），子姓，孔氏，名丘，字仲尼，鲁国陬邑（今山东曲阜）人，祖籍宋国（今河南），中国古代思想家、教育家。

孔子是儒家创始人，他的思想核心是“仁”“礼”。孔子建构了周朝以后古代中国完整的“德道”思想体系：在个体层面主张“仁、礼”之德性与德行。孔子的仁说，体现了人道精神，孔子的礼说，则体现了礼制精神，即现代意义上的秩序和制度。人道主义是人类永恒的主题，对于任何社会、任何时代、任何一个政府都是适用的，而秩序和制度社会则是建立人类文明社会的基本要求。孔子的这种人道主义和秩序精神是中国古代社会政治思想的精华。但孔子的“仁爱”建立在“礼”的基础上，是差等之爱，在家庭里面依宗亲血缘关系确定等级，在国家政治体制内依职权确定等级关系，即孔子说的“君君臣臣、父父子子”。

孟子（约公元前372—公元前289年），名轲，字不详（子舆、子居等字表皆出自伪书，或后人杜撰），战国中期鲁国邹人（今山东邹城市东南部人），距离孔子的故乡曲阜不远。他继承了孔子“仁”的思想并将其发展成为“仁政”思想，被称为“亚圣”。

和孔子一样，孟子也曾带领学生游历魏、齐、宋、鲁、滕、薛等国，并一度担任过齐宣王的客卿。由于他的政治主张也与孔子的一样不被重用，所以便回到家乡聚徒讲学，与学生万章等人著书立说，“序《诗》《书》，述仲尼之意，作《孟子》七篇。”（《史记·孟子荀卿列传》）。我们所见的《孟子》七篇，每篇分为上下，约3.5万字，一共260章。《孟子》被南宋朱熹列为“四书”（另外三本为《大学》《中庸》《论语》）。书中记载有孟子及其弟子的政治、教育、哲学、伦理等思想观点和政治活动。

仁爱是《论语》的核心思想。儒家的仁爱包含了三个大的层次：以家庭为体系的爱、以社会为体系的爱和以宇宙为体系的爱。这三个体系内的爱是相互联系的，并且有着共同的哲学基础，即儒家“过犹不及”的中庸思想。

“仁”是孔子思想的核心，也是中国伦理学说的根本。整部《论语》中，论及“仁”的有58章，“仁”字出现105次。解读《论语》中的“仁”对于阐释中国传统文化的重要根基儒学有着至关重要的意义。《论语》中的“仁”内涵丰富，究其根本乃是“爱”的演绎和诠释。《论语》提出“仁者爱人”，仁即是爱。“仁”是一种发自家庭又超越家庭，延及社会、国家乃至整个人类、自然、宇宙的普遍的爱，“仁”体现的这种由里及外、由小及大的爱是适用于处理人与人、人与群、人与社会、人与自然等诸多关系的道德准绳。

《论语》中的仁爱是以家庭体系为出发点，体现血缘关系的爱。《论语》中的仁爱思想不是凭空而有的，而是符合人的天性的爱，是人之常情的爱，是人性的最初表现。这种爱最初是产生在家庭内部，表现着人之初的情感，即带有血缘关系的情、爱。人生而有家，成长在家，对父母、兄弟自然有爱、有情。仁爱在家庭中体现在父辈与子辈的关系上为“孝”，体现在平辈之间的关系上为“悌”。这正是孔子所要求的“弟子，入则孝，出则悌”，仁爱体现父慈子孝之爱。《论语》中的仁爱首先倡导的就是孝道。“孝”字由“老”字（省去“匕”）和“子”字构成，并且为上下结构，不难看出它的本意是泛指老一辈人对晚一辈人的养育庇护、教育培养，以及晚一辈人对老一辈人的尊敬爱戴、遵循听从和赡养；或者指父母（老）将自己的生命、理性、意志和事业传递给儿女（“子”），儿女继承父母的生命、理性、意志和事业，“老传子，子承老”正是这个意思。在养育、教育、赡养、遵循、爱戴中自然体现着彼此之间深切的爱和浓浓情意。要注意这种爱是双向互动的，有着人格中自然、高尚、无私的一面，但一般来说要双方互动才是正常的，所谓“爱人者，人恒爱之；敬人者，人恒敬之”。

父对子要养、要教，子对父要养、要敬。为人父母自然是高兴之事，但同时也应知道责任之重大：养育和教育是艰巨的任务。《左传·昭公二十六年》中也倡导“父慈而教”。家长以身作则进行活的教育是尤为重要的。家长的道德修养、人生价值、生活准则是否会传授给孩子？这是很值得思考的。

同样，子对父的“孝”不仅体现出报恩的情怀，也承载着眷眷爱意。子对父尽孝是天经地义之事，《孝经》借孔子之口说：“夫孝，天之经也，地之义也，民之行也。”孝道虽出自天性，但仍依赖教化，加强孝道教育是社会的当务之急。正如孟子所言，“孩提之童，无不知爱其亲者”，认为这是人之天性，但他也注意到，随着年龄的增长，“知好色，则慕少艾，有妻子，则慕妻子”，天然的爱亲之情因人性的脆弱而衰减。因此，做晚辈的应时刻检点自己是否在尽孝道。理解孝道要全面，切记孝道并不仅仅指赡养，“今之孝者，是谓能养。至于犬马，皆能有养；不敬，何以别乎？”子女对父母不仅要赡养，更为重要的是敬爱，“养而不敬”如养犬马，父母怎能感受到人情的温暖和天伦之乐，又何谈子女对父母的爱呢？子女要时时考虑、体谅父母，所谓“父母之年，不可不知也。一则以喜，一则以惧。”子女要关心、照顾父母，“父母在，不远游，游必有方”；子女对父母的照顾要有耐心、毫无怨言，“事父母几谏，见志不从，又敬不违，劳而不怨”。而且子女对父母的孝道还要执着，坚定“事父母，能竭其力”“三年无改于父之道，可谓孝矣”，否则“林欲静而风不止，子欲养而亲不在”的悲凉将是人生最大的遗憾和痛苦。由此可见，“孝”蕴含的是人类天赐的父母与子女之间的深厚情缘——爱。

仁爱表现兄爱弟敬之爱。仁爱在家庭中的另一体现为平辈之间的“悌”。“孝弟者也，其为仁之本与！”“弟”即“悌”，指手足之情，姐妹之爱，平辈之间的互敬互爱。同胞兄弟、姐妹有血缘之亲，彼此产生保护、关爱之情是人的自然感情。《论语》中十分重视兄弟之间的手足情，孔子道：“书云：‘孝乎惟孝，友于兄弟。’”

《论语》中的仁爱，是以家庭关系为出发点的，带有血缘关系的爱。表现为两代或两代以上人之间的“孝”以及同代人之间的“悌”，这种爱是亲情的表现，也是儒家所称道的“家和万事兴”的理念的实践。

《论语》中的仁爱是以社会体系为关节点，维系人际关系的爱。《论语》或者说儒家的仁爱起始于家庭内部，但并未圈定、停滞在家庭私人领域，而是超越了家庭的界限。仁爱还包括对他人、社会、国家的爱。具体表现在对他人的“信”和对国家的“忠”。

人是社会的人，在社会活动中必然要与他人交往，为了与他人建立良好关系，人要爱他人、尊重他人，而“信”则是爱他人、尊重他人的基本表现。《论语》主张“谨而信，泛爱众，而亲仁”“与朋友交，言而有信”。“信”言如其人，言行一致，引申为诚实，信义，不说谎、不背叛。“吾日三省吾身——为人谋而不忠乎？与朋友交而不信乎？传而不习乎？”“子贡问政，子曰：‘足食、足兵、民信之矣。’子贡曰：‘必不得已而去，于斯三者何先？’曰：‘去兵’。子贡曰：‘必不得已而去，于斯二者何先？’曰：‘去食’。自古皆有死，民无信不立。”足以见得“信”的重要性。中国人极为重视“信”，在商业交往中信用甚至优先于法律和合同。与人交往不讲“信”，就是不尊重人、不关爱人，自然也得不到他人的爱和尊重，失于信，失于爱。因此要“言必行，行必果”。

每个人都有自己的祖国，每个人都应热爱祖国，对祖国有真挚的爱。首先体现为“忠”，忠心为国。“忠”，中心、公正之心，要从事符合人们天生的道德本性、良心良知的活动。在《论语》中，“忠”主要表现在辅佐君主要忠心不二，心系国人、国事，“事君，能致其身”。孔子云：“君使臣以礼，臣事君以忠。”“忠”体现了一种对国家、民族的责任感，彰显着强烈的爱国情。

《论语》中的仁爱引发出的“信”和“忠”的原则是人在国家、社会这个大系统中必须遵从的要点，是处理各种社会关系的关键，是人融入他人、社会、国家关节点。仁爱通过“信”“忠”，在维系良好的人际关系的同时，也体现了儒家向来看重的对他人、社会、国家的强烈责任感和迫切使命感。

《论语》中的仁爱是以宇宙体系为终结点，调和物我关系的爱。《论语》中的仁爱提升到了对人类、自然、宇宙普遍的爱的高度。这种仁爱起发于家庭内部，延伸到社会体系，又进一步推而广之，纳入了自然宇宙这个永恒的体系。这正体现了儒家仁爱的超越性和生命力。

儒学在解说《周易》时提出："三才者，天地人。""三才"指"天、地、人"，也即构成宇宙的三大要素——人、社会、自然。三要素要"和"，即主张天人合一。与之相联系，"仁"字由"人"（人类）和"二"（天、地即自然宇宙）构成，因此这个字表达的是宇宙以人为目的的人本主义思想。宇宙是人类的家园，自然界不仅先于人类而存在，所谓"有天地，然后有万物；有万物，然后有男女"，而且为人类提供了赖以生存的物质条件。人只是天地万物的一部分，人在天地间实在是渺小的，"吾在于天地之间，犹小石小木之在大山也"。天、地、人既相互独立，又紧密联系，他们相互作用、相互依赖，构成了一个和谐的整体。任何人为的打破这种和谐的行为都是愚蠢和必然受到惩罚的行为。早在2000多年前，孔子就教导弟子"子钓而不纲，弋不射宿"。为了保护自然的生产力，维护宇宙整体系统的平衡，孔子只主张钓鱼而反对网鱼，只主张射取在空中飞翔的鸟，而反对取在树上或地上止息的鸟。《论语》早就告诉我们"礼之用，和为贵"，因此对整个人类、自然、宇宙怀有普遍之爱才是仁爱的最高境界和智慧的处世哲学。

"仁"字从"人"从"二"，即两人之间的关系，两者之间的关系从根本上来说是靠"爱"来维系的，人与家庭如此，人与社会如是，人与自然宇宙亦然。"仁"是比"人情""关心"更进一步的"爱"。在中国文献中，"仁"并不是儒家独有的概念，儒、道、佛都使用"仁"来表达他们对于问题的看法，但在"仁"即"爱"这一点所见略同。道家庄子有"至仁无亲"，真正具有仁德之心的人不偏爱自己的家人、亲人，他爱一切人，对人类有着普遍的爱。主张出世的佛教在进入中国文化不久就把"仁"纳入自己的体系，"仁"成了佛的敬称（仁王，即把"仁"实践至极的人），佛教讲求"慈悲"，充满着对芸芸众生普遍的善意和慈爱。只是《论语》中"仁"体现出的爱并非佛道之爱，亦非神爱，而是仁爱、人爱，是符合人性的发展式的爱，即由家庭至社会、国家、人类、自然、宇宙的普遍之爱。

《论语》中仁爱观念的哲学基础是重视整体思维的中庸思想。《论语》中爱家人、爱他人、爱国家、爱人类、爱自然、爱宇宙的普遍仁爱承载了中国儒家哲学思想的精髓，是儒家中庸思想的体现。中庸即做事情讲求"度""分寸"，认为"过犹不及"。"忠恕"在实践仁爱的同时也实现了中庸。“子曰：‘参乎？吾道一以贯之。’曾子曰：‘夫子之道，忠恕而已矣。’”“忠”，中心、公正之心，指成就自己的同时也成就他人，做事不过分，即“己欲立则立人，己欲达则达人”；“恕”指以己之心量他人之腹，站在他人的角度为他人着想，“己所不欲，勿施于人”，这既是一种爱又是“度”的体现。中庸之道是看问题的全面而非片面的整体观，是站在整体的高度看问题的思维方式，有着辩证法的哲学高度。本着中庸之道处理人与人、人与群、人与社会、人与自然、人与宇宙等诸多关系，以仁爱为出发点和归宿，就会达到“和”的效果。当然任何个体都有自身的特点，世界也是一个多元的世界，我们要求“和”而不求“同”。“君子和而不同，小人同而不和。”如此，才能达到“齐家”“治国”“平天下”的美好愿望，世界将是一个各得其所的和平世界。

但儒家的“仁”是等差之爱，以“礼”为外在表现。所谓“等差之爱”，即儒家强调爱人，即在普遍之爱的基础之上强调亲疏有别地爱人，不是泛爱、兼爱、博爱，而是有一定远近、亲疏地爱人，因为所谓的泛爱、兼爱、博爱其实是一种近乎理想的状态，而儒家强调的爱是一种等差之爱，更加贴近人性，更接地气，因而不会让人觉得它强调等差之爱给人一种疏离感，相反这种等差之爱反而更接近真正的人的需求，更有一种亲近感。总的来说，孔子的学说是一种从人生经验中总结出来的智慧，他是在现世的人与物、人与自然、人与人的关系的追问中逐步建立其体系，始终不离开其人文情怀，所以说他的学说更贴近人性也就不难理解了。

首先，儒家所强调的“仁”，即等差之爱，不同于墨子所强调的“兼爱”。“兼”，《说文解字》释为“并也，从又持秝。兼持二禾”，可见其有合并而持之意。张岱年则释“兼”有“总全的意思，也即是合而不别的意思”。陈维德认为：“兼爱乃涵括一切之爱，且当发自情性，而非为相互利用。而其最大之特色，则在于爱之无有差等。可见其主张尽爱世人，而己亦在所爱之中。并主张爱无厚薄，人我如一，而无亲疏远近之别。”可见，墨子所强调的兼爱是一种无差别的爱、平等的泛爱，墨家把仁解释成兼爱，批评儒家的仁是偏爱，即爱一部分人，其实从某种程度上说墨家的“兼爱”观点有一定的理想性，而儒家的等差之爱也并不完全是偏爱，而是在泛爱的基础上有区别地对待，这二者观点上的张力正好体现了儒家思想的亲民性。

其次，不同于《圣经》中所强调的“博爱”，《圣经》中记载耶稣在“登山宝训”中说：“有人打你的右脸，连左脸也转过来由他打；有人想要告你，拿你的里衣，连外衣也由他拿去；有人强逼你走一里路，你就同他走二里……要爱你们的仇敌，为那逼迫你们的祷告。”所以，儒家所强调的爱是一种亲近人性的比较温和的爱，是有差别地对待，不会对所有人都爱，而《圣经》之博爱甚至是爱自己的仇敌的。

总之，其最突出的特点是：贴近人性、有差别、温和。孔子谈“仁”都是贴近着人性角度谈的，它具体体现为：

其一，“仁”之本即孝悌，所谓“孝”是从纵向维度说的子女对父母之孝，而所谓“悌”是从横向维度说的兄弟姊妹之间的友爱，孔子认为孝悌是人性中的本初内容，《学而篇》中有“有子曰：‘其为人也孝悌，而好犯上者，鲜矣；不好犯上，而好作乱者，未知有也。君子务本，本立而道生。孝悌也者，其为人之本也。’”其二，“仁”体现为一种做人的规范，孔子强调将它落实到平时的为人处世中，说：“行五者于天下，为仁矣。五者曰：恭、宽、信、敏、惠。”解释“仁”的“五者”时说：“宽则得众，惠则足以施人。”一方面是“己欲立而立人，己欲达而达人”，把自己想要得到的好处也给予别人；另一方面是“己所不欲，勿施于人”，自己不想要的东西、不想做的事情，决不要强加于人。其三，孔子在前两个维度强调“仁”，即强调普及“仁”的思想来修身，通过个体的修身，实现个体的和谐，最终是想达到齐家、治国、平天下的政治目的。

“性善论”是孟子的主要哲学思想。“性善”是孟子谈人生和谈政治的理论根据，在他的思想体系中是一个中心环节。《孟子》一书是孟子的言论汇编，由孟子及其弟子共同编写而成，记录了孟子的语言、政治观点和政治行动，属儒家经典著作。性善论是孟子的主要哲学思想，是孟子谈人生和谈政治的理论根据，在他的思想体系中是一个中心环节。“恻隐之心，人皆有之；羞恶之心，人皆有之；恭敬之心，人皆有之；是非之心，人皆有之。恻隐之心，仁也；羞恶之心，义也；恭敬之心，是非之心，智也。仁、义、礼、智，非由外铄我也，我固有之也。”（《告子》上）“人之所不学而能者，其良能也；所不虑而知者，其良知也。”（《尽心》上）他认为“仁、义、礼、智”是人们与生俱来的东西，不是从客观存在着的外部世界所取得的。“性善论”是一套唯心主义的说法，不过，孟子以“性善论”为人们修养品德和行王道仁政的理论根据，具有一定程度的积极意义。

（三）墨子的“兼爱”

墨子（约公元前468—约公元前376年），名翟（dí），春秋末战国初期鲁国（今山东滕州）人，一说宋国（今河南商丘）人，是战国时期著名的思想家、教育家、科学家、军事家、社会活动家，墨家学派的创始人，墨子创立墨家学说，并有《墨子》一书传世。

《墨子》分两大部分：一部分记载墨子言行，阐述墨子思想，主要反映了前期墨家的思想；另一部分为《经上》《经下》《经说上》《经说下》《大取》《小取》等六篇，一般称作墨辩或墨经，着重阐述墨家的认识论和逻辑思想，还包含许多自然科学的内容，反映了墨家后期的思想，在逻辑史上被称为后期墨家逻辑或墨辩逻辑（古代世界三大逻辑体系之一，另两个为古希腊的逻辑体系和佛教中的因明学）；其中还包含许多自然科学的内容，特别是天文学、几何光学和静力学。

兼爱，指同时爱不同的人或事物，为春秋、战国之际墨子提倡的一种伦理学说。他针对儒家“爱有等差”的说法，主张爱无差别等级，不分厚薄亲疏。《墨子》中有《兼爱》三篇，阐述其主张。《荀子·成相》亦有：“尧让贤，以为民，氾利兼爱德施均。”三国·魏·嵇康《与山巨源绝交书》：“仲尼兼爱，不羞执鞭。”

墨子以兼爱为其社会伦理思想的核心，认为当时社会动乱的原因就在于人们不能兼爱。他提倡“兼以易别”，反对儒家所强调的“爱有差等”的观点。他提出“兼相爱，交相利”，把兼爱与实现人们物质利益方面的平等互利相联系，表现出对功利的重视。墨子尚贤、尚同、节用、节葬、非攻等主张均以兼爱为出发点，他希望通过提倡兼爱解决社会矛盾。兼爱以天志为源头，引导出天爱万物，养万物，包容万物，得出人也该爱万物，养万物，包容万物。

“兼爱”一说，最初见于《墨子》。墨老先生被后人视为侠者之祖，他宣扬“兼相爱，交相利”的学说，也就是对待别人要如同对待自己，爱护别人如同爱护自己，彼此之间相亲相爱，不受等级地位、家族地域的限制。

何为“兼相爱、交相利”？墨子曰：“视人之国，若视其国；视人之家，若视其家；视人之身，若视其身。是故诸侯相爱，则不野战；家主相爱，则不相篡；人与人相爱，则不相贼；君臣相爱，则惠忠；父子相爱，则慈孝；

兄弟相爱，则和调。天下之人皆相爱，强不执弱，众不劫寡，富不侮贫，贵不傲贱，诈不欺愚，凡天下祸篡怨恨，可使毋起者，以相爱生也，是以仁者誉之。”（《墨子·兼爱中》）墨子无意追求爱的浪漫，而视之为济世救世的良方。墨子认为，先秦社会之所以失范，在于人与人之间不相爱，“是故诸侯不相爱则必野战，家主不相爱则必相篡，人与人不相爱则必相贼，君臣不相爱则不惠忠，父子不相爱则不慈孝，兄弟不相爱则不和调”。与此相伴，自私自利亦是乱世之因，如“亏父而自利”“亏子而自利”“亏兄而自利”“亏弟而自利”“亏君而自利”“亏臣而自利”“乱异家以利其家”“攻异国以利其国”等皆为自私自利之结果。一言以蔽之，违反兼爱互利原则的恶果是“强必执弱、富必侮贫、贵必傲贱、诈必欺愚”。这表明，墨子有意凸显爱的现实性一面，拙于或不屑渲染爱的幻梦色彩。而这一步骤又主要是通过把爱与利予以贯通得以完成的。也就是说，爱必言利，以爱启利，以利寓爱，构成一个有机整体。“兼相爱”并不否定自爱，而是把自爱与相爱结合起来。“交相利”也不是鄙视自利，而是力求使自利与互利两不偏废。“夫爱人者，人必从而爱之；利人者，人必从而利之。”在这种爱意融融的相互义务性关系中，天下才能实现和谐、富足。是故，兼爱互利是为治之道，“今天下之士君子，忠实欲天下之富，而恶其贫；欲天下之治，而恶其乱，当兼相爱、交相利。此圣王之法，天下之治道也，不可不务为也”。

墨子认为，仁人处理事务的原则，一定是为天下兴利除害，以此原则来处理事务。如国与国之间相互攻伐，家族与家族之间相互掠夺，人与人之间相互残害，君臣之间不相互施惠、效忠，父子之间不相互慈爱、孝敬，兄弟之间不相互融洽、协调，这就都是天下之害。统治者只知道爱自己的国家，不爱别人的国家，所以毫无忌惮地发动自己国家的力量，去攻伐别人的国家。家族宗主只知道爱自己的家族，而不爱别人的家族，因而毫无忌惮地发动自己家族的力量，去掠夺别人的家族。人只知道爱自己，而不爱别人，因而毫无忌惮地运用全身的力量去残害别人。所以诸侯不相爱，就必然发生野战；家族宗主不相爱，就必然相互掠夺；人与人不相爱，就必然相互残害；君与臣不相爱，就必然不相互施惠、效忠；父与子不相爱，就必然不相互慈爱、孝敬；兄与弟不相爱，就必然不相互融洽、协调。天下的人都不相爱，强大的就必然控制弱小的，富足的就必然欺侮贫困的，尊贵的就必然傲视卑贱的，狡猾的就必然欺骗愚笨的。举凡天下祸患、掠夺、埋怨、愤恨产生的原因，都是因不相爱而产生的。所以仁者认为它不对。

既已认为不相爱不对，那用什么去改变它呢？墨子说道："用人们全都相爱、交互得利的方法去改变它。"既然这样，那么人们全都相爱、交互得利应该怎样做呢？墨子说道："看待别人国家就像自己的国家，看待别人的家族就像自己的家族，看待别人之身就像自己之身。"所以诸侯之间相爱，就不会发生野战；家族宗主之间相爱，就不会发生掠夺；人与人之间相爱，就不会相互残害；君臣之间相爱，就会相互施惠、效忠；父子之间相爱，就会相互慈爱、孝敬；兄弟之间相爱，就会相互融洽、协调。天下的人都相爱，强大者就不会控制弱小者，人多者就不会强迫人少者，富足者就不会欺侮贫困者，尊贵者就不会傲视卑贱者，狡诈者就不会欺骗愚笨者。举凡天下的祸患、掠夺、埋怨、愤恨可以不使它产生的原因，是因为相爱而生产的。所以仁者称赞它。

墨子认为对于社会治理，应该强调从上到下的引导。从前晋文公喜欢士人穿不好的衣服，所以文公的臣下都穿着母羊皮缝的裘，围着牛皮带来挂佩剑，头戴熟绢作的帽子，（这身打扮）进可以君上，出可以往来朝廷。这是什么缘故呢？因为君主喜欢这样，所以臣下就这样做。从前楚灵王喜欢细腰之人，所以灵王的臣下就吃一顿饭来节食，收着气然后才系上腰带，扶着墙然后才站得起来。等到一年，朝廷之臣都（饥瘦得）面有深黑之色。这是什么缘故呢？因为君主喜欢这样，所以臣下能做到这样。从前越王勾践喜爱士兵勇猛，训练他的臣下时，先把他们集合起来，（然后）放火烧船，考验他的将士说："越国的财宝全在这船里。"越王亲自擂鼓，让将士前进。将士听到鼓声，（争先恐后），打乱了队伍，蹈火而死的人，近臣达一百人有余。越王于是鸣金让他们退下。所以墨子说道："像少吃饭、穿坏衣、杀身成名，这都是天下百姓难于做到的事。假如君主喜欢它，那么士众就能做到。何况兼相爱、交相利是与此不同的（好事）。爱别人的人，别人也随即爱他；有利于别人的人，别人也随即有利于他；憎恶别人的人，别人也随即憎恶他；损害别人的人，别人也随即损害他。这种兼爱有什么难实行的呢？只是居上位的人不用它行之于政，而士人不用它实之于行的缘故。"

墨子认为，古时大禹治理天下，西边疏通了西河、渔窦，用来排泄渠水、孙水和皇水；北边疏通防水、原水、泒水，使之注入召之邸和滹沱河，在黄河中的底柱山分流，凿开龙门以有利于燕、代、胡、貉与西河地区的人民。

东边穿泄大陆的迂水，拦入孟诸泽，分为九条河，以此限制东土的洪水，用来利于冀州的人民。南边疏通长江、汉水、淮河、汝水，使之东流入海，以此灌注五湖之地，以利于荆楚、吴越和南夷的人民。这是大禹的事迹，我们现在要用这种精神来实行兼爱。从前周文王治理西土（指岐周），像太阳像月亮一样，射出的光辉照耀四方和西周大地。他不倚仗大国而欺侮小国，不倚仗人多而欺侮鳏寡孤独，不倚仗强暴势力而掠夺农夫的粮食牲畜。上天眷顾文王的慈爱，所以年老无子的人得以寿终，孤苦无兄弟的人可以安聚于人们中间，幼小无父母的人有所依靠而长大成人。这是文王的事迹，我们现在应当用这种精神实行兼爱。从前武王将祭祀泰山，于是陈述说："泰山！有道曾孙周王有祭事。现在（伐纣的）大事已成功，（太公、周、召）一批仁人起而相助，用以拯救商夏遗民及四方少数民族。即使是至亲，也不如仁人。万方之人有罪，由我一人承当。"这是说周武王的事迹，我们现在应当用这种精神实行兼爱。

由此，墨子将道德上升为社会治理的高度，指出："现在天下的君子，（如果）内心确实希望天下富足，而厌恶其贫穷；希望天下治理好，而厌恶其混乱，那就应当全都相爱、交互得利。这是圣王的常法，天下的治道，不可不努力去做。"

（四）佛教关于爱的定义

佛教尽管不是起源于中国，但在中国已经扎根多年，为广大群众信仰，具备深厚的社会基础，且其传入中国后也吸收了中国儒家及道教的一些内容，与当初传入中国的印度佛教有很多不同之处，可以称为中国佛教。本书这里说的，就是中国佛教的"爱"。

佛法中的"爱"是什么意思？如何解释？众生的源泉是爱吗？

在佛法中，爱，是缘于自我的和欲望的贪和占有，由于得到或者得不到，从而产生痴迷、嗔恨等心理状态。无论所爱的对象是男还是女，终究仍是这样的规律。

佛陀也提倡爱。佛陀提倡的是大爱，名为慈悲。对一切众生慈悲，慈是与乐，悲是拔苦。无缘大慈，同体大悲，怨亲平等，给予真乐，人苦即我苦，全力救拔。这种对众生的爱不以自己的需求转移而变化，不以对象的美丑善恶而有分别。

佛教是慈悲与智慧的宗教。佛教中则以“慈悲”为中心，而不直言“爱”字。佛陀曾喻示有关爱者，即谓：“爱可生爱，亦可生憎；憎能生爱，亦能生憎。”

故佛教言爱言憎，恰若手心、手背，为一体之两面。爱之愈深，则憎怨之可能愈大。慈悲是什么？“慈”是给予众生快乐，“悲”是拔除众生的苦难。就是说，我给你快乐叫作“慈”，帮助你解决你的苦难叫作“悲”。

到了大菩萨的境界，比如观音菩萨，就被称为大慈大悲。什么叫大慈大悲呢？就是没有条件地给予你快乐，不分彼此地解脱你的苦难，这叫“无缘大慈，同体大悲”，这才是佛教对“爱”的理解。

佛教甚至说“如一众生未得度，我佛终宵有泪痕”，就是佛看到众生没有得度，会终宵哭泣。佛不是为了占有他，而是为了解救他，让他获得解脱。所以“慈悲”与“爱”的区别就在这里：“爱”是需要是占有，“慈悲”是完全地给对方利益。这就不难明白什么是“爱”，什么是“慈悲”。

在佛经翻译里面，“爱”和“欲”是放在一起的——“爱欲”。爱是一种欲望，欲望不是单指情欲。在佛教里面，贪财是欲，贪色是欲，贪名是欲，贪食物是欲，贪睡觉也叫欲，这称为五欲或五盖，是五种能够阻碍我们修行的心理活动，这些全都是爱欲。也就是说，你过去理解的爱，感情的爱，其实是对爱的一个方面的理解。佛教里面把爱和财、色、名、食、睡全部都连在一起。那么所谓的爱情是什么呢？无非就是一种占有。占有对方的感情，或者占有对方的身体，离不开这两个方面。

当然，在另一面，爱的德性的意思，在佛教经典中也相当普遍。如爱法、爱育、爱果、爱敬、爱喜觉、爱语、爱惜等。这个意思实在泛得很，可推而至于爱国家、爱社会、爱亲人、爱祖师，以及于对人类万物的关切之情。以不染污心爱乐佛法或师长。《俱舍论》卷四：“爱谓爱乐，体即是信。然爱有二：一有染污，二无染污。有染谓贪，如爱妻子等。无染谓信，如爱师长等。”

（五）恩培多克勒的爱是“结合的力量”

恩培多克勒（Empedocles，约公元前495—约公元前435年），生于意大利以南西西里岛上的西西里阿克拉噶斯（今阿格里琴托城），他出生的家庭是当地的望族。

在讨论事物的结合与分离的动力因问题时，他就提出了爱（philotes）及争（neikos）。他认为这是两种相反的力量，并将“爱”当作是一种结合的力量。他说：“在一个时候，万物在爱中结合为一；在另一个时候，个别事物又在争的冲突中分离。”而事物结合在一起，总是依靠“爱”的力量：这一切在受争支配时形状不同，彼此分离的事物，“然而它们在爱中却结成一体，互相眷恋”，甚至是“身体的一切部分由爱团聚成一个整体”。

恩培多克勒认为，火、土、气、水作为组成万物的四根，自身并没有组合与分离的能力，它们之间分合需要用外部原因来解释，这些原因就是使根相互眷恋的“爱”，和使根相互争斗的“恨”。恩培多克勒用四根说明事物的可感性质，用爱恨说明事物的生灭变化。虽然他的学说通常被称为“四根说”，但实际上，他认为本原在数量上是六个。

他所说的火、气、水、土都是微粒，它们处于运动状态，因此可合可分，但在运动中四根不生不灭。其中每一种都是永恒的，但是它们可以以不同的比例混合起来，这样，便产生了我们在世界上所发现的种种变化着的复杂物质。它们被爱结合起来，又被斗争分离开来。爱与斗争对于恩培多克勒来说，乃是与土、气、火、水同属一级的原始原质。有些时期爱占着上风，有些时期则斗争来得更强大。曾经有过一个黄金时代，那时爱是完全胜利的。在那个黄金时代，人们只崇拜塞浦路斯的爱神。世界上的一切变化并不受任何的目的所支配，而是受“机遇”与“必然”的支配。有一种循环存在着：当各种元素被爱彻底地混合之后，斗争便逐渐又把它们分开；当斗争把它们分开之后，爱又逐渐地把它们结合在一片。因此每种合成的实体都是暂时的，只有元素以及爱和斗争才是永恒的。

恩培多克勒提出“双重道理”：“它们（指根）有时从多种生一，有时从一中生多。”（《西方哲学原著选读》）这里的“一”指每一个都是单独的个体，“多”指可感事物的数量众多。众多的根组合在一起产生出可感事物，可感事物分解为单独的根则是事物的消亡。因此，“从一中生多”和“从多中生一”分别代表着可感事物的朽灭和生成。但是，根却保持着个体存在和同样的数目，既不增加也不减少，既不扩大也不缩小，这就是他所说的“全体的每一部分都既不缺也不盈”的意思。恩培多克勒认为，从一到多和从多到一的运动是无休止的循环，因此世间万物的变迁也永无止境。并且，这种循环是有序的，各类根的力量随着时间的变更而轮流取得优势。

（六）柏拉图的“欲爱”论

柏拉图（Plato，公元前427—公元前347年），出生于雅典，是古希腊伟大的哲学家，也是整个西方文化最伟大的哲学家和思想家之一。柏拉图的原名为亚里斯多克勒斯（Aristocles），亚里斯多克勒斯的意思是取名恰当的（well-named），后来因为他强壮的身躯而被称为柏拉图（在希腊语中，Platus一词是“平坦、宽阔”等意思）。后来，柏拉图的名字就被沿用下来。

柏拉图对爱的论述主要集中在两篇对话中，一是《会饮篇》，二是《斐德罗篇》。在《会饮篇》中，苏格拉底通过对厄洛斯（Eros）的礼赞，巧妙地展现了当时希腊社会人们关于爱的六种主要看法。斐德罗认为Eros应该受到称颂，因为他是最古老的神，是诸神中最光荣的神，是人类一切善行和幸福的赐予者。鲍萨尼亚身为法律工作者，他的颂词把爱分为两种，一种是地下的爱，另一种是天上的爱。属地的爱，是很世俗的，只追求肉体享受。而属天的爱是高尚的，更注重彼此灵魂的交流与道德的进步。崇高的爱，即纯粹与灵魂相结合的爱，不受肉体的支配。厄律克西马库是位医生，他说医学就是使相互冲突的对立物之间产生“爱与和谐”的技艺。音乐、四季、农业等的产生与医学完全类似。爱是万物和谐的一切准则，世界就是一个爱的体系。他认为爱神应该不限于人与人之间的爱欲，他把爱神的情欲导向一切事物的对立与和谐运动，是事物健康和谐与否的动力因。喜剧诗人阿里斯托芬本来是第三个颂词人，因为打嗝不止而和厄里克西马库调换顺序。他采用一种新的方式来赞美爱神。他编造了一个神话，他说人最初是球形的，四只腿、四只胳膊，两张一模一样的面孔，后来被宙斯劈成两半。通过“阴阳人”引出“另一半”这个概念，并得出结论：爱情就是追求另一半的过程，使之达到最初的完整性。悲剧诗人阿伽松的发言首先说明了爱神的本性，他是年轻的、娇嫩的、柔韧的。接着又指出爱神有很多道德品性，爱是正义、节制、勇敢。爱神充满了智慧，而且他自己还是个非凡的诗人，并能使人成为诗人和艺术家。他是秩序的创造者，是和平的缔造者，是一切美好事物的起因。

柏拉图把爱的理论隐藏在苏格拉底的形象之下，通过苏格拉底与曼提尼亚妇女狄奥提玛的对话，并借助狄奥提玛之口说出了他自己的爱的理论。简而言之，柏拉图爱的理论主要有如下三个层次含义：

第一，“爱”（Eros）不是神，而是一种“精灵”。它是“贫穷”与“富足”结婚而生下来的孩子，因此，它的本性介于缺乏与充满之间。爱总是与缺乏分不开。而神永远是充满者，没有缺乏，无所欲求。因此，对于神来说无所谓爱。所以，苏格拉底或者柏拉图式的爱从一定意义上说是一种产生于缺乏的“欲求”。“爱”（Eros）的主体处于需求而寻找爱的对象，从而把爱的主体与爱的对象结合在一起，并通过对爱的对象的拥有来满足自己的需要。德国哲学家西美尔在讨论柏拉图式的欲爱时曾说过“希腊人的爱欲是一种占有的愿望，当然，‘占有’一词是在较为高尚的意义上来使用的。希腊人希望在被爱者身上获得趋达理念和提高道德修养的载体。所以，对希腊人来讲，爱是获得与未获得的一个中介环节。因而，这种愿望的逻辑结果就是，占有一经到达，爱便将必然熄火”。

第二，爱本质上就是一种永远渴望占有美善的欲望，爱就是对不朽的企盼。然而这种欲望的实现要通过“在美中孕育、生产，凭身体，也凭灵魂”，肉体的生殖通过美的女人而孕育，心灵的生殖则是通过最高最美的思想智慧而得到孕育。爱的行为就是孕育美，既在身体里，又在灵魂中。柏拉图认为爱不是对美的企盼，而是在爱的影响下企盼生育。正是靠生育，生命才会延续和不朽。柏拉图在此也把爱欲看成一种宇宙性力量，既为自然又为灵魂所有，或者说，爱欲乃是自然和灵魂的原始性力量。正是靠着爱欲，“会死的自然”才会生生不息；也正是靠着爱欲，不断生灭的灵魂才能最终获得不朽——从而从根本上说，自然和灵魂都是不朽的。但自然和灵魂不是那种静止不动的不朽，它们是生生不息的，而且是自动的，这种自动的力量的根源，就在“爱欲”，其实现的方式，就是生育，而且是在美中生育。

第三，爱是有阶梯的。从身体的肉体美开始，思考身体之美如何与其他方面的美相联系，然后学会把心灵美看得比形体美更为珍贵，经过心灵之美，它会被进一步导向思考法律和体制之美。再进一步，应当从体制被导向各种知识，在沉思中产生最富有成果的心灵的对话，产生最崇高的理想，获得哲学上的丰收，从而把握美的知识。这时候已经接近终极启示，最终看到神奇的美景，即美本身，到达爱（Eros）的终点。这种美是永恒的，无始无终，不生不灭，不增不减。这种“美”自存自在，是永恒的一，而其他一切美好的事物都是对它的分有，无论其他事物如何分有它的部分，美本身既不会增加，也不会减少，仍然保持着不可侵犯的完整。人的生活值得去过，全在于他的灵魂能够观照到美本身。一旦你看到了美本身，你就不会再受黄金、衣服、俊男、美童的迷惑。柏拉图在这里说的爱的阶梯，指的正是哲学的生活方式和哲学的精神训练。

在《斐德罗篇》中，柏拉图通过“回忆说”，揭示了爱形而上的本质，即爱的本质是灵魂对绝对美的想往。尘世中有爱情的人如果理解了爱的这一本质，那么这样一种有爱情的人就是值得赞赏的。《斐德罗篇》一开始借吕西亚斯之口，表达了部分世人对爱情的否定性看法，即认为有爱情的人表现出来的恰恰是自私、欲望、占有、嫉妒、背叛，没有爱情的人倒是有智慧和值得宠爱的。而在吕西亚斯之后，苏格拉底也发表了一篇讲话，进一步阐述有爱情人的不好之处，如苏格拉底认为，有爱情的人对对方的关注肯定不怀好意，他们无非就是想要满足贪婪的欲望，“有爱情的人爱娈童，好像恶狼爱羔羊”。不过，苏格拉底这篇讲话中对爱的描述完全是吕西亚斯爱的逻辑推进。根据吕西亚斯的逻辑，爱最后会演变为恶狼对羔羊的爱。这显然是一种特有的“苏格拉底式的反讽”，其实并不是苏格拉底所认为的真正的爱情。

柏拉图认为：首先，有必要研究与爱相关的灵魂的性质。柏拉图用了较长的篇幅论述了灵魂的性质及本质问题。在一定意义上，柏拉图的爱的理论乃至其整个哲学学说真正重视的还是灵魂问题。在《斐德罗篇》，柏拉图认为一切灵魂都是不朽的，永远处于运动之中。而且灵魂是其他被推动的事物的源泉和运动的第一原则。其次，爱来源于灵魂对理念世界的回忆。最后，爱就是要抗拒“劣马”欲望的诱惑。当灵魂看到能唤起他对绝对美的回忆的尘世的美的时候会有两种反应。一种是受劣马的指挥，以充分满足自己的欲望为终极目标。这种爱情不会有什么酬劳，也不会给灵魂带来好处。另一种就是受良马的指挥，抗拒劣马的诱惑，心灵中比较高尚的成分占了上风，引导他们过一种有纪律的、哲学性的生活，他们灵魂中恶的力量已经被征服，善的力量得到了解放，他们已经成了自己的主人，能够控制自己的欲望，赢得了内心的和平。尘世生活终结之时，他们卸去了包袱，恢复了羽翼。这就是真正有爱情的人，伟大而光荣。

（七）亚里士多德的“友爱论”

亚里士多德（Aristotle，公元前384—公元前322年），古代先哲，古希腊人，世界古代史上伟大的哲学家、科学家和教育家之一，堪称希腊哲学的集大成者。他是柏拉图的学生、亚历山大的老师。

亚里士多德在讨论友爱的种类前提到了三种可爱的事物，即给人带来快乐的事物、给人带来实用的事物和给人以德性的事物，给人以德性的事物也就是我们所追求的善的目的。在这三种事物中善是一个人本性的东西，是不能与人相分离的。但是快乐和有用就是相对的，是一个人相对于其他人的令人愉悦性和有用性。我们会因为一个人能给我们带来快乐或者益处，而去爱这个人。这就是快乐的或者有用的友爱。但是，对于善，它是我们所追求的东西，我们爱一个人的善，是因为善自身的缘故，而不是其他。这样的友爱才是最好的友爱。按照这三种我们所追求的可爱的事物，亚里士多德把友爱分为三种：有用的友爱、快乐的友爱和善的友爱。有用的友爱是因为对方于自己有用，并且为得到这种有用而产生的。因此，这种友爱的出发点并不在对方，而是自身，这种友爱透着自私。快乐的友爱是因双方能给彼此带来快乐而产生的。一旦从对方中得不到快乐，那么他们之间的友爱就会终止。所以，这种友爱并不是因对方自身之故而产生的，他们爱的只是对方带给他们的快乐，这种友爱透着狭隘。这两种友爱都不是为了爱自身，而是为了有用和快乐，这两种友爱是偶然的友爱，难以持久，却在生活中最为常见。亚里士多德认为，善的友爱才是最好的友爱，才有资格被视为友爱本身，并且最稳定、持久。因此，他在很多地方所作的关于友爱的定义，都是对于善的友爱的定义。

从亚里士多德对友爱的分类，我们不难发现，在他看来友爱应该具有相互性、相似性、共同生活等性质。友爱不应该是单方面地希望对方好，而对方没有回报同样的希望，这只能称为善意，善意不是友爱，他对不相识者同样产生，只有相互都有善意并且知道有善意，才是友爱。最后，友爱实现于友爱的活动中，即共同生活。人是政治动物，天生需要过共同生活，谁也不愿意单独一人去拥有一切善，而只有在共同生活中，人们才能得到他们所期望于友爱的快乐。亚里士多德的“友爱论”在其伦理学体系中有着重要的地位，是西方伦理学中“友爱论”思想的重要渊源之一。

亚里士多德认为：友爱是一种德性。在希腊文中“eros”和“philia”两个词有不同的根源与意涵，“eros”为柏拉图所用，“philia”为亚里士多德所用。“eros”指含有情欲及肉欲的爱。“philia”原意含有宇宙原理的意涵，后来发展成友爱，指涉精神的爱。在亚里士多德的用语中，没有使用“eros”一词，他将人类相互关系的所有形式都诠释为友爱“philia”的形式。亚里士多德主张的“友爱”是人与人之间的一种良性的相互关系，两个人彼此之间都有善意，希望对方过得好和获得善。他认为人与无生物之间没有友爱。“对无生之物的喜爱不能称之为友爱，因为它是没有回报的爱”，一般之物不可能对“爱”有所报答。人和神之间也没有友爱，对神的友爱不允许有爱的回报，甚至完全没有爱。因为假如有人说他爱宙斯，那是荒谬的。

在他看来，友爱是一种德性，并且是生活最为必需的东西。幸福高尚的生活是不能没有朋友的。他认为“友爱”的关系，包含了父母子女之间、夫妻之间、兄弟之间、统治者与被统治者之间等。“友爱”虽然包含了很多不同性质关系的良性人际形式，但是根据友爱所依据的原因可以细分为不同的友爱。他认为，爱的事物可以分为三类：善、令人愉悦、有用。相对于三种可爱的事物，友爱也可以分为三种：第一种，为了对自己有好处，这个朋友对自己有用。第二种，为了使自己愉悦，这个朋友能让自己快乐。第三种，为了朋友自身，朋友自身是善的。前两种“不是因为朋友自身而友爱，而是为了有用和快乐，这样的友爱都是偶性上的友爱”，第三种友爱是完善的友爱，是好人和德性上相似的人之间的友爱。“那些为了朋友自身而愿望朋友为善的人才最是朋友，因为他们都是为了朋友自身，而不是出于偶性，只要善不变其为善，这种友谊就永远维持。”

（八）奥古斯丁“爱的伦理学”

奥古斯丁全名圣·奥勒留·奥古斯丁（Saint Aurelius Augustinus，354—430）。他的爱的伦理学，就是把柏拉图的“欲爱”和基督教的“圣爱”融合在一起。爱的学说在奥古斯丁的理论体系里占有重要的地位。他以爱作为伦理学的基础，包括以下几个方面：

1. 爱是普遍的

人只要有渴望或欲望，就会有渴望的对象，两者之间的对应关系就可以称为爱。爱可以有很广泛的表现，甚至一个人做坏事也可能出于爱的动机。比如因喜欢某物而偷、抢、骗等。由此可知，爱来自一种渴望，希望得到自己所没有的东西，换句话说就是，爱代表一种缺乏。人间所有的活动都是爱的表现，但有很多爱会带来灾难，这时该怎么办？既然不能消灭爱便只能设法将其净化，使它成为纯洁的、干净的爱。所以，一开始我们要肯定爱是普遍的，以它作为一种原理来解释复杂的人间现象，这就是哲学。但他将所有复杂的现象都当作爱来解释，包含面太广，这时就必须区分真的爱与假的爱。

2. 爱的真实性

什么是真实的爱呢？真实的爱一定是爱上最后的原因、最高的善，爱上永恒不变的理想。按奥古斯丁的逻辑，真正的爱不是对外在的追求，因为外在的东西变数太大，实在是靠不住；也不是对内在的追求，因为人心易变；那么便只能是对向上的追求，这便是上帝。

3. 爱决定人的性质

奥古斯丁说："要问一个人是不是善的，不要问他相信什么，不要问他希望什么，但是要问他爱什么。"这是因为：

（1）人相信什么，这代表一种信念，而这种信念与现实的情况会有差距，如：相信好人有好报，而现实却不一定。

（2）人希望什么，那比较空洞，如：希望天下人都幸福。

（3）人爱什么，代表这个人生命的重心在何处，如：爱钱、爱权、爱国、爱自由。

基本上来说，爱可以决定一个人的价值，因此每一个人都可以爱不一样的东西，但不一样的东西，其价值是有高有低的。

4. 爱的方式

爱的方式有两种：

（1）世俗的爱：就是爱许多现实世界可以得到的东西。

（2）上帝的爱：爱上帝就是爱那个最后的善的原因，一切最高的、永恒的理想。

奥古斯丁认为要以上帝作为最高的爱，以爱这个世界作为过程、手段，否则你就会本末倒置，变成只爱这个世界而忽略了上帝。由此可知，爱的次序是要把上帝作为最优先的对象，然后，才是爱自己、爱同胞、爱人类，因为人类都是上帝所造的，他的爱的哲学的意义就在这里，根源就在爱上帝。

简而言之，奥古斯丁“爱的伦理学”的基本观念是：一切的爱都是占有欲的爱。所谓的爱是一个人对于某一目的物的渴望与欲求，并以占有该物为快乐。爱的产生是由于受到了目的物性质的吸引，尤其是受到目的物中善的吸引，而促使人追求。他认为：爱是一种运动，而所有的运动都指向一定的对象，爱所指向的对象被人视为一种“善”（good），善才是可爱的，因为它能引起心灵的极大吸引力。

作为一种欲求的爱，无论是对有限事物的渴求还是对永恒上帝的渴慕，都是一种趋向对象的运动。根据对象的不同，奥古斯丁把爱分为两种：“仁爱”和“贪爱”。二者都是以追求自己的“善”为目的，但它们在对象上的差异使它们有天壤之别。“仁爱”的对象是创造者上帝，“贪爱”的对象是被造之物世界。“仁爱”向上追求，使自己的存在得以完善；而“贪爱”则向下追求，其结果是使自己越发空虚。“贪爱”的对象是短暂易逝的。“仁爱”的对象是永恒不变的。奥古斯丁关于爱的二分法，实际上是继承了柏拉图割裂灵魂与肉体的思想，从而发展出他的二元对立的神学性质的爱学说。

奥古斯丁与柏拉图一样，认为爱的目的是幸福，而且认为只有永恒不变的“至善”才能满足人的幸福。不同之处在于，柏拉图的“至善”是善的概念，而奥古斯丁的“至善”是创造宇宙万物的上帝。他总结说：“上帝是发现一切善物的唯一源泉，尤其是使得人善并将使得人幸福的那些善物的源泉；唯有发自于他，它们才能进入人心并固着在他身上。”

在论述“圣爱”时，早期的奥古斯丁比较倾向于人的理性作用，认为人的理性自身具有回到上帝的能力，因此恩典只是上帝的一种邀请，它呼唤人通过理性认识事物的秩序，并依照世界的秩序来生活。他认为，人要从感觉的世界中“挣脱”出来，获得真正的幸福，首先要依靠理性。因为理性是人的灵魂理解事物之秩序的能力。奥古斯丁认为不是单靠信仰，而是借着可靠的理性，灵魂才一点一点把自身引向最具美德的习惯和完美的生活。人若借着理性认识到事物的秩序，就能从感觉的世界中摆脱出来，把目光转向超感觉的永恒世界，即上帝。但是，他越往后，越意识到人的堕落，越看到堕落的人不能靠自身的理性使自己从罪中摆脱出来。“……由于心灵本身，尽管生来具有理性和理智，但被黑暗和根深蒂固的错误笼罩，变得不仅无法亲近上帝和获得喜乐，甚至不能忍受上帝不变的光，直到心灵逐日更新，被治愈，能够承受这样巨大的幸福。所以，首先要给心灵灌输信仰，使之洁净。”后期的奥古斯丁坚信，人也只有借着上帝的恩典才能恢复上帝的形象，回到上帝的爱中。

奥古斯丁的伟大之处在于，他把人作为上帝的造物对上帝的本然渴慕与上帝救赎的恩典结合在一起。人作为上帝的造物，在本体结构上有一种渴求上帝的爱，这种爱在人堕落之后受到损害，但是并没有完全消失。然而，这时候人已经不能像柏拉图所认为的那样能够靠着自己来达到上帝。只有借着上帝的恩典，靠着上帝凭借圣灵把爱浇灌在人心中，人才能重新爱上帝和他的邻舍。奥古斯丁是把“欲爱”与“圣爱”成功结合起来的最卓越代表。他的成就为基督教神学奠定了一块无与伦比的丰碑。他关于爱的理论对后世产生了深远的影响 。从一定意义上说，他对后来阿奎那从人的自然性与上帝恩典这两个方面论述“爱的哲学”提供了基本思想框架。

爱的秩序即美德。奥古斯丁说：“就我而言，美德最简单、最真实的定义是爱的秩序。”“爱的秩序”也是一个形而上学的概念，它指宇宙万物间永恒不变的秩序，因此，也被称为“神律”“永恒律”，它对人的作用造成了道德规则。铭刻在人心的“神律”又被称作“自然律”。奥古斯丁是最早提出“自然律”概念的神学家。他认为人类爱的各种形式并非完全平等，他们之间存在等级。在爱的等级当中，对于上帝的爱是最高的爱，而其他形式的爱如性爱等，不仅层次较低而且价值较小。对于奥古斯丁所倡导的“仁爱”，其重要特征就是遵循秩序的爱，唯有如此，才不违背上帝的永恒法则。

小结：中国传统哲学关于“爱”的理解，主要局限于人外在及内在的善，比如道家的“自爱”及儒家的“性善论”，墨子的“兼爱”也是如此（仅仅是爱的范围大了一些）。佛教的“大爱”叫“慈悲”，强调给予，劝人放弃“贪”，极力否定“贪”。笔者恰恰认为“贪”也是“爱”的一个部分，甚至是主要部分，不管好与不好，都是客观存在的。

西方传统哲学关于“爱”的理解，主要把“爱”视为“欲望”或者“善”或者上帝本身，极力贬低人对自身或者具体人及物的“爱”。比如柏拉图的“欲爱”及亚里士多德的“友爱论”，奥古斯丁的“圣爱”也是如此（仅仅是爱分了秩序）。其实正是人们对自己、家庭、朋友及具体事物等的“爱”，才让人们感受到生活的乐趣，激励人们活下去，推动世界发展。无欲无求，世界就停止了，事实上，从来都没有出现这种状况！我们不反对提倡什么，但也不能脱离现实、否定现实，毕竟我们真正活在其中！

中外先贤们谈论爱，总是与人性连接在一起，或曰人性善，或曰人性恶。说人性善的，往往在现实中收获失望。说人性恶的，偶尔也有惊喜。西方圣贤一般没有把人分等级，认为人人平等。中国圣贤，可能出于秩序的考虑，往往把人分等级，长期占据主导地位的儒家思想的“礼爱”，就认为爱也是分三六九等的，有严格的程序及仪式，不能逾越。西方先贤们大谈“善爱”或者“圣爱”等，人人平等有一定先进性。但是现实是最客观的，研究必须基于现实，毕竟竞争、危机或者战争经常出现！

其实，爱是一个综合体、矛盾体，里面包含了丰富的内容，有好有坏，而且是随时变化的。任何一个人都随时拥有各种爱，只是有的有时是显性，有的有时是隐性，根据具体情况而显现，它们对立统一、和谐共处。人身上永远有所谓好的“爱”（“善”）、坏的“爱”（“恶”），它们随时转化，或隐或现，构成了人类的历史。

第三节　道德与社会治理

社会治理是政府、社会组织、企事业单位、社区以及个人等多种主体通过平等的合作、对话、协商、沟通等方式，依法对社会事务、社会组织和社会生活进行引导和规范，最终实现公共利益最大化的过程。

社会治理是一种公共理想的社会和经济效果的治理模式。社会治理是一系列的价值、政策和制度，通过这些，一个社会可以来管理它的经济、政治和社会进程。社会治理是一个国家开发经济和社会资源过程中实施管理的方式，它同时也是制定和实施决策的过程。社会治理还被界定为限制和激励个人和组织的规则、制度和实践的框架。所以，治理不仅仅局限于政府，也包括多元角色的互动。

德治是古代的治国理论，是人治的理想模式，主张以道德去感化教育人，通过心理上的改造，使人心良善，知道耻辱而无奸邪之心，从而维持社会的稳定[①]。

在中外历史上，都是将德治与法治并行通用，从而实现更好的社会治理。

① 程希彦：《论法治与德治的结合》，《河南社会科学》2001 年第 2 期。

原始社会时期，德治一统人心，维护氏族整体利益。原始人类既无私有财产，又无阶级和国家，自然也就没有法律与法治。调整人们关系、保障社会秩序的行为规则是世代相传下来的风俗习惯。实质上，风俗习惯本来就是道德规则。原始人靠首领或长辈的言传身教、以身作则以及社会舆论的监督，尤其是人们的自觉遵守，践行着习俗道德，以此凝聚氏族成员，维护整体利益，保证人类社会的生存与发展。恩格斯说：“这种十分单纯质朴的氏族制度是一种多么美妙的制度啊！一切都是有条有理的。在大多数情况下，历来的习俗就把一切调整好了。”但是，这种习俗的力量、德治的功能，在生产力极不发达、人们之间物质利益冲突尚不尖锐时尚可有效，一旦生产力发展导致私有财产和私有制产生，它的局限性就显现出来了。

奴隶制时期，德治与法治柔刚并济，维护统治阶级权益。西方社会进入奴隶制以后，“社会上占统治地位的那部分人的利益，总是要把现状作为法律加以神圣化，并且要把习惯和传统对现状造成的各种限制，用法律固定下来”。被认可为法律的习惯，由奴隶主阶级靠国家强制力保障实施，一旦有违背，严惩不贷；另外，统治者们又以德治弥补法治之不足。

西方奴隶制时期的德治以古希腊罗马为代表。古希腊时期，德治要解决的主要问题，一是个人和城邦的关系，二是个人欲望与理智的关系。德治的目的在于求得整个社会的和谐与个人的至善。当时，雅典的奴隶制民主对伦理道德观念和社会生活影响很大。社会舆论认为，如果一个人不关心国家大事，不参与公众事务管理，那他就不是一个好公民。在认识和处理人的欲望与理智关系方面，古希腊的政治家、思想家、教育家们大都倡导精神快乐高于物质享受、精神生活重于肉体快乐。苏格拉底说，金钱不能产生美德，美德比金钱更重要。德谟克利特坚决反对把肉体快乐作为人生追求的目标，而强调灵魂向善，努力用理性去认识必然性。他说：“给人以幸福的不是肉体上的享受，也不是财富，而是正直、谨慎、公正和智慧。”这一论点与当时社会四大美德——智慧、公正、勇敢、节制十分相近。在主流社会的倡导下，古希腊人把美、善、力融为一体，认为形体健美有力即是美德，而苍白瘦弱、有气无力则是一种不道德。而在家庭伦理中的男尊女卑，政治伦理中的不把奴隶当人看待，对奴隶残酷剥削镇压等，均是古希腊德治中的历史阴暗面。古罗马时期，占统治地位的德治思想是通过克制个人欲望以求灵魂解脱的斯多葛主义。它适应罗马帝国政治统治的需要，让人们多关心自己的灵魂，而不必去关心社会现实斗争，把获得个人内心世界的安宁视为道德修养的目的，从而使修养身心和社会现实生活相脱节。罗马帝国末期，反映广大奴隶和被压迫民族心声的早期基督教伦理思想应运而生，奏响了新的德治旋律。

封建时期，宗教势力与世俗统治用德治和暴力对人们实施灵与肉的统治。欧洲进入中世纪封建社会后，在经济上实行的是庄园式自然经济，政治上是采邑分封制，农奴生活在社会最底层，终身被束缚在领主的土地上，农奴没有独立的人格。以国王为首的世俗贵族和以教皇为首的宗教势力组成的统治阶级，一方面对被统治者巧取豪夺，压榨剥削，另一方面穷奢极欲，以权势、财富和奢华为荣耀，过着寄生虫般的生活。贵族男女上流社会的社交中，形成了种种烦琐礼节和行为方式，即所谓贵族风度。贵族们把不用手帕擤鼻涕视为一种极不体面的行为，却不认为用一位农奴少女换一条小狗是缺德的。由于世俗封建统治者与教会的宣传鼓噪和竭力推行，天主教教义及其道德成了麻醉人民的鸦片、束缚被统治者的精神枷锁。其教义道德的核心是让人忍受现实一切苦难，不要抗恶，禁绝感性欲望，以求来世幸福。教会道德还一再要求必须服从统治者，不可诅咒君王，不能诅咒富人。不仅在口头上和行动上不能这样做，即使在心里，这种念头都不该有，有了此念就是不道德，就是犯罪。而统治者们对农民的反抗可以残酷无情地镇压，对真理的探索、宣传、维护者可以使用剑火牢狱。封建教会专门成立有异端法庭，不经审判就可以处死被告，没收其全部财产，而且到其第三代仍要受罚。可见，欧洲中世纪德治的实质就是维护世俗和宗教统治，纵上而压下，残酷而虚伪。

资本主义社会的德治，张扬个性自由，推行个人主义和合理利己主义。资本主义的生产方式使整个社会关系发生了革命性变革，随之而来的人际关系也发生巨大而深刻的变化。首先，资产阶级为了反对封建宗法等级制度和禁欲主义，为了推行和壮大资本主义商品经济，公开提倡个人主义和利己主义道德观念。他们高举人道主义大旗，竭力宣扬资产阶级人性论。资产阶级从人的本性是自私的这一理念出发，把追求、获得和维护个人利益视为一切行动的出发点和归宿，把发财致富、追求个人自由和幸福的一切行为都看作是高尚的道德。马克思和恩格斯说：资产阶级“把宗教的虔诚，骑士的热忱、小市民的伤感这些情感的神圣激发，统统淹没在了利己主义打算的冰水之中”。这是对资本主义德治入木三分、一针见血的概括。其次，由商品拜物思想导出的“金钱至上”“金钱是衡量万物的标准”是资产阶级奉行的重要道德规范。资本主义生产方式的根本特点，是不仅物质产品可以买卖，即便是人的荣誉、情感、尊严也可以交易。资产阶级用公开的、直接的、露骨的剥削，代替了用宗教外衣掩盖起来的封建宗教剥削，以往田园诗般的封建宗法关系被无情地摧毁了，就连婚姻家庭关系中含情脉脉的面纱也被一把撕下。正如马克思和恩格斯所说："它使人和人之间除了赤裸裸的利害关系，除了冷酷无情的现金交易，就再也没有任何别的关系了。"最后，功利主义被资产阶级作为一面旗帜鼓动人心、号召天下。资产阶级功利主义伦理思想以霍布斯、穆勒和法国的爱尔维修为代表。他们认为，人是自然的产物，趋乐避苦是人的本性；没有利己心就没有道德，也就没有社会的存在和发展。他们大力倡导，要在关心个人利益的基础上，把个人利益和社会利益统一起来，为了更好地满足个人利益，就必须顾及他人和社会利益。人人都能如此，社会就会和谐。资产阶级德治在争取个性解放、崇尚人权、反对封建宗教禁欲主义与封建特权、倡导与维护个人利益、注重现实幸福等方面，确实起到了非常重要的作用。其人道主义也在人和人、人和社会的关系上确立了一种明显进步于封建宗法等级关系的新型关系。但资产阶级奉行的道德在本质上是利己主义，它不可能避免人伦关系中的疏离、冷漠、损人利己，更难以治理社会精神领域的颓废之风。①

在中国历史上德治的核心是推行"仁爱"，通过"仁爱"的普及来构建社会伦理秩序，并进而实现国家治理。中国周朝提出"明德慎刑""为政以德"，后经两汉魏晋南北朝的法律儒家化运动，礼法合流，《唐律》最终确定了"德礼为政教之本，刑罚为政教之用"的德治方略，并为以后历代所尊崇。

在社会治理过程中，道德对人的社会行为进行引导与规范，与其他"显性制度"交互影响，推进了社会制度的创新，参与了社会秩序的构建，维护了社会发展与稳定。在实践维度上，道德自身的时代性与在地性、治理机制的系统性及治理作用的有限性，制约和影响着道德参与社会治理的现实过程。

道德是一种主要以非正式、非成文形式表现出来的"隐性制度"，在现代社会生活中发挥着广泛、普遍、持久的社会治理作用。当前在推进国家治理体系和治理能力现代化的过程中，人们有必要厘清道德参与社会治理的现实机制，探讨其作用发挥的实践维度。

① 于舒：《浅析德治的历史溯源》，《源流（教育版）》2012 年第 3 期。

道德实现社会治理，首先表现为对主体行为的引导与规范，继而维护社会的稳定有序运行。道德是人类生活的一种实践形态，各种伦理原则与道德准则立足于人的道德良心与行为自觉，依靠社会舆论与公众评价，在现实生活中引导、约束、规范着人们的行为。这是一般意义上道德的社会功能，是伦理道德作为软性约束、柔性规范所具有的社会治理作用。

当然，道德的社会治理作用远不止于此。作为“隐性制度”，道德与其他“显性制度”的交互影响，是其参与社会秩序构建、实现社会治理功能的关键形式。正是在“隐性制度”与“显性制度”、道德与成文法的互动中，道德影响和塑造了诸多正式制度，将作用范围拓展到制度创新、制度施行的广阔领域，发挥了广泛、有效、独特的社会治理作用。

作为“隐性制度”的道德，为诸多“显性制度”奠定了价值基础，赋予其道德合理性，保障了后者的相对稳定性。

“显性制度”或成文法，是人类在社会实践中，基于主体的自由意志，进行合目的性活动的产物。人类在设计和建构这些制度的过程中，并非随意为之，而总是基于一定的价值基础，并接受一定价值理念的指引和价值标准的评判。在建构和实施各类“显性制度”的过程中，人的社会活动是一种特定的价值选择和价值实践活动。

社会主体的这一独特的实践形式，打通了“制度”与价值的关系，使通常所说的伦理道德进入“显性制度”的建构过程。具体而言，作为一种“隐性制度”的伦理道德，“通过对主体的行为目的、动机、手段的选择，通过对行为效果、从事活动的社会关系状态的评价，以及通过对主体行为态度的作用，获得实践性品性，并存在于实践的全过程。正是在这个意义上，伦理道德作为实践—精神本身虽并不直接是具体感性的，但它却始终有要转化为感性现实存在的态势。人的一切自由意志行为，都贯穿着伦理道德。伦理道德是人类实践中隐而不露又无所不在的灵魂”。它为各类“显性制度”奠定了价值基础，赋予后者以道德合理性。只有当“显性制度”具备了道德合理性，它才能作为一种“善”的制度获得成立的必要和持久的生命力。如美国法学家富勒在论述法律的道德性时所言，如果法律制度没有蕴含内在道德，则“不仅仅会导致一套糟糕的法律体系；它所导致的是一种不能被恰当地称为一套法律体系的东西”。简言之，没有道德支撑的成文法规，不仅是恶的制度，而且根本就不宜称之为制度。

道德作为一种“隐性制度”，不仅为各类“显性制度”提供了道德合理性，也在实践中保障了后者的相对稳定性。以美国社会为例，在2013年10月美国联邦政府的关门危机中，虽然普通民众对民主、共和两党的政争不胜其烦，但仍然不接受某一政党独大的政治安排。根据盖洛普公司同年10月11日统计，希望一个党同时控制政府和国会的美国人仅有25%，仍处于历史低位。这表明，即便出现了驴象政争、权力分散、效率降低等重大问题，但人们关于政党政治与政府运行的基本认知并未改变，关于制度架构及其公平正义的伦理理念并未动摇。这种价值理念的持续与稳定在很大程度上维护了美国现有政治制度的稳定性。可以说，伦理精神和道德理念作为一种“隐性制度”，能够内化到行动主体的心灵之中，不仅不会随偶然事件的发生而任意改变，还会在一定程度上维护相关“显性制度”的稳定性。

道德能够为“显性制度”提供“善”的管理者和施行者，并为制度运行创设良好的社会氛围。“徒法不能以自行。”即便是最好的制度，它的“功用也常常在很大程度上依赖于相关的人。制度好似堡垒，它们得由人来精心设计并操纵”。各种成文法规或典章制度不仅制定时需要进行伦理分析，具备道德合理性，而且在施行过程中也需要德行较高的制度管理者和施行者。同样的制度安排和程序设计，在不同的地区和社群中，其施行过程和效果是存在巨大差异的。究其原因，人们道德品质的高低、道德人格的差异是造成制度施行效果各不相同的关键。作为一种“隐性制度”的道德内蕴了一种社会长期积淀、凝聚而生的价值精神，能够通过特有的规范性作用，塑造和提升社会成员的道德品质和道德能力。这将在现实性上推进“显性制度”的施行，使“善”的成文制度真正取得“善”的效果。

道德还为“显性制度”的施行营造了良好的社会氛围，发挥其独特的社会治理作用。在现实生活中，各类成文法规、典章制度的施行须有良好社会氛围的支撑，否则这些正式制度不仅无法实现，还有可能被部分人利用，成为个人获取私利的工具。2008年以来，以美国为首的西方世界深陷金融和债务危机之中。这在表面上体现为金融风暴或经济危机，反映了金融预警制度与监管制度的缺失，但在根本上却是某种程度的道德危机。在这一过程中，部分“社会精英”唯利是图，醉心于赚取超额的经济利益，丧失了起码的道德底线。整个社会氛围也随之发生转变，不仅没有预警和制止金融危机的出现，反而在一定程度上加速了危机的到来。就此，美国哥伦比亚大学教授萨克斯指出："由于核心价值的崩溃，美国呈现了一个富裕国家分崩离析的各个特点。……这个国家正处于一个丑陋的道德危机的痛苦之中。"这一论断让我们再一次认识到制度运行之价值环境的重要性。可以说，作为一种"隐性制度"的道德，不仅为"显性制度"的施行提供了主体保障，也为之创设了良好的价值环境，营造了"善"的社会氛围。

作为"隐性制度"的道德，填补了"显性制度"关涉不到的空白领域，弥补了成文制度无法实现的治理缺失，赋予了社会生活以理想和崇高。"显性制度"以正式的、成文法的形式存在，有着明确的范围和边界，无法覆盖社会生活的所有方面。那些被成文制度遗漏的方面虽然不涉及社会建制等战略问题，但它们与人们的日常生活息息相关，直接影响着社会成员的生活品质，可谓事情虽小却影响重大，理应得到重视和关注。道德作为一种"隐性制度"，渗透于社会生活的各个领域，在多个层次针对社会主体及其行为，发挥善恶评价与引导规范的作用。在正式制度与非正式制度、"显性制度"与"隐性制度"互动互补的基础上，道德能够补苴罅漏，在那些"显性制度"无法或无力涉及的领域发挥应有的社会治理作用。

作为一种"隐性制度"的道德，能够赋予社会生活以理想和崇高，使人们的存在与发展具有伦理意义和善的价值。"显性制度"由于其产生机构、形成过程、保障机制等原因，在规范人们社会行为的过程中具有一定的强制性，显得较为生硬。同时，"显性制度"（如成文法律）为了维护社会秩序的稳定有序，在明确惩罚措施的基础上，大多着眼于社会秩序的底线控制。如果社会生活中仅有这些"显性制度"，则人类生活将过于生硬和死板，人们也将失去应有的追求和理想。伦理道德渗透在社会生活的方方面面，不仅能够柔化制度建设的生硬感，更给人们提供了崇高的价值追求，使得人们的现实生活具有向上的目标和向善的动力。这也是作为柔性约束的道德所具有的独特作用。

这种柔性约束与强制性法制的结合，不仅是一国治理的需要，而且越来越成为国际间人类行为约束的客观要求，并以国际法的形式予以体现。

第七章 法治与德治关系研究

德治与法治都是社会主义治国方略，二者在社会主义法治建设和国家治理上是相辅相成、缺一不可的，对于一个国家的发展来说，这两者是必须要密切结合起来的，这是时代发展的必然方向。德治与法治在不同的历史时期也有自己的独特内涵，必须要正确处理二者的关系，才能使二者在最大程度上发挥自己的功效。我们国家在加强法治的同时，也要坚持发展以德治国的方略，这是建立具有中国特色社会主义体系过程中的必然趋势。

法治是外在控制之治，德治是内在约束之治；法治是低度行为的规范之治，德治是高度行为的倡导之治；法治是国家的强制之治，德治是社会的教化之治。法治不能否定德治，德治不能取代法治，两者相互依存，取长补短。

法律是成文的道德，道德是内心的法律。法律是社会道德的底线和后盾，凡是法律禁止的，通常也是社会道德反对的；凡是法律鼓励的，通常也是社会道德支持的。社会道德是法律的高线和基础，是法律具有合理性、正当性与合法性的内在依据。法律的价值、精神、原则等大多建立在社会道德的基础上，道德所要求或者禁止的许多行为，往往是法律作出相关规定的重要依据，而多数调整社会关系和规范社会行为的立法，都是道德法律化的结果。例如国家立法规定：禁止杀人放火、禁止抢劫盗窃、杀人偿命、借债还钱、赡养父母、抚养子女等，总体上都反映或体现了道德的基本要求。社会道德是法律的源泉，是制定法律的内在要求和评价法律善恶的重要标准。正因为法律和道德在意志属性、规范特征、实现方式等方面的区别，所以法律不能取代道德，道德也不能取代法律，两者必须相互融合，相辅相成。法安天下，德润人心。国家法律和社会道德都具有规范社会行为、调节社会关系、维护社会秩序的作用，在国家治理中都有其地位和功能[①]。

全面推进依法治国，离不开法律与道德的融合、法治与德治的并用、依法治国与以德治国的结合。2016 年 12 月 9 日，习近平总书记在主持中央政治

① 李林：《让法治与德治相得益彰》，《学习时报》2016 年 12 月 15 日。

局第三十七次集体学习时强调，必须坚持依法治国和以德治国相结合，使法治和德治在国家治理中相互补充、相互促进、相得益彰，推进国家治理体系和治理能力现代化。这是对依法治国和以德治国关系的全面阐发，深刻揭示了中国特色社会主义法治建设和道德建设的重要准则。

（一）法治需要思想道德建设先行

道德品格是德治的前提，法律的产生以道德为基础。重要的、基本的道德规范是法律规范的主要来源之一。没有对道德理念的追求，法律可能成为专制与奴役的工具。法治的关键在于善法或良法的存在。法的正义与否，在相当程度上取决于立法者的价值取向和道德水准。不体现道德甚至背叛道德的不义之法，也许可以称为法制，却永远无法纳入法治的范畴，不可能得到有效的贯彻实施。不同的经济社会群体有着不同的法律愿望，立法主体的道德品质在一定程度上决定着把什么样的法律愿望上升为国家法律，从而决定法律的品质。就我国来说，立法主体只有把代表最广大人民根本利益的法律愿望上升为国家法律，才能获得绝大多数人的支持，这样，法律才具备了顺利运行的前提条件。因此，比起法治，德治更具有基础性和前提性。

（二）法治的运行需要道德支撑

道德控制是法治的内在动力。法治的重点是人的外在行为，德治的重点是人的内心世界。法律不能自行，再好的法律也需要人来执行。法律的确立和实施，归根到底是人的活动过程，法治是靠人来实现的。见物不见人，法治也就无从谈起。法治的推行首先要依靠社会成员的普遍认同和自觉遵守。没有较高的道德水准，有了好的法律也不易执行，再严密的法律也有空子可钻。不可能设想法律和制度一旦建立，社会秩序就井然有序，失范现象就不攻自破或荡然无存。现实要求我们必须从思想道德上保证切实遵纪守法，同一切违法乱纪的思想和行为作斗争。要看到，一个社会如果大多数社会成员思想觉悟和道德素质低下，那么不论有多么苛刻严厉的法律，也不能从根本上解决社会秩序和管理问题，不能长治久安。法治是对全国人民最起码的要求，德治则是高层次的要求。没有德治支持的法治，是没有根基的。

（三）法治的完善离不开道德制约

法律在实践中是动态的、开放的体系，需要在面对新情况、总结新经验的基础上，不断延续、提升和发展。道德的自觉约束与法律的强行约束是互相制约的，也可以互相转化，某些道德规范需要适时提升为法律规范。在法律未涉及的领域，道德就在其中起到一个补漏的作用。厉行法治，必须辅以德治。某些危害社会的行为，法律可能束手无策，道德却可以有所作为，人们可以依据道德来评判、谴责一切危害社会的行为。道德不仅可以弥补法律条文的某些空隙或薄弱环节，而且可以深入人的灵魂。以德治国并非要以德治来代替法治，而是要真正强化和实现法治。只有在实行法治的同时实行德治，以道德教育、道德自律和道德建设作为法治的后盾，提高全民族的道德素质，依法治国才能进入良性循环，社会发展才能进入较高层次。

有效实施社会主义法律，自觉遵守社会主义道德，是法治与德治的必然要求。正因为法治是外在控制之治，德治是内在约束之治；法治是低度行为的规范之治，德治是高度行为的倡导之治；法治是国家的强制之治，德治是社会的教化之治；所以法治不能否定德治，德治不能取代法治，两者必须相互依存，取长补短。从法律实施角度来看，执法机关和司法机关严格执行法律化了的道德规范，就能够从法治上有效地保证社会公德、职业道德和家庭美德的充分实现；反之，国家的宪法和法律不能有效实施，有法不依，执法不严，违法不究，徇私枉法，则必然严重损害社会主义道德体系和道德建设。对于执法司法人员而言，在实施法律的过程中，既要以事实为根据，以法律为准绳，严格依法办事，坚持法律面前人人平等，秉公执法，公正司法，不徇私情，刚直不阿，把法律化的社会主义道德要求落实到法律实践中；又要统筹法律、伦理和人情的关系，关注普遍法律规则和复杂事实背后的道德伦理因素，使法律实施的结果（如法院裁判）尽可能与社会主义道德的要求评价相一致，至少不与社会主义道德的价值相冲突。如果一项法院判决有可能导致人们不敢见义勇为，不敢救死扶伤，不愿扶老携幼，不愿拾金不昧……那么，法官就需要特别审慎地对待，否则这种司法判决就可能陷入“赢了法律，输了道德”的困境。此外，执法司法人员要带头做社会主义道德的表率，坚决防止执法腐败和司法腐败，保证法律公器的纯洁和神圣。法治和德治两手抓、两手都要硬。这既是历史经验的总结，也是对治国理政规律的深刻把握。坚持依法治国和以德治国相结合，是中国特色社会主义法治道路的鲜明特点。

推进依法治国与以德治国相结合，一方面，应当大力弘扬社会主义核心价值观，弘扬中华传统美德，培育社会公德、职业道德、家庭美德、个人品德，更加重视发挥道德的教化作用，提高全社会文明程度，为全面依法治国创造良好人文环境；应当在社会主义道德体系中体现法治要求，发挥道德对法治的滋养作用，努力使道德体系同社会主义法律规范相衔接、相协调、相促进；应当在道德教育中更加突出法治内涵，注重培育人们的法律信仰、法治观念、规则意识，引导人们自觉履行法定义务、社会责任、家庭责任，营造全社会都讲法治、守法治的文化环境，不断强化社会主义道德对依法治国的支撑作用。

另一方面，应当更加重视发挥全面依法治国的作用，以法治体现道德理念、强化法律对道德建设的促进作用，把道德要求贯彻到法治建设中。在立法上，法律应当树立鲜明道德导向，弘扬美德义行，推进社会主义道德的法律化，把实践中广泛认同、较为成熟、操作性强的道德要求及时上升为法律规范，用法治强化对社会文明行为的褒奖，对失德行为的惩戒，引导全社会崇德向善。在执法司法上，要体现社会主义道德要求，坚持严格执法，弘扬真善美、打击假恶丑，让败德违法者受到惩治、付出代价，坚持公正司法，发挥司法断案惩恶扬善功能，使社会主义法治成为良法善治。在守法上，要把全民普法与公民道德建设工程紧密结合起来，把全民普法和全民守法作为依法治国的基础性工作，使全体人民成为社会主义法治的忠实崇尚者、自觉遵守者、坚定捍卫者，同时要深化群众性精神文明创建活动，引导广大人民群众自觉践行社会主义核心价值观，树立良好道德风尚，争做社会主义道德的示范者、良好风尚的维护者，努力构建崇德尚法的社会主义法治社会。

总之，“法治”与“德治”是一个国家长治久安不可偏废的两种途径，而两者的理性统一实际上要求建立一种宪政秩序。作为法治的最高形式，宪政不但为法治提供了道德源泉，而且也为实现德治提供了法治的保障，从维护和保障社会的稳定方面来说，法律和道德有着同样重要的作用。它们相互联系、相互补充。道德规范和法律规范应该相互结合，共同发挥作用。有了良好的道德素质，人们就能自觉地扶正祛邪，扬善惩恶，有利于形成追求高尚、激励先进的良好社会风气，从而保证社会主义市场经济的健康发展，促进整个民族素质的提高。在建设中国特色社会主义的过程中，我们不仅需要法治，而且也需要德治，使法治与德治相辅相成、相互促进。忽视其中的任何一个方面，都不可能达到使我们的国家长治久安的目的。“德法共行”是“法治”与“德治”关系的历史总结，在现代中国，二者被升华为“依法治国”与“以德治国”。依法治国和以德治国是我国重要的治国方略，我们要立足本国实际，认真总结人类历史上的法治和德治实践，大胆吸收和借鉴人类社会创造的一切文明成果，总结人民群众在实践中创造的法治和德治的鲜活经验，积极探索依法治国与以德治国相结合的途径，最终形成有中国特色的社会主义依法治国与以德治国相结合的制度和模式。所以，正确认识和处理二者的辩证统一关系对发展社会主义政治、经济、文化具有极其重要的作用，对实现社会主义和谐社会具有非常重要的意义[①]。

第一节　德治的有限性

“德治”思想在中国由来已久，在中国几千年的文明发展历史中，它逐渐形成了一个完整的治国方略和思想体系。德治作为治国方略，内涵是极其丰富的，德治与法治具有互补性，二者虽范畴不同，追求的价值目标也有差异，但其地位和功能都是非常重要的[②]。

在我国历代各种治国思路中，德治思想提出最早，论述最多，流传最广，影响也最大。德治思想是儒家学派的最基本的主张，也可看成儒家学派的代名词。

从现有的文献来看，“德”字在先秦的《尚书·尧典》中即已出现。原文讲：“曰若稽古，帝尧，……克明俊德，以亲九族。九族既睦，平章百姓。百姓昭明，协和万邦。”“俊德”即美德。能把高尚美好的品德发扬光大，就能使九族以内的人亲密团结，百姓安乐，万国友好，社会就会变得和善。在这里，明德的功能是使社会和谐。自此以后，“德”就成为重要的政治与伦理概念。儒家之所以将夏商周三代之治作为后世效法的王道典范颂扬备至，就因

① 陆中静：《关于法治和德治的思考》，《承德民族师专学报》2003 年第 7 期。

② 王建均：《关于德治的几点思考》，《佳木斯教育学院学报》2008 年第 4 期。

为三代是“至德之世”。

自西周初期周公（旦）提出“敬德保民”的治国思路，中华民族便逐渐形成了重德治教化的传统。殷朝灭亡后，周初统治者在深刻总结其教训的基础上，明确提出了“明德慎罚”“敬德保民”“以德配天”的思想，开德治之先河。

提出德治思想体系、影响最大的是儒家鼻祖孔子。他有几句名言，可视为德治思想的圭臬。他说：“为政以德，譬如北辰，居其所而众星拱之。”“道之以政，齐之以刑，民免而无耻；道之以德，齐之以礼，有耻且格。”

总之，在孔子看来，强力和刑罚是对人力的征服，德则是对人心的征服。从长远来看道德比行政和法律的手段更为管用。用法制禁令来治理民众，用刑罚迫使他们就范，民众虽然因害怕惩处而可以避免犯罪，但不知犯罪是耻辱；一旦法制禁令存在漏洞，或者刑罚有所松弛，民众还是会作奸犯科的。如果用道德指导教化他们，用礼仪来约束规范他们，民众就会明白犯罪是行恶，而自觉地纠正行为，这样就不会轻易犯罪了。靠行政和刑罚来治理，是消极的办法；推行道德教化，强调修身为本，提高民众素质，则是积极的办法。前者是对人们不良行为的治理，后者则是对人们不良心理的治理，是思想上的引导。从孔子始，强调道德教化，修身为本，以德治国，成为儒家思想的主题，一代代地延续、发展下来。

儒家的德治思路，体系完备，内容丰富，具有民本主义色彩，在维护中华民族的稳定统一、求治求善等方面，发挥了重要的历史作用，功不可没，其优秀成分在现在和将来仍将继续发挥作用。

儒家的德治思路偏执于人的道德修养，重自律、轻他律；重教育、轻监督；重人治、轻法治；忽略、轻视制度建设。儒家从“人性本善”出发，执着地追求“内圣外王”，总以为通过修身教化，通过经典学习，可以“致良知”，可以做到“非礼勿视，非礼勿听，非礼勿言，非礼勿动”，可以做到“慎独”。认为君主和官吏的言行具有莫大的示范作用：“其身正，不令而行。”相信通过德治学说熏陶教化出来的大丈夫，能够做到“富贵不能淫，贫贱不能移，威武不能屈”，能够杀身以成仁、舍生而取义、文官不爱钱、武官不怕死，更能做到先义后利、临财不苟得、临利不苟取，“老吾老，以及人之老；幼吾幼，以及人之幼”，“己所不欲，勿施于人”，“己欲立而立人，己欲达而达人”，认为通过“吾日三省吾身”，就能做到廉洁奉公。他们没有看到人性求利的本能、人性的多种先天弱点。这些本能和弱点，经无数实践证明单靠道德是约束不了的，也是改变不了的。道德的力量是有限的。必须对权力予以监督和制约，而且这种监督和制约又必须是双向的、平等的，才能防止好人变坏人，阻止坏人干坏事，避免官吏和政权走向腐败。由于几千年来一直未能走出这个误区，导致中国德治理论发达，而法治理论不足，政治文明进步缓慢，治乱兴衰周而复始，跳不出周期率，改变不了人治，直至近代，专制体制依然故我。

儒家的德治理论重政治、轻经济，过分强调义利之分，片面要求人们舍利取义，克制私欲，清心寡欲，省吃俭用，安贫乐道，逆来顺受，以维护社会秩序的稳定。殊不知没有经济发展、经济实力的稳定，是暂时的稳定、表面的稳定，甚至是虚假的稳定。义利之分是必要的，也是儒家理论的一大特色，但后来却走向极端，把民众正当的、基本的生活需求也作为“私欲”来反对、来限制。宋明理学甚至把“私欲”与“天理”对立起来，要人们“存天理，灭人欲”；寡妇不可改嫁，说什么“饿死事小，失节事大”，等等，简直到了“以理杀人”的地步。

为实现中华民族的伟大复兴，以江泽民同志为核心的党中央第三代领导集体对传统德治思想进行了扬弃，提出了“以德治国”的伟大方略，明确指出在发展社会主义市场经济的过程中，要坚持不懈地加强社会主义法制建设，依法治国，同时也要坚持不懈地加强社会主义道德建设，以德治国。这是对我们党治国理政经验的科学总结，是对建设中国特色社会主义规律性认识的升华。

但是，必须同时清醒地认识到，法治属于政治建设、属于政治文明，德治属于思想建设、属于精神文明，二者必须同时并举。道德靠个人的良心和舆论来保障实施，单纯地强调德治，必然使社会治理的强制约束性降低，在利益多元化和价值观念多样化的条件下，良心和舆论尚不足以防止反道德的行为发生。在道德体系中，有一些道德义务是最低限度的义务，能否得到普遍遵守意味着社会基本秩序能否存在，一旦道德建设失去强制约束力，社会治理就会失去规范，社会就会面临混乱。必须利用法律手段使之上升为法律义务，以法律制裁为后盾予以强制执行。这样就会大大增强道德义务的约束力，使之从“软约束”变为“硬约束”。

道德作为一种“隐性制度”参与社会治理并发挥作用，不仅是一个理论问题，更是一个重要的现实问题。在实践维度上，道德自身的时代性与在地性、治理机制的系统性、治理作用的有限性，都制约和影响着道德参与社会治理的现实过程，是我们必须深入考察的问题。

第一，道德自身必须具备时代性和在地性。道德在参与社会治理的过程中，必须是普遍伦理精神在特定时代、特定国家或地区的特殊性定在。

伦理道德作为一种实践精神，在总体上应与时代精神同向而行。作为参与社会治理的“隐性制度”，道德需顺应历史发展的潮流，体现时代精神的特质。一方面，参与社会治理的道德应体现道德文化之“常”，能够继承传统道德文化中具有普遍性价值的理念和规范；另一方面，道德应体现当代社会之“变”，能够紧扣时代变革的脉搏，体现时代发展的新趋势与新方向。当前，互联网迅猛发展，虚拟社会蓬勃兴起，扁平化组织不断涌现，道德必须立足于社会、组织及主体活动的变化，反映社会实践的深刻变革，成为一项具有时代特色、富于时代精神的“隐性制度”。唯有如此，道德的社会治理过程才具有现实合理性与可能性。

同时，道德要发挥社会治理的现实功能，必须具备在地性或本土性，即与特定文化传统及价值体系相契合，具备本国家、本地区或本民族的特色。普遍性存在于特殊性之中，并以特殊性的形式呈现出来。具备在地性的伦理道德是普遍伦理精神在特定国家或地区的特殊性定在，它不仅以各种道德规范的具体样式存在着，更以特殊性样式展现了普遍伦理精神的本质与要求。在现实社会中，道德规范不仅应体现“善”的普遍要求，还应具备在地性，能够体现特定国家、特定民族的地域特质和文化特性。如此，道德作为“隐性制度”，才能获得社会成员的广泛认同与遵循，才能在社会生活中真正发挥其治理功能。

第二，道德的社会治理机制具有系统性。不仅道德治理本身是一个有机系统，而且道德治理还作为子系统参与整个国家的宏观治理体系。

（1）道德参与社会治理是一个完整的系统工程。伦理理念、道德准则、道德规范是治理系统的重要组成要素。这些道德因素不仅直接规范和制约了人的社会行为，提升了人的道德品质，实现了社会治理功能，还通过与其他“显性制度”的互动，对之进行道德合理性的评判与论证，为之确立了伦理基础，进而参与了整个社会秩序的建构。当前，从系统性高度优化道德治理的作用机制，是充分发挥道德治理功能的重要前提和基础。

（2）道德治理作为一个开放系统，需要与外界进行交流，不断引入“负熵”，以维护系统的有序运转。道德发挥社会治理作用，有赖于自身对社会主体的约束与引导，有赖于自身与各类“显性制度”的互动和影响。由此形成了一个动态有序的开放系统，从而在不同层次保持了与系统外要素的交流和互换。道德与法律、规章、习俗等各类约束的相互转化与渗透，就是这种互动交流的典型表现。我们应理解道德治理系统引进“负熵”的现实性与必要性，并在社会实践中自觉推动道德与其他各类制度的交流互动。

（3）道德作为关键性的“隐性制度”，是国家治理和社会治理大系统中不可或缺的构成性要素。我们当前所建构的国家治理体系，是党领导人民管理国家的制度体系。这一体系不仅包含诸多“显性制度”，如经济、政治、文化、社会、生态文明和党的建设等各领域的体制机制和法律法规，还包含伦理道德等诸多“隐性制度”。在这一国家宏观治理体系中，道德参与治理的机制、途径与宏观治理系统紧密相关，其作用发挥也基于国家治理大系统的有效运转。

第三，道德的社会治理作用具有有限性。我们在充分肯定道德的治理作用时，应客观考察其作为“隐性制度”参与社会治理的现实局限性。

（1）道德在引导和规范人的社会行为以及与其他“显性制度”互动影响的过程中，主要依靠柔性方式，其作用效果往往因人而异、因时而异、因事而异。加之，伦理原则和道德规范不仅具有多元性，也不易被人准确把握，所以在现实生活中常常出现异议，这些都将弱化道德的社会治理功能。更有甚者，在某些漠视社会舆论、罔顾道德评价的社会成员那里，柔性的制约方式几乎不起作用，道德的社会治理功能必将大打折扣。这既是道德参与社会治理的一大特点，也是其客观存在的一大局限。

（2）道德发挥社会治理功能时缺乏及时性，与正式的成文制度相比，无法迅速地恢复或重塑社会秩序。在某些偶然或极端事件发生时，社会秩序出现了紊乱甚或崩坏的现象，此刻亟须人们依据相关制度，迅速化解现实危机，及早恢复社会稳定。这时，“显性制度”或成文法规将成为人们的首选和依靠，因为它们能够在最短时间内以雷霆手段实现社会秩序的恢复和重建。作为“隐性制度”的道德尚缺乏上述作用，因为道德的治理方式是春风化雨式的，治理过程需要一定时间的积淀，所以在面对新问题、急问题时常常不能独立发挥迅速治理的功能。

（3）作为“隐性制度”的道德与其他“显性制度”在社会治理过程中出现矛盾和冲突时，往往退居其次，作用被“显性制度”所覆盖。尽管各类“显性制度”皆有伦理道德的基础，需要接受伦理道德的评判，但在社会实践中仍不免产生相互矛盾甚至冲突的情况。当此类问题出现时，伦理约束或道德规范往往让位于其他“显性制度”。这不仅由道德发挥社会治理作用的机制所决定，也是整个国家治理和社会治理系统内部的协调使然。这既是客观现实，亦是道德参与社会治理时存在局限性的重要表现。

概而言之，作为一种“隐性制度”的道德，不仅能够对主体行为进行软性约束和柔性引导，而且能够通过与其他“显性制度”的互动来参与制度建构与创新，弥补“显性制度”无法实现的治理缺失，赋予社会生活以理想和崇高。现阶段，我们应提升道德自身的时代性与在地性，完善其治理机制的系统性，审慎考察其治理作用的限度，继而增强国家治理的厚度，拓展社会治理的广度，提高国家综合“善治度”①。

第二节　法治的失阈

法治，即根据法律治理国家，与“人治”相对。《晏子春秋·谏上九》：“昔者先君桓公之地狭于今，修法治，广政教，以霸诸侯。”《淮南子·氾论训》：“知法治所由生，则应时而变；不知法治之源，虽循古终乱。”邹韬奋《抗战以来》六二：“在此种惨酷压迫之情况下，法治无存，是非不论。”亦指依法处置。《史记·蒙恬列传》：“高有大罪，秦王令蒙毅法治之。”

法治包含两个部分，即形式意义的法治和实质意义的法治，是两者的统一体。形式意义的法治，强调“以法治国”“依法办事”的治国方式、制度及其运行机制。实质意义的法治，强调“法律至上”“法律主治”“制约权力”“保障权利”的价值、原则和精神。形式意义的法治应当体现法治的价值、原则和精神，实质意义的法治也必须通过法律的形式化制度和运行机制予以实现，两者均不可或缺。

① 朱辉宇：《道德在社会治理中的现实作用——基于道德作为“隐性制度”的分析》，《哲学动态》2015 年第 4 期。

法治是以民主自由为基础，需要民主的力量，而我们的法治却看上去好像是官方在发动和推进，民众似乎处在旁观者的地位而表现出“被动”和“冷漠”。在理论上如何印证现行法治推行方式的科学性和合理性，在现实的法治实践中确实存在缺少政府和民众的有效“互动”的问题。冷静地思考分析和对“依法治理”现状的观察，我们不难发现缺少这种“互动”的现实表现，主要原因在于：民众对于自身的权利不知道，知道不执行，执行不彻底，导致了21世纪初的这个结果。民众们在经历义务教育之后，依旧对于介绍法治的课程不重视，法治观念、理念很难进入民众内心，使得法治推动看似官方在发动和推进，但民众似乎处在旁观者的地位而表现出“被动”和“冷漠”。

在中国这样一个14亿人口的大国，要实现政治清明、社会公平、民心稳定、长治久安，最根本的还是要靠法治。法治建设推进得越持久、越深入，其成效就会成倍放大。政法机关是党领导下的执法司法力量，行使的是国家权力，服务的是人民群众，在建设法治国家、法治政府、法治社会进程中发挥着特殊重要作用。

社会治理是复杂的系统工程，提升社会治理能力，应该体现在创制社会运行制度的科学性上。法令是治理国家的工具，由于人有向恶的一面和懒惰的特点，如果不建立法制来约束人们的行为，社会就会混乱不堪。在社会运行过程中，制度既起着引导行为的准绳作用，又起着对行为的约束作用，还起着统摄行为的协调作用。如果一个社会运行制度设计不完善，治理模式单调甚至粗暴，那么在社会或社区里的治理是不可能顺畅的，更有甚者，会不时地引发社会矛盾或社会冲突。社会治理能力的提升，很大程度上要看化解各类社会矛盾的基本能力。然而，在处理社会问题和化解矛盾过程中，唯有具备相应的道德理念和道德能力，才能更好、更有效地提升社会治理能力。

社会治理能力的提升，应该体现在公共服务体系的不断完善上，而完善公共服务体系，人本精神是灵魂。唯有以人为本，才能健全公共文化服务体系，真正为人们的精神追求、精神享受、精神幸福创造条件。社会主义市场经济的发展和对外开放的不断扩大，使我国的生产力得到了极大的解放与发展，同时也增强了人们的改革意识、民主法制意识和开拓创新精神。而与此同时，意识形态的控制形式变得越发复杂，如西方资产阶级的政治主张、价值观念和生活方式进一步渗透到我国人民的生活中；经济转型期错综复杂的社会矛盾、利益冲突甚至一些难以预测的突发事件，都难免会引起人们思想的波动，尤其是随着改革开放的深入和社会主义市场经济体系的建立，价值观念也趋向多样化。在社会治理过程中唯有清晰道德视角下的“应该”，制度的制定才有针对性和可行性，制度的落实也才有刚性基础。为此，创制社会运行的科学制度，就要弄清楚社会运行过程中需要建立什么样的制度，以及制度的相关者的共同诉求及其普遍行为准则是什么；弄清楚有利于利益相关者和利益共同体和谐共存的道德规范是什么；弄清楚作为社会治理主体的管理者和辖内成员的德性要求是什么，等等。在此基础上，依据普遍行为准则、道德规范、德性要求制定社会运行制度。同时，制度制定要充分考虑人性、人的尊严、人际和谐等要求，并有利于社会治理的顺畅、高效及祥和社会的形成，这也就实现了所谓的制度道德化。

第三节　法治与德治的辩证关系

法律与道德，历来是建立公序良俗、和谐稳定社会的两个保障。德治与法治都是社会上层建筑的重要组成部分，都是规范人们行为的重要手段，但二者又有各自不同的特点和作用，它们相辅相成、不可或缺，并驾齐驱在社会主义的道路上。

以德治国是依法治国的基础，依法治国是以德治国的补充与重要保障。德治着力于通过提高人们内心觉悟和建设人的动机文明来端正人的文明行为；法治则着力于通过约束人的外部行为实现人的文明行为；德治通过不同的个体来营造社会的良好氛围，法治则是通过建设群体文明震慑个体不法行为；德治侧重于人的义务行为意识，而法治则是通过强制维护权力，强调人的权力意识；二者可谓是各司其职又相得益彰。

德治与法治虽同为治国方略，但二者却又不尽相同、区别甚大。法治侧重于“治法”，而德治却是侧重于“治人”，所以就事实而言，“治人”应大于“法治”。法治是依律法而治，德治是依道德而约；律法只能约束外部行为，而道德却是可以从内部约束人们的思想意识、道德行为，可以更加直观地体现出来。所以自认为德治与法治应有外在区别与内在区别。

法治是依照体现人民意志和社会发展规律的法律治理国家，而不是依照个人意志、主张治理国家；要求国家的政治、经济运作、社会各方面的活动统统依照法律进行，而不受任何个人意志的干预、阻碍或破坏。法治按照合法与否的标准来强制规范人们的行为。

但是，在真正的法治建立起来之前，德治作为一种社会的调控手段毫无疑问是必要的，其作用在于：有利于良法的建立和运行；有利于消解重刑主义的偏见；有利于提高官员的道德水准；有利于提高全民的道德素养。

德治是一种软约束；法治是一种硬约束。德治强调思想道德的规范作用；法治则强调法律的惩治作用。德治以说服力和劝导力来规范人的行为；法治以其强制力规范人的行为。对抑制、防止犯罪行为而言，德治重在治“本”，法治重在治“标”。德治中的“德”，是一种主体内存的软性的约束机制，以“扬善”为重要的目标；而依法治国的“法”，指的是强制性制约机制，它以“抑恶”为重要的指向，国家和社会的治理必须实现“扬善”与“抑恶”的有机统一。

德治具有非强制性。尽管道德也是上层建筑的一个重要组成部分，但它和法律不同，道德的实施不是依靠强制性手段，而是通过道德教育的手段，以其说服力和劝导力来影响和提高社会成员的道德觉悟，使人们自觉地遵守这些行为规范。道德诉诸人们的“良心”，诉诸人们内心的“道德信念”。所谓“说服力”，主要是指通过启迪人们的道德觉悟、激励人们的道德情感、强化人们的道德意志、增强人们的荣辱观念，培养和形成古人所说的“羞耻之心”，从而使人们在内心深处形成道德行为的内在动因，培养和形成人的道德行为的最重要的基础和前提。所谓“劝导力”，就是指通过形成广泛的道德舆论，培育良好的道德环境，增强人们的道德责任感，使人们认识到，如果一个人不能履行自己应尽的道德义务或者违反了社会的道德要求，就必定要受到舆论的谴责和公众的批评，甚至招致事业的挫折和失败。社会舆论的力量是无形的，却是不可忽视的。强大的社会舆论，能够对社会的一些重大问题产生重要影响。它能够在潜移默化中，改变人的性情和气质，改变社会的风气，形成某种道德的氛围。这种社会舆论，一旦同内心信念相结合，就能发挥更大的作用。

法治具有强制性。法律体现着统治阶级的意志，体现着国家对其成员在政治、经济、社会等各个领域的行为的要求，体现着维护社会稳定、保护人民生命财产安全、保障国家安全的要求。国家靠法院、警察机关等带有强制性的国家机器来保证法律的实施。强调用法律制度来治理国家，用强制的手段来约束人们的行为，是“法治”的主要内涵。从维护社会的秩序、保障社会的稳定方面来说，法律具有不可或缺的重要作用。特别是在社会大变动的时期，旧有的各种制度已不能适应社会发展的要求，建立新的法律法规和各种规章制度有着更为迫切的意义。改革开放以来，为了适应社会主义市场经济发展的要求，我们十分重视运用法律的手段来规范人们的行为，并把依法治国确立为治理国家的基本方略。德治和法治具有宏观上的一致性，但法律作为上层建筑，与普遍的道德规范必然具有并存在着差异性，不管是法还是德同样受到各阶层，各自利益的制衡，在某一阶段认为是符合道德准则的，却不符合法律规范，另一阶段可能判定为不符合道德规范，却符合法律规范，这就产生了道德与法律的差异。如目前存在私营企业雇用工人做工的现象，从某种意义上来说，私营企业主获取了工人的剩余劳动价值，如果用道德规范来衡量，是不道德的行为。但从国家社会长远发展利益而言，只有允许存在诸如类似情况的一定“获取”，才能最大限度地促进生产力的发展，才能充分调动人们创造财富的积极性，才能增强综合国力。这种人们普遍认为不符合道德范畴的东西，法律却往往难以禁止，甚至从更好更快地发展社会生产力的目标出发，不仅不加以禁止，反而视其为合法收入加以保护。因为，没有完备的法律体系，就不可能保证社会主义市场经济的顺利发展。

第四节　法治与德治的互甄关系

善法如何实现？实践中，我们如何甄别一个法律是好还是坏，或者不足的成分有多少？我们不能等坏的结果都发生了，再说其不好，那样无可挽回的损失已经发生了。我们必须有一个机制，现在每一个法治国家基本上都设立了法律审查机制，但是能否良好地运作，需要以一定的标准去检验。

法与德、法治与德治，在社会治理上相互支撑、互为补充，共同服务于社会的和谐稳定。同时，法与德、法治与德治又互为甄别。合法的行为一般必须是合乎道德的，不合乎道德的法，即为恶法，必然会被社会骈弃。同样，不注重道德建设的法治，难以实现有效的社会治理；不注重法治建设的德治，无法建立有效的社会规则。

人类社会一切形式的社会规范，在本质上都属于道德的范畴。或者说，各种各样的社会规范其实都是道德的不同表现形式，只是由于渗透了其他因素而具有一般道德所没有的其他特性，因此就被叫作了其他社会规范，但是道德的属性仍旧是这些社会规范的本质特征以及判断它们是否合理的最终依据。富勒说，法律既要符合指向实体目标的外在道德，又要符合决定程序正当性的内在道德。德沃金说，当律师和法官在争论法律是什么时，实际上是在争论法律应该是什么，他们的意见不一实际上是关于忠实道德的问题而不是所谓的法律问题。不难发现，他们是从普遍主义角度定义道德与法律的关系。尽管社会生活中的道德规范多种多样，道德本身就是一个层次分明的规范体系，但是总会存在着维系社会正常秩序的基本道德。基本道德表现为不同阶级或阶层的道德共识或社会主导道德。道德意义上的公正优于法律的公正，是对法律由于其一般性而带来缺陷的公正的纠正。道德是判断法律是否合理有效的最终依据，即“道德始终是合法性的基础”。因此，法律必须同道德一致，并且只有同道德一致的法律才有效力，即良法才是法。法律应当是以法律形式存在的道德，合法的行为应当是合乎道德的行为，违法的行为也应当是违反道德的行为。反之，同道德不一致的法律不应视作法律，虽具法律形式但不具有法律效力，即恶法非法。

德国新康德主义法学家施塔姆勒认为，永远正义的法律是不存在的，随着环境的变化正义也会演变成不正义，应当建立“内容可变的自然法”。而新自然法学家，如德国的拉德勃鲁赫、美国的富勒、英国的菲尼斯等，不再主张用确定的实体规范而是转向通过某种特定程序或形式标准来评判复杂多样的实在法，也不再将实在法的合法性建立在人人应该遵循的那些原始规则之上，而是将其建立在一套推导出的或派生的规则之上。这种新自然法又被称作程序自然法，实际上它是指存在于现有法律内的或通过法律表现的基本道德规范，以一种宪法原则或“正当程序条款”的形式出现，作为评判各种层次实在法合理性的根本标准。自然法赋予人们根本的道德权利和义务，是评判社会行为和国家实在法是否合法的终极标准。如果法律是良法，人们在遵守法律的同时也就遵守了道德，法律与道德是一致的。如果法律是恶法，就产生了合法不合理（合乎法律但不合乎道德）或合理不合法（合乎道德但不合乎法律）的非常情形，导致道德与法律之间的冲突，甚至法与法之间的冲突。

案例一

美国爱达荷州法律不允许流浪汉在公共财产上露宿，但美国宪法保护流浪汉的这个权利。美国最高法院裁决：无家可归者有权睡大街、睡公园。

据美国中文网报道，2019 年 12 月美国最高法院拒绝受理一起有关无家可归者的重大案件，并且作出裁决，保护无家可归者在没有其他避难所的情况下，睡在人行道或公园的权利。

据报道，最高法院大法官们表示，他们不会听取来自爱达荷州博伊西（Boise）的案件，该案件挑战了联邦上诉法院的裁决。第九巡回上诉法院的裁决称，一项城市法令“违反了宪法第 8 修正案，对无家可归者实施了刑事制裁，因为他们在没有替代住所的情况下，在公共财产上露宿”。第九巡回上诉法院对加州和其他八个西部州拥有管辖权。

这一结果对无家可归的活动人士来说，是一个重大胜利，但对加州和其他西部州的市政官员来说，则是一个挫折。他们认为，第九巡回上诉法院的裁决削弱了他们管理人行道上露营地的权力。

报道称，该起案件发生在爱达荷州首府博伊西。10 年前，罗伯特 · 马丁（Robert Martin）和其他几名流浪汉在人行道上露营，被开了罚单或罚款。他们认为罚款是不公平的，于是对市政府提起诉讼。包括洛杉矶在内的许多西海岸城市，敦促最高法院审理博伊西市对马丁的上诉。

在人行道上睡觉的权利，对洛杉矶或市政府官员来说并不新鲜。2006 年，第九巡回法院作出了类似的裁决，称该市不得执行禁止在公共场所睡觉的法律。洛杉矶没有上诉，而是与为无家可归者服务的律师达成了一项和解协议，同意从晚上 9 点到早上 6 点不执行此类法律。

据悉，在洛杉矶，估计有 8000 到 11000 名无家可归者，住在一个半径为 50 个街区的贫民窟里，仅 2019 年无家可归者人数就增加了 12%。无家可归问题已经成为一个特殊问题，洛杉矶和旧金山等城市，正在处理城市街道和高速公路地下通道上的大规模帐篷营地，以及与无家可归危机相关的公共卫生和安全问题。

案例二

依法买卖的房产，因为违法环保法律，被强行拆除了，显然法律冲突了！

在最严环保整治运动下，一些核心景区内的房地产项目正遭遇拆除风险，最新的一起是位于太湖边的中粮本源项目。

2019年11月24日凌晨2点左右，苏州吴江区同里镇中粮本源的别墅业主秦志（化名）得到通知，10多台挖掘机正在对包含他在内的22户家庭的别墅进行拆除。赶到小区后，拆除队伍正在进行收尾工作，22户别墅已经被破坏了19户，有3户因为别墅内有人没有受到破坏。中粮本源项目由南北两个半岛组成，项目总建筑面积28万平方米，共有819套纯欧式别墅。该项目由苏州苏源房地产公司开发，这家公司成立于2004年2月26日。

央企中粮地产在2009年通过收购的方式，获得了苏州苏源房地产公司90%股权，苏州苏源此后纳入中粮地产旗下。当时的收购细节显示，中粮本源项目的土地位于九里湖的南北，获取时间为2004年。11月24日遭到拆除破坏的11幢（22户）别墅属于北岛。此前开发商已经将北岛上的别墅交付给了业主，有的业主甚至已拿到了房产证。11月29日，北岛拆除范围内剩下的3户别墅也已被拆除。在这之前的11月12日晚，南岛上的14幢（28户）还未交付的房子，已经由开发商自行拆除。

中粮本源所在的同里古镇位于苏州吴江区，是江南六大古镇之一，又被称为东方威尼斯。中粮本源项目距离同里古镇直线距离不到2公里，其北面是九里湖，南面是同里湖，属于太湖景区的核心位置。湖光水色，风景美不胜收。这些别墅此次被拆除的原因，也正是为了实现对太湖风景名胜区核心景区的保护。

根据苏州市吴江区自然资源和规划局11月8日印发的《关于同里中粮本源项目整改的通知书》文件，这次清查整治范围所涉及的中粮本源建筑有35栋（70户）。文件明确提到了拆除这批别墅的原因，即这批房源不符合2016年7月21日国务院批准的《太湖风景名胜区总体规划（2001—2030年）》。2016年7月21日，《太湖风景名胜区总体规划（2001—2030年）》经国务院同意、建设部批复。其中明确提到，严格控制同里古镇与同里湖之间半岛区域的建设活动，形成古镇与湖体之间的景观廊道；将九里湖与同里湖间的岛屿纳入景区范围，并严格控制该区域的建设强度和景观风貌。

苏州房源寄给相关业主的通知函中，也提到了这一拆除原因，通知函称，为实现对太湖风景名胜区核心景区的保护，该项目部分房屋须进行拆除。在太湖总体规划出台之前，中粮本源项目已经在2006年拿到了建设工程规划许可证。同时，以2016年太湖总规获得批复这个时间为坐标，该项目不仅在上述文件获得批复之前，拿到了建筑工程施工许可证，而且还在总规获得批复后，项目不同标段继续从吴江住建局获取了建筑工程施工许可证。

这次涉事业主不能理解的是，自己当初买房子时，开发商提供了相关政府部门批复的五证，怎么现在就成了违建别墅。对于已经验收了房源的业主来说，受产权法保护的房产证已经拿到手上了，“拆除违建”这个理由难以接受。苏州吴江区相关负责人表示，当时考虑到中粮本源取得地块建设许可在前，太湖《总规》出台在后，因此没有阻止楼盘的施工建设，颁发了施工许可。

最近几年，国家对于名胜风景区的保护愈加严格，在中粮本源项目拆除别墅之前，已经有全国多地执行过严厉的环保风暴。2017 年，中央环保督察进入海南，由此开启了海南岛内一系列的“环保风暴”。海南人工填岛的鼻祖三亚凤凰岛，就因填海范围的违法违规建被，被三亚市政府责令停止建设，实施分类整改。当时还有一批如半山半岛、月亮湾等项目同样受到了拆除整改。

而在 2018，陕西秦岭违建别墅拆除受到全国关注。截至当年 11 月初，秦岭北麓西安境内共清查出 1194 栋违建别墅，其中依法拆除 1185 栋，依法没收 9 栋。此后在全国范围内开启了一场别墅违拆整治。今年 5 月份，《全国违建别墅问题清查整治专项行动工作方案》和《违建别墅问题清查整治专项行动有关政策的指导意见》发布，随后在 5 月 14 日，全国违建别墅问题清查整治专项行动电视电话会议召开。

人类进入文明社会以后，在任何一个国家中，人们的利益和价值之间既有共同性又有差异性，这种差异性不仅涵盖经济、政治、文化、信仰、习俗等各个方面，而且还处在相互竞争的状态之中。任何国家都存在着宗教、道德、习俗、法律等多种制度形式，它们对社会都有一定的整合作用。但法治国家是一个理性多元的政治社会，这就内在设定了：第一，社会中存在多元合理的价值体系，它们之间无高低优劣之分，所有存在者都是平等的；第二，人们以一种理性的态度在经验生活中彼此商谈、交流，构建起主体间的平等的公民关系，拥有平等的基本权利，并且对社会的基本制度和基本问题能达成共识；第三，法律是公民在经验世界中通过商谈达成共识的基础上形成的社会行为准则。法律在本质上是一种自律共识，却以客观的他律方式出现，受国家权力保护，每个公民都必须遵守。因此，法治国家社会的整合首先应是法律整合，它关注公民的行为合法性而不是他们的思想道德，法律将社会统一协调为一个有序存在的结构形态。法律有基本制度和非基本制度之分。表现为宪法或宪法性法律的基本制度是法律的核心部分，具有质的规定性，决定了国家结构类型和公民基本权利。基本制度并不是先在于人的，但它一经形成之后即先在于每个具体公民，它是每个公民的现实生活世界。这里并不是没有冲突，只是因为有被大家认同的解决冲突的规则，冲突不再像以前那样成为社会破坏力量，而是彼此双方在冲突中共存共长，推动社会良性发展。法律对社会的整合首先是基本制度的整合，正是基本制度决定了一个国家的总体特征，从根本上保障公民的基本权利，保持社会行为方式的一贯性与社会秩序的稳定性。表现为各种具体法律的非基本制度则是依据基本制度和特定程序在一定条件下衍生出来的，具有更多的技术性和工具性特征。一方面，作为基本制度的具体形式，非基本制度使基本制度可实证化、可操作化；另一方面，作为各种事实的行为规范，非基本制度在行为层面整合复杂多样的社会生活。基本制度与非基本制度共同形成的对社会的整合，就构成了国家的法治秩序。

法律即使未得到绝大多数公民认可，依靠国家权力仍旧可以实现法律整合。由于法律是公民在经验世界中通过理性商谈达成的共识，法律整合就隐含着对法律的道德认同或接受。认同是一种基于内在价值肯定基础之上的主动认肯，而接受则是一种消极接纳，接受可以不认同，但出于理性思考后循法而为。公民对基本制度大多是道德认同，使得公民在整个生活中保持一种人格上的完整性和行为上的一贯性。但不能误以为这是公民对一种价值体系的认同，也不能否定公民与自己既有终极价值的渊源。甚至可能会出现这样的情形，现实生活中的公民不断修正乃至改变既有的价值观念，譬如宗教信仰的变化，即便如此他也不会改变自己对基本制度的道德认同，因为对基本制度的认同是建构社会秩序的思想基础，是一切公民生存和发展的必要条件。公民对非基本制度大多是接受而非认同，这种态度在逻辑与实践两个层面上均与公民在经验世界中的学习积累相一致，是公民尊重法律的自觉理性行为。因此，法治秩序的形成，外在表现为法律整合，内在表现为道德整合，二者密不可分。但这并不意味着道德优先于法律、道德整合优先于法律整合。由于历史上总是充满“没有尽头的”或“无法解决的”道德理论的争执，如果简单地直接将道德规范作为社会生活的准则，就会陷入道德政治的泥沼。唯有通过法律整合，一个基本公正的法治秩序才能最终形成。

任何法律都存在形式正义与实质正义冲突的可能，这是因为：第一，法律和道德的发展不一定同步。任何法律都是对道德价值的反映，是否反映道德价值是法律具有实质合理性的依据。由于道德价值总在不断变化之中，法律的形成有法定程序的要求，因此难以及时反映道德价值的变化。另外，法律一旦形成后就不能朝令夕改，这是对法律形式的基本要求，否则人们将无所适从；同样法律不能随道德价值的变化而变化。第二，法律相对于现实的抽象性。现实生活丰富多彩，法律无论怎样具体都只能是原则性的，即使采取枚举方式也不可能穷尽一切社会现象，它的具体实践有待于具体情况具体对待，这是法律的内在缺陷所在。第三，法律系统的纠偏功能有限。法律自身就是一个有机结合的系统，该系统可以自我调整和克服缺陷，如法律的制定、修改、废除、终止等，但这种制度设置的功能是有限的，不可能避免所有的非实质正义，即使能避免也不可能那么及时，也就是日常所说的“迟来的正义就是非正义”。在法治国家，人们在基本制度上存在着共识，或者说基本制度就是人们共识的体现，法律缺陷主要表现在调整日常生活的非基本制度方面。针对非基本制度方面的缺陷，不应采取价值预设的包容说或无涉说，而应以道德与法律交叉的事实为出发点，首先在法律体制内纠正这些缺陷。如果合法方式穷尽仍旧无效，公民还可以通过非暴力不服从形式迫使国家纠正。但这是在忠诚法律的前提下对法律的不服从，这种忠诚通过公开、和平以及自愿承担违法的后果来体现，以区别于革命和违法犯罪行为。西方国家的实践证明，公民不服从非但不会影响法律的至高地位，而且还是克服法律缺陷的有益方式和有效途径。当然也不排除社会基本价值的变化导致某些基本制度的缺陷。如果出现该情形，在未修正前，任何组织或个人不得以任何理由违背它们。不遵守有缺陷的基本制度在理论上说得通，但实践中不可行，因为这将动摇法治的根基，法律将没有任何尊严和权威可言。一旦法治的底线被打破，法律最终就会沦为权力的婢女，公民的基本权利就难以逃脱被权力蹂躏的悲惨境地。遵守有缺陷的基本制度非但不会阻碍法治的发展，反而是法治社会能够真正生成的内在要求。[①]

---

① 李寿初：《道德与法律的关系类型辨析》，《文史哲》2011年第4期（总第325期）。

总之，德与法随着人类社会的正式诞生而诞生，根植于人类社会基因，与人类共存亡。社会道德随时代发展而不断演变，法律建设虽然滞后于社会道德发展，但是从规范强制性上强化道德约束作用，二者相互作用，维持人类的存在。道德是甄别法的标准，善法是甄别道德的标准。合乎道德的法就是善法，适当的法就是真爱，人类已经发现了这个真理及规律。没有善法的地方，一定有错爱。没有真爱的地方一定有酷法！

案例三　奴隶制五刑

所谓奴隶制五刑，是指中国奴隶时代长期存在的墨、劓、剕、宫、大辟等五种法定刑。这五种法定刑由轻到重，构建了中国早期法律中完备的刑罚体系。

奴隶制五刑作为中国奴隶时代具有代表性的刑法，始于夏，发达于商、周。影响及至三国两晋南北朝，延续了数千年之久。从夏代开始逐步确立，于西周时期写入吕侯编著的《吕刑》，是一种野蛮的、残忍的、不人道的、故意损伤受刑人肌体的刑罚。进入封建社会后，奴隶制肉刑开始逐渐被废除。

墨刑又称黥刑，是在罪人面上或额头上刺字，再染上墨，作为受刑人的标志。这种墨刑既是刻人肌肤的身体刑，又是使受刑人蒙受耻辱、使之区别于常人的一种耻辱刑。

墨刑是五刑当中最轻的一种刑罚。

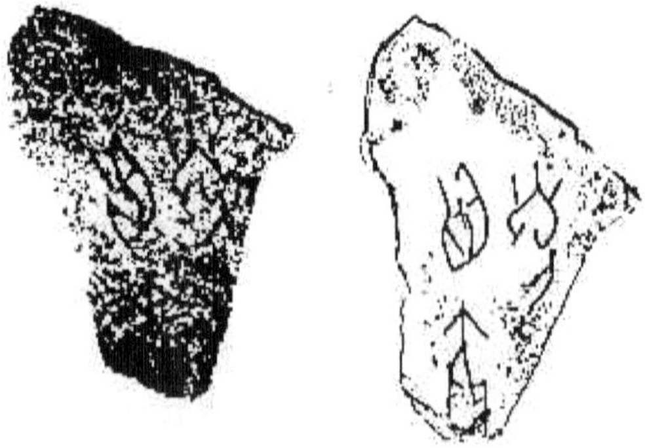

记载关于墨刑的甲骨文

劓刑，就是割去受刑人的鼻子。鼻子是人的重要器官，而且与人的尊严密切相关，因此劓刑较墨刑为重。

在早期古代民族，毁掉人体重要器官是最为经常的一种处罚方法，后来演变成一种固定的刑罚方法。

记载关于墨刑的甲骨文

剕刑，也作刖刑，是指砍去受刑人手或足的重刑。始于西周，九刑之一。砍足曰剕，砍手曰刖。另外，与砍去手足相类似的还有砍去膝盖骨的膑刑。

砍去受刑人手足也是早期各个古代民族经常使用的处罚方法。

早在中国的夏、商时代，此类刑罚便作为最主要的常用刑之一。

宫刑是破坏受刑人生殖器官的残酷刑罚。对男性为去势，对女性为幽闭。这种宫刑剥夺了受刑人“传宗接代”的能力，在中国古代社会被视为最大的耻辱和不幸，因而是五刑中除死刑以外最为残酷和最重的刑罚，一般适用于较重的犯罪者。

幽闭的具体的做法就是椎击妇人胸腹，使子宫脱垂，据说是从制服牲口的办法里受到启发而发明创造出来的。王夫之在《识少录》中就说：“……皆不知幽闭之义。今得知，乃是于牝剔去其筋，如制马豕之类，使欲心消灭。国初用此，而女往往多死，故不可行也。”

上面提到的幽闭，其实说的就是针对女性的宫刑，在古代不太先进的医学条件下，这种刑罚确实残酷非常，受刑的女子往往死于非命。

大辟，是死刑的统称。在夏、商、周三代，死刑尚不规范，方法多种多样，而且极端残酷。特别是在商代末期的纣王时，除常见的斩、戮等死刑方法外，还出现了炮烙、醢、脯等酷刑。

案例四　最高法该日公布人民法院征收拆迁典型案例

据介绍，针对征收拆迁领域的行政执法活动，2014 年 8 月 29 日，最高人民法院召开新闻通气会，首次公布了全国法院“征收拆迁十大案例”。这批案件在规范行政机关依法履职、统一全国法院裁判尺度、保障社会群众合法权益方面发挥了积极作用，取得了很好的社会效果。此后几年的行政执法情况又是如何？根据相关的调研统计，2015 年、2016 年、2017 年，全国法院一审受理征收拆迁类诉讼分别约为 29000 件、31000 件及 39000 件，占当年行政诉讼案件总量的 13%、14% 和 17% 左右。这组数据说明，征收拆迁仍是社会矛盾的集中领域，仍是司法监督的重点领域。

第二批“征收拆迁典型案例”涉及农村土地征收、城市房屋征收等行政管理事项，涵盖了征收拆迁中有关征收决定、安置补偿和强拆实施环节的典型争议。被诉行政行为的类型，既有行政机关单方作出的房屋征收决定、安置补偿裁决，还有行政机关与被征收人协商达成的行政协议；既有行政机关通过意思表示明确作出的紧急避险决定，也有实施主体不明确的强制拆除行为。探讨的争议焦点，既包括了安置人口确定、违约责任认定、补偿范围大小等行政执法的实体问题，还包括了强拆主体推定、评估报告审查、利害关系认定等程序问题。人民法院通过诉讼监督，及时纠正行政机关在征收拆迁中的违法行为，同时确认行政机关合法行为的效力，切实实现了对行政管理相对人诉权、产权的双重保护。

最高法表示，我们期望，通过发布上述案例，能够集中展现全国各级人民法院在审理征地拆迁案件中的司法智慧，为人民法院继续审理好此类案件提供一定的裁判示范；促使行政机关在城市化进程中秉持尽责担当的理念，依法行政，规制侵犯群众权益的违法行为，增强政府的公信力和执行力，建成人民满意的法治政府；引导社会公众正确运用手中的法律法规，依法诉讼、依法维权。

一、王风俊诉北京市房山区住房和城乡建设委员会拆迁补偿安置行政裁决案

（一）基本案情

2010年，北京市房山区因轨道交通房山线东羊庄站项目建设需要对部分集体土地实施征收拆迁，王风俊所居住的房屋被列入拆迁范围。该户院宅在册人口共7人，包括王风俊的儿媳和孙女。因第三人房山区土储分中心与王风俊未能达成拆迁补偿安置协议，第三人遂向北京市房山区住房和城乡建设委员会（以下简称房山区住建委）申请裁决。2014年3月6日，房山区住建委作出被诉行政裁决，以王风俊儿媳、孙女的户籍迁入时间均在拆迁户口冻结统计之后，不符合此次拆迁补偿和回迁安置方案中确认安置人口的规定为由，将王风俊户的在册人口认定为5人。王风俊不服诉至法院，请求撤销相应的行政裁决。

（二）裁判结果

北京市房山区人民法院一审认为，王风俊儿媳与孙女的户籍迁入时间均在拆迁户口冻结统计之后，被诉的行政裁决对在册人口为5人的认定并无不当，故判决驳回王风俊的诉讼请求。王风俊不服，提起上诉。北京市第二中级人民法院二审认为，依据《北京市集体土地房屋拆迁管理办法》第八条第一款第三项有关“用地单位取得征地或者占地批准文件后，可以向区、县国土房管局申请在用地范围内暂停办理入户、分户，但因婚姻、出生、回国、军人退伍转业、经批准由外省市投靠直系亲属、刑满释放和解除劳动教养等原因必须入户、分户的除外”的规定，王风俊儿媳因婚姻原因入户，其孙女因出生原因入户，不属于上述条款中规定的暂停办理入户和分户的范围，不属于因擅自办理入户而在拆迁时不予认定的范围。据此，被诉的行政裁决将王风俊户的在册人口认定为5人，属于认定事实不清、证据不足，二审法院判决撤销一审判决及被诉的行政裁决，并责令房山区住建委重新作出处理。

（三）典型意义

在集体土地征收拆迁当中，安置人口数量之认定关乎被拆迁农户财产权利的充分保护，准确认定乃是依法行政应有之义。实践中，有些地方出于行政效率等方面的考虑，简单以拆迁户口冻结统计的时间节点来确定安置人口数量，排除因婚姻、出生、回国、军人退伍转业等原因必须入户、分户的特殊情形，使得某些特殊人群尤其是弱势群体的合理需求得不到应有的尊重，

合法权益得不到应有的保护。本案中，二审法院通过纠正错误的一审判决和被诉行政行为，正确贯彻征收补偿的法律规则，充分保护农民合法权益的同时，也体现了国家对婚嫁女、新生儿童等特殊群体的特别关爱。

二、王江超等3人诉吉林省长春市九台区住房和城乡建设局紧急避险决定案

（一）基本案情

2010年，吉林省人民政府作出批复，同意对向阳村集体土地实施征收，王江超等3人所有的房屋被列入征收范围。后王江超等3人与征收部门就房屋补偿安置问题未达成一致意见，2013年11月19日，长春市国土资源管理局作出责令交出土地决定。2015年4月7日，经当地街道办事处报告，吉林省建筑工程质量检测中心作出鉴定，认定涉案房屋属于“D级危险”房屋。同年4月23日，长春市九台区住房和城乡建设局（以下简称九台区住建局）对涉案房屋作出紧急避险决定。在催告、限期拆除未果的情况下，九台区住建局于2015年4月28日对涉案房屋实施了强制拆除行为。王江超等3人对上述紧急避险决定不服，提起行政诉讼，请求法院判决确认该紧急避险决定无效、责令被告在原地重建房屋等。

（二）裁判结果

长春市九台区人民法院一审认为，本案紧急避险决定所涉的房屋建筑位于农用地专用项目的房屋征收范围内，应按照征收补偿程序进行征收。九台区住建局作出紧急避险决定，对涉案房屋予以拆除的行为违反法定程序，属于程序违法。一审判决撤销被诉的紧急避险决定，但同时驳回王江超等3人要求原地重建的诉讼请求。王江超等人不服，提起上诉。长春市中级人民法院二审认为，涉案房屋应当由征收部门进行补偿后，按照征收程序予以拆除。根据《城市危险房屋管理规定》相关要求，提出危房鉴定的申请主体应当是房屋所有人和使用人，而本案系当地街道办事处申请，主体不适格；九台区住建局将紧急避险决定直接贴于无人居住的房屋外墙，送达方式违法；该局在征收部门未予补偿的情况下，对涉案房屋作出被诉的紧急避险决定，不符合正当程序，应予撤销。但王江超等3人要求对其被拆除的房屋原地重建的主张，不符合该区域的整体规划。二审法院遂判决驳回上诉、维持原判。

（三）典型意义

在行政执法活动尤其是不动产征收当中，程序违法是一种常见多发的违法形态。本案中，被告为了节省工期，对于已经启动征地程序的房屋，错误地采取危房鉴定和强制拆除的做法，刻意规避补偿程序，构成程序滥用，严重侵犯当事人合法权益。对于此种借紧急避险为由行违法强拆之实的情形，人民法院依法判决撤销被诉行为，彰显了行政诉讼保护公民产权的制度功能。此案的典型意义在于昭示了行政程序的价值，它不仅是规范行政权合法行使的重要方式，也是维护相对人合法权益的保障机制。在土地征收当中，行政机关只有遵循行政程序，才能做到“严格、规范、公正、文明”执法，才能体现以人为本，尊重群众主体地位，才能实现和谐拆迁，才能符合新时代中国特色社会主义法治精神的要求。

三、陆继尧诉江苏省泰兴市人民政府济川街道办事处强制拆除案

（一）基本案情

陆继尧在取得江苏省泰兴市泰兴镇（现济川街道）南郊村张堡二组 138 平方米的集体土地使用权并领取相关权证后，除了在该地块上出资建房外，还在房屋北侧未领取权证的空地上栽种树木，建设附着物。2015 年 12 月 9 日上午，陆继尧后院内的树木被人铲除，道路、墩柱及围栏被人破坏，拆除物被运离现场。当时有济川街道办事处（以下简称街道办）的工作人员在场。此外，作为陆继尧持有权证地块上房屋的动迁主体，街道办曾多次与其商谈房屋的动迁情况，其间也涉及房屋后院的搬迁事宜。陆继尧认为，在无任何法律文书为依据、未征得其同意的情况下，街道办将后院拆除搬离的行为违法，故以街道办为被告诉至法院，请求判决确认拆除后院的行为违法，并恢复原状。

（二）裁判结果

泰州医药高新技术产业开发区人民法院一审认为，涉案附着物被拆除时，街道办有工作人员在场，尽管其辩称系因受托征收项目在附近，并未实际参与拆除活动，但未提交任何证据予以证明。经查，陆继尧房屋及地上附着物位于街道办的行政辖区内，街道办在强拆当天日间对有主的地上附着物采取了有组织的拆除运离，且街道办亦实际经历了该次拆除活动。作为陆继尧所建房屋的动迁主体，街道办具有推进动迁工作，拆除非属动迁范围之涉案附

着物的动因，故从常理来看，街道办称系单纯目击而非参与的理由难以成立。据此，在未有其他主体宣告实施拆除或承担责任的情况下，可以推定街道办系该次拆除行为的实施主体。一审法院遂认定街道办为被告，确认其拆除陆继尧房屋北侧地上附着物的行为违法。一审判决后，原、被告双方均未提起上诉。

（三）典型意义

不动产征收当中最容易出现的问题是，片面追求行政效率而牺牲正当程序，甚至不作书面决定就直接强拆房屋的事实行为也时有发生。强制拆除房屋以事实行为面目出现，往往会给相对人寻求救济造成困难。按照行政诉讼法的规定，起诉人证明被诉行为系行政机关而为是起诉条件之一，但是由于行政机关在强制拆除之前并未制作、送达任何书面法律文书，相对人要想获得行为主体的相关信息和证据往往很难。如何在起诉阶段证明被告为谁，有时成为制约公民、法人或者其他组织行使诉权的主要因素，寻求救济就会陷入僵局。如何破局？如何做到既合乎法律规定，又充分保护诉权，让人民群众感受到公平正义，就是人民法院必须回答的问题。本案中，人民法院注意到强拆行为系动迁的多个执法阶段之一，通过对动迁全过程和有关规定的分析，得出被告街道办具有推进动迁和强拆房屋的动因，为行为主体的推定奠定了事理和情理的基础，为案件处理创造了情理法结合的条件。此案有两点启示意义：一是在行政执法不规范造成相对人举证困难的情况下，人民法院不宜简单以原告举证不力为由拒之门外，在此类案件中要格外关注诉权保护。二是事实行为是否系行政机关而为，人民法院应当从基础事实出发，结合责任政府、诚信政府等法律理念和生活逻辑作出合理判断。

第八章　德治与法治融合并举的路径选择

从德治与法治的产生根源及历史发展的研究上可以看出，德治与法治是辩证的，德治是法治的前提与基础，法治是德治的底线与后盾，没有德治的法治失去了其存在的土壤与活力，没有法治的德治会像脱缰的野马，陷入无法匡扶的混乱。最好的社会治理，必然是德治与法治并举的社会治理。只有德治与法治并举的社会治理才能真正实现社会的长治久安。

“德治”思想在中国由来已久，在中国几千年的文明发展历史中，它逐渐形成了一个完整的治国方略和思想体系。在发展社会主义市场经济的过程中，对传统德治思想进行科学扬弃，在大力推动依法治国方略的同时，深入实施“以德治国”的伟大方略，坚持不懈地加强社会主义法制建设，依法治国，坚持不懈地加强社会主义道德建设，以德治国，是中国特色的社会主义建设的客观要求。

第一节　加强社会主义德治建设的必要性

我国社会现代化进程把德治提到了更加突出的地位。首先是社会结构的改变彰显现出德治的重要性。随着目前生产规模的扩充、人口的日益增加、生产方式以及社会生活的多样化，社会组织结构的复杂程度不断提高；个人的行为所能直接影响到的对象就越少，其行为后果产生的直接利益影响也越不明显。这时，社会成员的道德自律在公共社会中的重要性就愈加凸显出来。正如习近平总书记所说：“法律是成文的道德，道德是内心的法律，法律和道德都具有规范社会行为、维护社会秩序的作用。”发挥道德的教化作用，提高社会成员的思想道德觉悟，以此来更好地引导规范人们的行为，调节社会关系。其次是科技的现代化呼唤着德治的强化。如网络技术的发展以及企业伦理、地球生态等问题的提出，都把科技道德问题提到更为重要的地位。高科技的发展需要更加完善的德治来约束规范。此外，人的现代化、政治的高度民主化也对德治提出了更高的要求：造就现代人，前提在于培育现代主体意识。而崇高道德理想信念的确立、高尚道德品格的培养，又是现代主体意识的核心。党的十八大提出，倡导富强、民主、文明、和谐，倡导自由、平等、公正、法治，倡导爱国、敬业、诚信、友善，积极培育和践行社会主义核心价值观。这与中国特色社会主义发展要求相契合，与中华优秀传统文化和人类文明优秀成果相承接。坚持以德治国，大力弘扬社会主义核心价值观，民主政治的高度发展正需要以大量具有高尚道德的现代人为基础，因为只有这样的现代人才能具备现代的民主意识。①

经济转型期的当代中国社会现实呼唤着德治的强化。社会主义市场经济的发展和对外开放的不断扩大，使我国的生产力得到了极大的解放与发展，同时也增强了人们的改革意识、民主法制意识和开拓创新精神。而与此同时意识形态的控制形式变得越发复杂，如西方资产阶级的政治主张、价值观念和生活方式进一步渗透到我国人民的生活中；经济转型期错综复杂的社会矛盾、利益冲突甚至一些难以预测的突发事件，都难免会引起人们思想的波动，尤其是随着改革开放的深入和社会主义市场经济体系的建立，价值观念也趋向多样化。面对新形势，为在各种思想和文化的浪潮下巩固马克思主义在意识形态领域的指导地位，为在社会成员中树立起健康向上的价值观，为实现“中国梦”提供强大的精神动力和思想保证，在依法治国的同时强化以德治国，是一个关系到我国命运和前途的重要举措。

社会可持续发展的要求把德治置于更重要的地位。可持续发展战略的一个重要内容就是实现社会经济、政治、文化的协调发展。而文化是经济和社会可持续发展的重要保证。江泽民同志曾说过：“文化建设一定要把握时代精神，坚持正确方向。”在社会发展的进程中，文化始终是一个民族的灵魂和血脉；在现代社会中，文化更是综合国力的重要标志和组成部分。文化是精神力量的代表，它以精神财富的形式以及对别国的影响力、辐射力彰显其综合国力。现今日益激烈的综合国力的竞争，愈来愈突出地表现为知识力量和文化力量的竞争。而社会主义思想道德建设正是把握文化性质和发展方向的方向盘。其作为文化的核心，在综合国力中尤显其重要性。②

① 茹湘荣：《试论“依法治国”与“以德治国”》，《湖南教育学院学报》，2001年第6期。
② 贺善侃：《以德治国的德治之要》，《人民日报》2001年4月29日第六版。

“法治”与“德治”是一个国家长治久安的不可偏废的两种途径，而两者的理性统一实际上要求建立一种宪政秩序。作为法治的最高形式，宪政不但为法治提供了道德源泉，而且也为实现德治提供了法治的保障，总之，从维护和保障社会的稳定来说，法律和道德有着同样重要的作用。它们相互联系、相互补充。道德规范和法律规范应该相互结合，共同发挥作用。有了良好的道德素质，人们就能自觉地扶正祛邪，扬善惩恶，有利于形成追求高尚、激励先进的良好的社会风气，从而保证社会主义市场经济的健康发展，促进整个民族素质的提高。在建设中国特色社会主义的过程中，我们不仅需要法治，而且也需要德治，使法治与德治相辅相成，相互促进。忽视其中的任何一个方面，都不可能达到使我们的国家长治久安的目的。但是，一个时期以来，我们对法治的重要性看得比较清楚，而对德治的重要性却认识得不够，甚至忽视了德治的作用，结果法治也没能收到预期的效果。鉴于此，江泽民同志在 2001 年年初召开的全国宣传部长会议上明确指出：“我们在建设有中国特色社会主义，发展社会主义市场经济的过程中，要坚持不懈地加强社会主义法制建设，依法治国，同时也要坚持不懈地加强社会主义道德建设，以德治国。对一个国家的治理来说，法治与德治，从来都是相辅相成、相互促进的。二者缺一不可，也不可偏废。法治属于政治建设、属于政治文明，德治属于思想建设、属于精神文明。二者范畴不同，但其地位和功能都是非常重要的。我们应始终注意把法制建设与道德建设紧密结合起来，把依法治国与以德治国紧密结合起来。”江泽民同志的这一重要论述，为我们正确处理法治与德治的关系提供了根本指针。[①]

第二节　当前我国德治建设存在的问题

党的十一届三中全会以来，我国改革开放和社会主义现代化建设取得了举世瞩目的巨大成就。在当今全球化的时代条件下，为中国特色社会主义发展带来了吸取新文明、新成果和发展经济的大好时机。自 2001 年江泽民同志

① 李珂、曹均学：《对当前我国德治建设的几点思考》，《青年与社会》2015 年第 13 期。

首次提出“以德治国”理念，我国领导人一直致力于开辟一条符合中国特色社会主义发展的德治之路。在十九大会议中国家主席习近平指出要加强思想道德建设，要提高人民思想觉悟、道德水准、文明素养，提高全社会文明程度。但同时我们也应当看到，在融入世界的过程中，也给社会主义的道德和价值观念等问题带来了严峻的挑战。“地沟油”“毒奶粉”等失德事件还是频频发生，究其深因是由于国人缺“德”。道德滑坡现象凸显出了我国在贯彻“以德治国”方针时“德治”建设方面存在的不足。

“以德治国”方针理论与实践的不统一。推进“以德治国”加强社会主义道德思想建设，不只是认识问题、提出问题，更重要的是实践问题。道德建设存在理论和实践两个层面。我国“德治”在理论层面上的建设已十分丰富，习近平总书记更是多次在系列重要讲话中对德治的理论建设进行了详细的阐述；道德实践是一种自觉行为，而道德模范是道德实践的榜样，所以人们主要是通过对道德范例的感知来认同道德建设的实践活动。道德模范是道德理想的人格化，是道德楷模的形象化。在全社会的道德模范群体中，党员干部的道德范例最具代表性，“正人先正己”，党员干部必须在道德建设中起“模范带头”作用。因此，道德建设既需要道德教育，又需要道德实践。然而目前我国“德治”建设还停留在道德说教的理论层面，脱离实际空谈道德建设，势必与“德治”要求相悖，与“以德治国”方针的本义相悖。德治建设的理论与实际脱轨易导致国人缺“德”，道德觉悟下滑以及道德观不正。[①]

法治在德治建设中的缺失。自步入21世纪以来，我国经济、政治、文化等各个领域都取得了空前的进展。尤其在经济建设上取得了举世瞩目的成绩，但随之出现了一系列与经济发展相悖的社会问题，如假冒伪劣产品扰乱市场秩序、诚信缺失引发信用危机以及国人缺“德”引起的道德失范现象等。“以德治国”方针的提出，就是希望借用道德模范的影响力充分发挥道德力量，提高人们的道德修养、思想觉悟，培养荣辱观，净化社会环境。这种凭借个人道德觉悟和社会舆论的道德约束缺乏强制性，致使“德治”建设对社会秩序的维护收效甚微。在没有法律的强制性要求下，仅靠道德教化来改善经济市场秩序，净化社会环境是不现实的。正如梁启超所说，在人群当中，“贤”

① 袁晗：《我国“以德治国”方略面临的问题及对策》，《现代商贸工业》2018年第25期。

与“不贤”都居少数，“中人”居多数，实行“法治”，能够使多数人即“中人”有法可循，依法行事而成为“贤者”。

“以德治国”的保障机制与制约机制不完善。“以德治国”的保障机制与制约机制不完善，致使德治建设中的一切权利和义务都无法得到法律上的保障和监督，使德治建设成为面子工程，流于形式，没有落到实处，切实影响到国民生活的方方面面。近些年我国媒体披露的道德失范事件一直没有得到有效的遏制，究其本质是由于制度伦理的不健全。保障机制的不完善使得“以德治国”方针难以有效发挥其价值和作用；制约机制的不健全影响着“以德治国”方针的有效运行。

思想道德体系不健全。计划经济向市场经济的转型，不仅改变了我国社会资源配置的方式，对我国思想道德体系的建设也提出了新要求。随着社会主义市场经济体制的逐渐完善，人们的思想道德和行为方式也发生了巨大的变化，原有的思想道德体系已不能很好地适应市场经济的发展。同时，中西方文化的交流碰撞以及网络文化呈现的井喷式发展，都对社会主义思想道德体系的建设提出了更高的挑战。为适应新形势发展要求，健全和完善社会主义思想道德体系已成为全面贯彻“以德治国”方针的一项紧迫任务。

由于全球化的开放性，特别是网络技术的广泛运用，使人们有了另外的天地，人们的思想及道德观念也随之发生了改变。全球化改变了以往的思维模式，进一步解放了人们的思想，使人们的思维由封闭僵化走向全面开放。这就要求中国需要建构一个开放的政治伦理模式，在多个领域与世界全面接轨。而在这种情况下，西方资产阶级就会利用全球化来模糊社会主义与资本主义在意识形态领域的分歧，企图“西化”“分化”中国，变中国为资本主义国家，以实现他“消灭共产主义”的妄想。此种情况下，我们必须从社会主义初级阶段的国情出发，不受别人牵制，在搞好经济建设的同时，建设有中国特色的政治伦理发展模式。在不断与世界接轨的同时，我们必须坚持以德治国的重要思想，用马列主义、毛泽东思想和邓小平理论来指导自己，用社会主义的价值取向作为意识形态领域的评价标准。

社会主义市场经济不仅仅是法制经济，同样也是道德经济。萨缪尔森说过：“市场是没有心脏和大脑的。”因此，必须有一种自觉的理性精神的引导才能使之健康发展。在经济快速发展的当下，人们的道德观念发生着飞速的变化，如传统的义利观、效率观中与经济和社会发展不相适应的内容受到挑战，与市场经济相适应的新的道德观念逐步确立。而中国又处于体制转轨、社会转型和道德转型的时期。面对社会经济成分、组织形式、利益关系和分配方式多样化的趋势，如若没有道德的支撑和约束，缺少批判意识，简单地认为市场是万能的，一味地追求市场经济，甚至把市场的理念带入社会的一切领域，其后果将会使一切不可以交易的东西变为交易的对象，一切不合法治的行为法治化。人们将屈从于自我设下的规则陷阱中，无力自拔。所以，道德建设尤显重要，坚持以德治国，倡导与社会主义市场经济相适应的新的道德规范，必然能给我们国家的经济发展注入新的活力，它会使市场运行得更加理性，也会使法律更具有可操作性。①

第二次世界大战以后，以电子信息、生物技术和新材料为主的现代科学技术飞速发展，这不仅促进了社会生产力的发展，也促使人们的生活方式和思维方式发生了变化。同时，网络技术的快速发展也为人类的道德进步提供了难得的发展机遇。日益扩大的网民人数、日趋增多并竞争激烈的网站及网络代理商、日渐形成的网络化社会，对中国人特别是中国青年人的道德观念、道德情感、道德意志、道德行为和价值观念产生了巨大的影响，这在一定程度上推动了社会道德的进步。然而，中国人在享受着这“大餐”的同时，也不可避免地带来了许多的道德伦理难题：一是网民的道德人格问题，如有些“网虫”因对网络“一网情深”从而放弃读书和工作，这就直接影响其良好的道德品格的形成。二是信息欺诈，即通过因特网来散布一些虚假信息，以坑害消费者，进而引起社会经济、政治等方面的混乱。三是公共信息安全问题，即制造病毒者、黑客等现象。这不仅仅是电脑技术问题，也是一个伦理问题。我们知道，科学技术可以创造文明，也可以十分轻易地毁灭文明。所以，我们在现代化进程中，发展高科技，不仅要看是否推动生产力的发展，还要看高科技的运用是否符合现代社会伦理的要求。

案例一 “三百”官员赖小民

钱，谁都喜欢。人怎么挣钱？一生要挣多少钱？这是困扰几乎每个人的问题。人真爱钱吗？爱多少钱？我们看看这个案例，似乎能有一个答案。

---

① 李珂、曹均学：《对当前我国德治建设的几点思考》，《青年与社会》2015 年第 13 期。

揭秘“金融第一贪”：私藏 2.7 亿现金，拥有 100 多套房子。

反腐专题片《国家监察》第二集《全面监督》播出。该集披露了“金融第一贪”赖小民，华融公司原“一把手”，借助职务之便，收受大量的现金和各类赃物。

在北京某小区发现赖小民藏匿赃款的房屋，里面有多个保险柜，存放现金多达 2.7 亿元，重 3 吨，相当于一栋 80 层大楼的高度。然而，这 2 亿多元现金只是赖小民违法所得的一部分。他还收受大量房产、名车、名表、黄金、字画。除此之外，赖小民还有“3 个 100”：100 多套房、100 多个关系人、100 多位情人。其中几十位是华融内部的高管，传言甚至有家喻户晓的女明星。

24 岁当上副处长，34 岁当副司长，39 岁当正厅级。赖小民没出事之前，他的励志故事在江西商圈广为流传。1962 年，赖小民出生在江西瑞金一个贫穷的小山村。17 岁的赖小民考上江西财经学院（现江西财经大学）。据说，他还是瑞金市高考文科状元。

21 岁毕业那年，赖小民被央行一位副司长一眼就看中，从此一路开挂，在官场如鱼得水。1983 年到 2003 年 20 年时间在中国人民银行任职，2003 年到 2009 年在银监会工作 6 年，2009 年 1 月正式进入中国华融。

2019 年 2 月 15 日最高检发布消息，由国家监察委员会立案调查，经最高人民检察院依法指定管辖，天津市人民检察院第二分院已经向天津市第二中级人民法院提起公诉，赖小民涉嫌贪污、受贿及重婚罪。

笔者点评：2.7 亿元现金，不知要装多少袋子。人一生需要多少钱？人爱钱，爱色，有底线吗？位高权重的人如此，不知道普通老百姓会如何想？法律的审判，会让人清醒的！剩余的人生在监狱中度过，可惜啊！

案例二　副国级领导成克杰

2000 年 7 月 31 日，北京市第一中级人民法院对成克杰作出一审公开宣判，以受贿罪判处成克杰死刑，剥夺政治权利终身，并处没收个人全部财产。45 天之后，大贪官成克杰被执行死刑。就在他奔赴黄泉的前一个礼拜，他的情妇李平因有自首和立功表现，二审中被判无期徒刑。

成克杰身为全国人大常委会副委员长，究竟是怎样栽倒在李平的石榴裙下，变成疯狂敛财的贪官，最终走上了一条不归之路的呢？

李平，1954 年生于湖南，父亲在“文革”中被迫自杀。李平中学毕业后下乡劳动，后来抽回到南宁市第二建筑公司开货车。四年之后，她调到南宁市商业局下属车队当司机。因为这个公司没有开小车的司机，她就被调去开小汽车。后嫁给了广西壮族自治区某领导的儿子。婚后，她很快就摇身一变，从一个普通的小车司机变成了南宁某高级饭店的负责人。

说来也巧，李平的公公是成克杰的老领导，成克杰对他充满感激之情。他们之间是邻居关系，抬头不见低头见，每天出来进去的成克杰早就认识李平，但当时只是见面点个头而已。

开始，李平找成克杰帮忙搞个批文什么的，成克杰对李平并没有非分之想，他只是出于对老领导的感激之情来帮助李平。每次李平找他帮忙生意上的事，他就对管事的人说：“这是咱们老领导的儿媳妇，你们给帮个忙！”

1991 年，李平做了一个投资项目，在成克杰的鼎力相助下做得非常成功。事成之后，李平提着礼品开着一辆凌志牌高级轿车到成克杰家看望他。成克杰却趁她不备一把搂住她的肩膀，在她的脸上狂吻起来。李平就这样半推半就和成克杰初试云雨。

从那以后，秀色可餐的李平整天与成克杰眉来眼去，彻底投入了成克杰的怀抱。开始，当他们在饭店度过了销魂的一夜时，李平害怕极了。但欲火是最不服从命令的，此刻的成克杰正处在权力的巅峰，他觉得相爱就是合法的，我到了这个位置可以一手遮天，我是主席我怕谁?

而李平对于权力的欲望更为强烈，她清楚地知道自己从一个小司机当上了一个大经理，靠的是公公的权力。而现在公公已经退下来了，今天躺在自己怀里的这个男人才是广西的大哥大，是主宰广西命运的人。征服了他就征服了广西，征服了广西就有好日子过了。

成克杰爱江山更爱美人的举动使李平深受感动，她觉得成克杰才是用整个身心在爱着自己，自己应该用同样的爱来回报对方。他们相爱了，如果说李平过去对成克杰的投怀送抱还有所企图的话，这回他们是真的爱上了。随着交往的加深，李平觉得自己一天也离不开成克杰。为了博得情人的青睐，李平今天做美容按摩，明天做形体训练，47 岁的女人了，看上去就跟刚刚 40 岁一样。成克杰为了在外表上和李平般配，不但把头发染得漆黑，吹成波浪形发型，还专门做了双眼皮手术。

情爱像潮水般涌来，成克杰已经离不开李平了。这一切自然没有瞒过成克杰秘书的眼睛，他讨好地对成克杰说：“爱要有物质基础，这物质基础就是金钱。没有钱你们成天住茅草棚哪儿来的爱情？”这句话使成克杰茅塞顿开，1993 年年底，他和李平窃窃私语一番，决定双方与各自的配偶离婚后再结婚。

两人商定，由李平出面联系有关请托事宜，成克杰利用当时任广西壮族自治区党委副书记和人民政府主席的职务便利，为请托人谋取利益。二人收受钱财后存放在境外的银行，以备婚后使用。

1994 年年初至 1995 年 6 月，成克杰从李平处得知，帮助广西银兴房屋开发公司（后更名为银兴实业发展总公司）承接南宁市江南停车购物城工程及解决建设资金，可以得到巨额的好处费。成克杰听到这个消息后表示出浓厚的兴趣，李平心领神会，马上牵线搭桥介绍成克杰和周坤相识。

成克杰利用职权，擅自将银兴公司直接划归自治区政府办公厅管理，并要求自治区计委为银兴公司承接该工程立项；他还指示南宁市政府大幅度压低工程土地价格，要求中国建设银行广西分行为银兴公司发放工程贷款人民币 7000 万元。周坤没有食言，事成之后，银兴公司按照预约，支付给成克杰和李平贿赂款达人民币 2021 万余元。一笔生意就赚了 2000 多万，李平高兴得心花怒放。她把花花绿绿的票子在成克杰眼前一晃：“克杰，这些钱留着咱们将来结婚用！”

1996 年上半年至 1997 年年底，成克杰从李平处得知，帮助银兴公司承接民族宫工程及解决建设资金，可以得到巨额的好处费。事成之后，银兴公司按照预约，支付给成克杰和李平贿赂款人民币 900 万元，港币 804 万元。有了成克杰这个“广西王”的支持，银兴公司的腰杆子顿时变粗了。1994 年 7 月至 1997 年年底，成克杰和李平在接受银兴公司请托过程中，还先后收受了该公司负责人周坤送给的人民币 2 万元、港币 2 万元、美元 2 万元以及黄金钻戒、金砖、黄金工艺品、手表等贵重物品，合计人民币 55 万余元。

成克杰利用其职务便利，单独或与李平共同收受贿赂款物合计人民币 4109 万余元。全部受贿所得除由李平支付给帮助其转款、提款的香港商人 K 老板人民币 1150 万元外，其余都按照成克杰和李平的事先约定，由李平存入境外银行。案发后，上述款物已全部追缴。

1999 年 8 月，中纪委对成克杰在广西违纪违法的事情展开调查。当时，成克杰正担任第九届全国人大常委会副委员长。与成克杰保持热线联系的李平得知成克杰被调查后，惶惶不可终日，急忙买好了由香港飞往澳大利亚的机票，准备投奔她在澳大利亚的朋友。她的女儿在澳大利亚留学，就住在那个朋友家。

李平虽然有了港商的身份，却最终没能逃脱法网。她作为成克杰受贿案的重要人物被中纪委立案审查。

李平性格外向，能说会道，说话语速很快，只要情绪高时她可以神采飞扬滔滔不绝。在中纪委对成克杰和李平进行审查时，经过政策攻心，李平把她和成克杰受贿的全过程和盘托出。她的脑子很好，30 多人向她行贿的款项，她笔笔都记得一清二楚。她觉得只要自己都坦白了，又把赃款退赔了，一定能够保住成克杰的性命。

2000 年 6 月 26 日，北京市第一中级人民法院依法受理了成克杰受贿案。2000 年 7 月 13 日和 14 日，北京市第一中级人民法院依法对成克杰受贿案进行了公开审理。当法官出示证据询问成克杰时，成克杰把责任都揽到自己头上，他大包大揽的目的是保住李平的性命。

成克杰被执行死刑后，司法机关一开始对李平封锁这个消息。可后来李平晓得了这个情况后痛不欲生，在监狱里绝食打算随成克杰而去，他们在铁窗之下上演了一出生死恋。

多行不义必自毙，成克杰和李平的事情败露后，李平被中纪委立案审查。审查期间，她提出没有美容霜了，审查组的同志说："你列个单子，想买什么生活必需品我们先给你买。"

李平信手写下一种护肤品的名字，这是一种昂贵的化妆品，但为了破案的需要，审查组还是垫钱给她买来了这种进口化妆品。谁知刚过了几天，她又说没有美容霜了，还想让审查组的同志再给她买。到了中纪委审查组还想着美容，李平的贪婪与无耻可见一斑。

笔者点评：犯罪的人的爱也与常人无异，只是他们某一方面的爱过分了，触犯了法律，受到应有的惩罚。爱能够造就一个人，也能毁了一个人。爱究竟好与不好，主要看自己如何把握。

每个人实际上都是爱的综合体，爱什么，完全由个人素养及社会环境等因素综合决定。因此，必须加强法治的同时，不断强化社会主义核心价值观教育，提升人的内心自我约束意识，有效避免人们在社会主义市场经济建设的大潮中迷失自己。

第三节　加强德治建设的路径与方法

（一）健全和完善社会主义思想道德体系

健全和完善社会主义思想道德体系是落实“以德治国”方针的必要途径，是新时代发展的内在需求。习近平总书记指出：要加强道德建设，弘扬中华民族传统美德，提升全社会思想道德素质，是加强社会主义德治建设的重要方法。

我国古代德治思想所包含的宝贵精神财富与守旧的传统观念形成了鲜明对照，必须进行辩证分析，深入挖掘其中蕴含的优秀思想、人文精神、道德规范，结合时代要求继承创新。研究我国古代德治思想，就是要弘扬我国优良德治传统，为当前的依法治国和以德治国相结合提供借鉴，推动中国特色社会主义道德建设不断前进。

我国古代德治思想以和谐作为其理想追求，强调以和为贵。具体而言，就是把追求人际和谐、群体和谐、天人和谐作为治理至境。德治追求和谐，这也是中国传统文化的基本精神，而儒家所主张的修身、齐家、治国、平天下正是“三大和谐”的重要体现。

人际和谐，在中国传统文化中表述为：“君子和而不同”（《论语·子路》），“人和”（《孟子·公孙丑下》）。中国传统文化讲修身，主张人通过修身，实现理想的人格和完美的精神境界，在实现人自身和谐的基础上，实现人际关系的和谐。实现了人际和谐，就可以超越人际关系中狭隘的利益交换关系和急功近利倾向，人与人之间以诚相见，处在和谐有序的关系之中。①

群体和谐，在中国传统文化中表述为：“同群”（《论语·微子》），“人能群”（《荀子·王制》），“群居合一”（《荀子·荣辱》）。中国传统文化主张通过德治实现群体和谐，群体和谐的含义应从两个方面来理解：一方面是指国家、社会对民负责，以民为本，把爱民、重民、富民作为基本的治国方略；另一方面是指人生活在群体中，要树立群体意识，人对群体应有责任感、义务观念和奉献精神。

① 曹德本、郑维东：《我国古代德治思想述要》，《红旗文稿》2018 年第 13 期。

天人和谐，在中国传统文化中表述为："以和天人"（《三国志·魏书·文帝纪》裴松之注引《献帝传》），"统和天人"（柳宗元：《为王京兆皇帝即位礼毕贺表》）。中国传统文化讲平天下，主张通过平天下实现天人和谐，天人和谐是指人与自然的和谐。中国传统文化主张，人生于天地之间，与天地并立而为三，人源于自然，人的理想目标是与天地万物为一体，这是天人和谐的理想境界。中国传统文化主张，人道源于天道，天人和谐必须以人类自身和谐为基础，才能实现人与自然的和谐，人与自然的和谐是人类高尚的道德理想追求，"夫大人者与天地合其德"，"仁者，以天地万物为一体"。

我国古代讲"和谐"是从古代社会的天下大一统观念出发的，与我们今天所讲的和谐是有所不同的，这是其历史局限性之所在。在新时代的历史条件下讲和谐须充分体现时代特点、时代要求，尤其是社会主义核心价值观的内容。

要大力推行推己爱人、见利思义的传统美德。我国古代德治思想有一个坚实的伦理基石，那就是义利统一观。在中国古代，义利之辩源远流长，内容丰富，有的思想家主张重义轻利，以义为先，以义导利；有的思想家主张义利双行，基本思想倾向是义利统一。义利之辩源于商周，到春秋战国时期已成为人们普遍探讨的问题，在后来一直成为历代思想家关注的问题。我国古代的义利之辩都是与治国相联系的，其基本思想倾向是义利统一。我国古代思想家大多都承认人的欲望、物质利益的合理地位，同时主张应以道义引导民众的利欲之心。义利统一作为确立道义与利益关系的原则，引导人们在物质利益面前，以道义为重，使治国有一个可以遵循的伦理准则。抓住了这个问题，也就抓住了治国的根本问题。

总之，加强社会主义道德体系建设，要切实做到健全和完善适应社会主义市场经济发展要求的思想道德体系。为了维护社会主义市场经济秩序和健康发展，将道德规范融入市场机制中，利用道德规范引导人们经济活动和行为的开展，确保市场经济环境良好以及经济活动公平竞争，正当求利；同时思想道德体系的建立要与时俱进，因时制宜。要不断健全和完善符合社会主义法制建设要求的思想道德体系。加强道德立法，将法治建设与思想道德建设相结合，使道德规范法制化。依靠道德与法制的相互配合，规范社会道德风尚，提高人民群众的整体道德素质和水平，有助于"以德治国"方针的落实。要继承中华民族传统美德。任何一个遗弃历史、抛弃民族根源的国家都将被历史遗弃。因此，新型社会主义道德体系的构建必须以中华传统美德为基础，批判地继承中华传统美德，将传统道德现代化，使社会主义思想道德体系既满足新时代的发展要求又具有鲜明的民族特色。

（二）加强领导干部道德修养建设

习近平指出，要发挥领导干部在依法治国和以德治国中的关键作用。领导干部既应该做全面依法治国的重要组织者、推动者，也应该做道德建设的积极倡导者、示范者。要坚持把领导干部带头学法、模范守法作为全面依法治国的关键，推动领导干部学法经常化、制度化。以德修身、以德立威、以德服众，是干部成长成才的重要因素。领导干部要努力成为全社会的道德楷模，带头践行社会主义核心价值观，讲党性、重品行、作表率，带头注重家庭、家教、家风，保持共产党人的高尚品格和廉洁操守，以实际行动带动全社会崇德向善、尊法守法。[①]

习近平在河南考察时强调："面对纷繁复杂的社会现实，党员干部特别是领导干部务必把加强道德修养作为十分重要的人生必修课，以严格标准加强自律、接受他律，努力以道德的力量去赢得人心、赢得事业成就。各级党组织要加强对党员干部的教育、管理、监督，用好选人用人考德这根杠杆，引导党员干部堂堂正正做人、老老实实干事、清清白白为官。"

我国古代德治思想最为重要的方面是注重治国者的素质，治国者的素质成为善政德治的关键环节，关系到国家的兴衰成败。这个关键环节可以概括为贤者治国。所谓贤者，司马光讲，"德行高人谓之贤"（《进修心治国之要札子状》）；朱熹讲，"贤，有德者"（《论语集注》卷七《子路第十三》）。我国古代德治思想注重君、臣的自身修养，提倡为君者要有君道，为臣者要有臣道，其中心内容是讲贤者治国，任贤选能，让贤者在位、能者在职。

为了治国安邦的需要，古代社会的思想家们大都提倡加强君臣自身修养，倡导任贤选能，并把圣君贤臣看成是一种理想的政治秩序。今天来看，我国古代推崇贤人治国，有其历史局限性，其最终目的是为维护古代君主的统治地位服务的，而其所谓贤者，也是从统治者的利益出发而取舍的。尽管这样，贤者治国的优秀传统还是应该肯定和借鉴的，任人唯贤在新时代应有其全新

① 习近平：《坚持依法治国和以德治国相结合》，新华社 2016 年 12 月 10 日。

的含义，应该按照新时代的用人标准选拔人才，正如习近平总书记指出的："治国之要，首在用人，也就是古人说的：'尚贤者，政之本也'，'为政之要，莫先于用人'。"中国古代贤者治国的思想是中华民族优秀传统文化和民族精神的一大精华，应该为我们所继承和发扬。

以德治国，首先要坚定党员干部的理想信念。理想信念是一个政党的精神旗帜。中国共产党之所以具有先进性和战斗力，首先是因为具有崇高的理想信念，有科学的理论武装。以德治国的重要思想，对承担着治理国家任务的各级领导干部提出了更高的道德要求。为"官"者，必须有"德"，且需不间断地提升自身道德修养，才能通过言传身教，提高全社会的道德水平，以达到治国安邦的目的。正所谓"其身正，不令而行，其身不正，虽令不从"。如果领导干部不能以身作则，规范自己的行为，言行不一，甚至是贪污腐败，就无法成为人民群众道德的表率，对人民群众的道德教育就会是空洞乏力的说教，以德治国就会遇到很大阻力。因此，需通过层层培训的方式，对广大党员干部进行教育，加深其对以德治国方略的理解，使其对以德治国方针的任务、目标、内容和意义等都有清晰的认识。

树"官德"，除了通过系统的培训学习，不断增强对自身行为的约束能力之外，还要加强对领导干部道德的监督。在选拔任用中，要认真贯彻德才兼备的原则，将道德素质作为一条重要的标准；加大监督力度，特别是要加强主动监督，把事前监督、过程监督和事后监督三者有机结合起来，争取做到领导干部的权力行使到哪里、领导活动延伸到哪里，对他们的监督就进行到哪里。如此，将自律与他律紧密结合，必定有助于形成与社会主义现代化建设相适应的"官德"，进而推动以德治国方略的实现。

（三）完善"以德治国"的保障机制和制约机制

"以德治国"方针的有效贯彻落实，需要在一定的保障机制和制约机制下来对社会生活各方面产生影响和发挥作用。为此笔者建议：一方面要完善"以德治国"的保障机制。在国家这样的政体上，任何治国理念在没有一定的制度保障下是难以实施的。以法律作保障为"以德治国"方针营造良好的社会运行机制，使"以德治国"能够在社会机制的保障下切实可行。道德对人们行为的约束是通过社会舆论、习惯和内心信念来体现的，是"软性"的。

如果没有良好的道德环境和法制作保障，道德就很难发挥作用。保障机制具体包括完善的领导机制、规范科学的工作机制、健全完善评价与激励机制等几个方面，另一方面要完善“以德治国”的制约机制。贯彻“以德治国”，教育是基础，法制是保证，监督是关键。要想提高全体社会成员的道德意识和道德觉悟，除了制度必要的保障机制外，还必须建立以法制为前提，以道德监督为特征的约束机制，具体来说要完善党的监督机制，完善法制监督机制和社会监督机制。本着以对党、对人民高度负责的精神，从以德治国的高度出发，实事求是、激浊扬清、针砭时弊，为国家治理体系和治理能力现代化创造良好的道德精神条件和氛围。①

通过必要的法制手段推行德治，使德治建设法律化、制度化。历史发展的经验表明，治理一个国家、一个社会，最基本、最重要的手段无非是两个：法治和德治。根据上层建筑反作用于经济基础的原理，能够将法治与德治有机结合起来的治国方略，可以促进经济文化发展和社会秩序的稳定。因此，在建设社会主义市场经济的今日，不仅要坚持“依法治国”，而且要在实行“依法治国”的基础上，实施“以德治国”。在市场经济条件下，人、财、物流动频繁，而人们难以做到对其充分了解。正因为如此，道德的自律也就成了真正意义上“软约束”。所以，仅靠自律和自觉，没有法律和制度为依托，是难以形成良好的道德风尚的。一般来说，较高层次的理想、信念等理念层次的道德是无法用法律和制度去规范的。能够用法律和制度去规范的是一些最基础的道德，如诚实守信、公平竞争、遵纪守法等基础道德原则以及社会公德、职业道德和家庭美德等道德内容。社会主义市场经济建设绝不能仅仅依靠经济自身的发展而建立起来，而是必须凭借一定的法律和行政手段才能逐步建立起来。同样，在建立社会主义市场经济的过程中所进行的道德建设，也只有依靠一定的法制手段才能取得应有的成效。

（四）强化德治环境建设

深入开展群众性的思想道德教育，不断强化反映广大人民群众根本利益

① 袁晗：《我国“以德治国”方略面临的问题及对策》，《现代商贸工业》2018 年第 25 期。

的道德规范。我们党 100 多年的奋斗中，体现了“三个代表”的要求，推动了中国社会的发展，为最广大人民群众带来了实际利益，因而得到了人们真心实意的拥护。在过去极其艰苦的战争环境中，中国共产党之所以能够克服困难、打败敌人，取得一个又一个胜利，其根本原因就在于代表了中国最广大人民群众的根本利益。因此，作为治国武器之一的道德规范必须能够反映广大人民群众的根本利益。否则，在我国体制转轨、社会转型时期，如果人民群众的利益得不到保护，资产阶级的损人利己、金钱至上等腐朽的思想就会侵害人们，国家和社会就难以稳定，以德治国建设也会受到威胁。

充分发挥党的政治优势，深入开展群众性的思想道德教育。由于社会主义意识形态在全世界仍然处于劣势，如果不对广大群众开展社会主义思想道德教育，任其自由发展，那么剥削阶级腐朽思想重登统治的地位，也不是不可能的。因此，在开展思想道德教育中，既要组织专门的思想政治工作者对群众进行宣传教育，又要发动群众开展自我教育。使人民群众的思想境界不断升华，道德觉悟不断提高，才会形成革命和建设事业的强大精神力量。所以，深入开展群众性的思想道德教育也是以德治国建设的一项根本需求。

要不断加深人民群众的是非观，明确可为与不可为的界限。最后，积极开展群众性精神文明创建活动，动员广大人民群众积极参与活动，使他们在活动中更好地实践“德治”思想，并将群众性精神文明创建活动作为宣传“德治”思想的重要载体，通过深入持久地开展群众性精神文明创建活动，大力倡导社会公德、职业道德和家庭美德，提高全民思想道德水平，建立起“以德治国”深厚和广泛的群众基础，充分发挥创建活动在思想道德建设中的重要作用。

不断完善道德建设监督管理机制。在具体工作中，地方各级有关组织出台具体的实施细则，明确具体的标准、内容和管理办法。针对形势发展的需要，联合相关执法部门，本着道德建设与法治建设相结合、道德约束与规章约束相结合的方式，对道德领域的突出问题和日常生活中的不道德行为进行惩戒。同时，应联合相关职能部门，对从事道德领域的社会组织、民间组织，从注册、日常活动、活动成效等不同方面，进行综合管理、优胜劣汰。此外，还应对媒体监督特别是网络媒体监督，按照有关的法律法规进一步加以规范。

广泛开展道德建设实践活动。继续发挥传统载体的比较优势，通过培育家风家教，传承优良校风校训，弘扬良好的企业精神、倡树机关的服务担当意识，大兴全社会的奉献之风，有针对性地推进不同领域的道德建设。因地制宜，因势利导，引导各地区立足区域文化、乡贤文化、风情民俗，建立具有地方特色的道德载体。在充分利用载体平台方面，发挥新兴媒体受众面大、传播速度快的优势，深化设计网评、网议、网动等形式多样的网上道德实践活动，让QQ群、博客圈以及微信、易信、手机短信等载体服务道德建设。着眼细处小处，从日常生活中的不道德行为入手，细化道德活动载体设计，力求更接地气，切实加强研究道德建设的共性问题。

有效推进道德建设项目化运作。出台项目化运作的管理、考核和资金扶持政策，主要分两个层面进行。一方面是规定动作：应该对上级每年出台一些道德建设的重大项目，列出项目的具体内容、时间要求、质量要求，通过定期调度、定期考核、定期评估的方式，对项目完成好的给予资金扶持，对项目完成不好列入考核依据。另一方面是自选动作：应当鼓励各地各部门各单位根据自身的实际情况，自行设计一些特色项目，并通过逐级推荐的形式，成立评估团队，做好最优项目备案、日常调度、项目成效评价、资金扶持等各个环节的工作，以此推进四德工程建设的持续化、长期化和最优化。[①]

第四节　德治与法治深度融合的路径与方法

法治是治国之本，德治是治国之策，法治与德治，如车之双轮，鸟之两翼，缺一不可。法律与道德以特殊的方式互相结合，法律因道德而更柔和，道德因法律而更坚实：（1）以法治规范道德。在符合社会主义道德规范的前提下，充分发挥社会主义法律法规的最大作用，运用法律的手段来解决道德方面的突出问题，在一定条件下将道德上升到法律层面，道德因法治更规范，更具权威性。（2）以德养法。充分发挥道德的教化作用，以道德滋养法治精神，完善道德对法治文化的支撑作用，加强道德对法治建设的引导作用，强化道德对法治执行的稳定作用。（3）明确法治与道德各自的角色和功能。法律和道德都有各自的调节领域和适用范围，二者不能僭越或者超出各自的适应范围，自律失衡，他律发挥作用，拒绝利用道德来影响或干涉法律

① 从胜日：《社会治理需打牢道德建设基石》，《人民日报》2016年10月13日。

的公正、公平、公开。（4）领导干部是“德法兼治”政策的实践者、推行者和倡导者。领导干部是国家顺利推行“德法兼治”政策的灵魂人物，因为领导自身的法治意识和道德修养决定着他感召力的有效性和权威性，一个具有感召力的领导者才能够带动人民共同推行“德法兼治”政策，构建幸福美好的和谐社会。①

习近平总书记指出，法律是成文的道德，道德是内心的法律。法律和道德都具有规范社会行为、调节社会关系、维护社会秩序的作用，在国家治理中都有其地位和功能。法安天下，德润人心。法律有效实施有赖于道德支持，道德践行也离不开法律约束。法治和德治不可分离、不可偏废，国家治理需要法律和道德协同发力。在总结改革开放建设成果的时候，习近平认为，正是坚持依法治国和以德治国相结合，强调法治和德治两手抓、两手都要硬，把依法治国确定为党领导人民治理国家的基本方略，把依法执政确定为党治国理政的基本方式，走出了一条中国特色社会主义法治道路。

全面推进依法治国是实现社会科学治理，为中华民族伟大复兴提供重要制度保障的重要措施。推进依法治国确保成效，必须坚持法治和德治的深度融合。要重视发挥道德的教化作用，提高全社会的文明程度，为全面依法治国创造良好的人文环境。要在道德体系中体现法治要求，发挥道德对法治的滋养作用，努力使道德体系同社会主义法律规范相衔接、相协调、相促进。要在道德教育中突出法治内涵，注重培育人们的法律信仰、法治观念、规则意识，引导人们自觉履行法定义务、社会责任、家庭责任，营造全社会都讲法治、守法治的文化环境。要把道德要求贯彻到法治建设中。以法治承载道德理念，道德才有可靠制度支撑。法律法规要树立鲜明道德导向，弘扬美德义行，立法、执法、司法都要体现社会主义道德要求，都要把社会主义核心价值观贯穿其中，使社会主义法治成为良法善治。要把实践中广泛认同、较为成熟、操作性强的道德要求及时上升为法律规范，引导全社会崇德向善。要坚持严格执法，弘扬真善美、打击假恶丑。要坚持公正司法，发挥司法断案惩恶扬善功能。②

要坚持科学立法、民主立法，完善中国特色社会主义法律体系。加强宪

① 袁晗：《我国“以德治国”方略面临的问题及对策》，《现代商贸工业》2018 年第 25 期。

② 中国社会科学院习近平新时代中国特色社会主义思想研究中心：《为实现民族伟大复兴提供制度保障》，《经济日报》2019 年 12 月 5 日。

法和法律实施，坚持公民在法律面前一律平等，维护社会公平正义，维护社会主义法制的统一、尊严、权威。推进依法行政。深化司法体制改革，优化司法职权配置，规范司法行为，建设公正高效权威的社会主义司法制度，保证审判机关、检察机关依法独立公正地行使审判权、检察权。加强政法队伍建设，做到严格、公正、文明执法。深入开展法制宣传教育，弘扬法治精神，形成自觉学法守法用法的社会氛围。尊重和保障人权，依法保证全体社会成员平等参与、平等发展的权利。各级党组织和全体党员要自觉在宪法和法律范围内活动，带头维护宪法和法律的权威。要建立和谐社会就要消除不和谐因素，建立和谐社会的过程就是一个逐步消除不和谐因素的过程，这就要求广大人民群众在党的领导下依照宪法和法律的规定，通过各种途径参与管理国家事务，管理经济文化事务，管理社会事务，对破坏安定团结的势力，使用法律武器进行斗争。由此可见，坚持依法治国不仅能为我国的现代化建设创造和平、稳定的社会环境和良好的社会秩序，保障社会主义现代化建设的顺利进行，而且还为我们对敌对势力、敌对分子和各种刑事犯罪分子进行斗争提供了斗争武器，更加有效地保障了社会的和平稳定，有力促进和保障了社会主义现代化建设。

一要通过立法直接把社会主义道德中最低限度的义务法律化，使之取得全社会一体遵行的法律力。社会主义道德靠个人的良心和舆论来保障实施，然而，在利益多元化和价值观念多样化的条件下，良心和舆论尚不足以防止反道德的行为发生。在道德体系中，有一些道德义务是最低限度的义务，能否得到普遍遵守意味着社会基本秩序能否存在，必须利用法律手段使之上升为法律义务，以法律制裁为后盾予以强制执行。这样就会大大增强道德义务的约束力，使之从“软约束”变为“硬约束”。从这种意义上来说，法律是道德的底线，我们还可通过立法，对见义勇为等先进行为，给予各种物质和精神奖励，积极引导人们向先进榜样学习，培育良好的社会风尚。二要通过公正执法、惩治不道德行为，增强社会公德，职业道德和家庭美德教育。例如政务公开、审判公开，既可增强公民监督意识，又可强化公务人员的廉政意识；依法从重从快打击严重的刑事犯罪的作用，遏制刑事犯罪势头；依法打击制假售假，可以促进职业道德；依法惩处虐待老人行为，可以促进家庭美德的培育。三要通过各种形式，开展法制宣传活动，增强公民的法律意识，为社会主义法治的实现奠定道德基础。①

要发动群众制定和执行各种规章，法律对这一活动给予一定支持。我国宪法总纲中明确规定："国家通过普及理想、道德、文化、纪律和法制教育，通过在城乡不同范围，群众中制定和执行各种守则、公约；加强精神文明建设。"政府应依法提供一定经费和指导。

依法治国与以德治国是领导人民治理国家的基本方略。因此，坚持这一方略，关键在党，特别是领导干部，党委要在宪法、法律范围内活动，要代表先进文化前进方向，党员要成为道德楷模。江泽民同志明确提出了"以德治国"的概念，要求我们把"依法治国"和"以德治国"结合起来。法律和道德作为上层建筑中的两个行为规范体系，其关系是非常紧密的，即道德建设是依法治国的基础，依法治国是道德建设的保障，二者都是为巩固和发展社会主义制度服务的，都是维护社会秩序、规范人们思想行为的重要手段，总的目标是把我国建成社会主义法治国家，建设成富强、民主、文明的社会主义现代化国家。②

法治和德治是社会调控手段体系中两个最主要的因素，社会调控的良性运作有赖于两者的协调发展。"德法共行"是"法治"与"德治"关系的历史总结，在现代中国，二者被升华为"依法治国"与"以德治国"。依法治国和以德治国是我国重要的治国方略，我们要立足本国实际，认真总结人类历史上的法治和德治实践，大胆吸收和借鉴人类社会创造的一切文明成果，总结人民群众在实践中创造的法治和德治的鲜活经验，积极探索依法治国与以德治国相结合的途径，最终形成中国特色的社会主义依法治国与以德治国相结合的制度和模式。所以，正确认识和处理二者的辩证统一的关系对发展社会主义政治、经济、文化具有极其重要的作用，对实现社会主义和谐社会具有非常重要的意义。

总之，法律和道德都具有规范社会行为、调节社会关系、维护社会秩序的作用，在国家治理中都有其地位和功能。法安天下，德润人心。法律的有效实施有赖于道德支持，道德践行也离不开法律约束。法治和德治不可分离、

① 魏志明：《关于法治和德治的辩证思考》，《西南民族大学学报》2003 年第 24 卷第 7 期。

② 李林：《依法治国是党领导人民治理国家的基本方略》，《人民日报》2016 年 9 月 06 日。

不可偏废，国家治理需要法律和道德协同发力。以德治国是依法治国的基础，依法治国是以德治国的保障，我们必须把以德治国的政治理念贯穿到依法治国的进程中。将德治与法治有机结合，德法并举，形成新时代独具中国特色的“德法兼治”的全新政治局面。因此，我国应结合当今社会的发展趋势与潮流，对我国传统德治思想进行创新与发展，与法治相结合、相辅相成，使其更加符合当今社会发展要求，为我国“以德治国”方针的建立和完善提供丰富的理论资源。

后　记

爱，自古有之，伴随人类始终。人类没有了爱，就等于走向了毁灭。爱是人类存在及发展的动力。只要人类存在，爱就无法被消灭。它的存在，无须任何客观条件。

爱，是每一个人都难以回避或者摆脱的。没有一个人，能够说自己从来都没有爱或者被爱。一个人因为爱（生育）而来到人世，中间经历很多酸甜苦辣，其中很多事情均与爱与被爱有关。爱都是好的吗？难以回答，溺爱及错爱造成的人间悲剧比比皆是！各种各样的爱，不管你喜不喜欢，它都客观存在。有些爱，让你热泪盈眶；有些爱，让你瞠目结舌！

爱的内涵及外延非常广泛，古今中外都难以有一个统一的定义。可以说，爱有千千万万种，人人都有真实感受却又难以说得清楚。历史上哲学大家们争论不休的“善”“正义”“义”及“公平”等概念，笔者认为都是爱的应有之义。每一个人身上都存在着多种爱，它们对立统一，时隐时现。可以说人人都是一个“爱的综合体”，条件具备时，就会出现。

法，现代意义上的法，当然产生的时间不长。但古典自然法学家认为的法，已经存在很多个世纪了。笔者认为，法与爱一样，伴随人类始终，只是其比较“隐蔽”，难以被觉察或者常常被视而不见。与爱一样，法的表现形式也非常丰富。法的存在也无须任何物质条件，它不是人类创造的，它是被逐步“发现”的。

法，任何组织及国家都需要，不管是“好法”或者“恶法”。同样，法的内涵及外延也非常丰富，可以说仁者见仁智者见智，古今中外的法学家给其下过很多的定义。

法与爱本质上是统一的，它们互为表里，都是保障人类和谐健康发展的、不可或缺的基本要素，充满人类生活的各个角落。正是因为法及爱得到了比较充分的展示，人类才进入了文明时代。我们现代人，都要感谢法及爱，维护法及爱，尊重法及爱，世界的和平与和谐才会长久！

国产喜剧片电影《被光抓走的人》里提出了一个问题，什么是真爱？让电影里无数人及家庭陷入了沉思或者争吵，出现了很多啼笑皆非的画面，产生了很多现实的问题。美国电影《小丑》真实反映了底层人民失去了爱以后的一系列问题。什么是善法？印度种姓制度、南非种族隔离制度、法西斯德国及日本军国主义、美国历史上的奴隶制等等，让我们知道恶法是客观存在的，而且合法地存在很多年，余毒至今无法彻底肃清。

在笔者三十余年法律工作生涯中，见过很多当事人因为各种各样的爱，走了弯路，甚为可惜！但也是因为爱，他们又从失败中站起来，再次走上社会，面对未来！

党的十九大以来，在习近平新时代中国特色社会主义理论指导下，中国已经全面进入法治社会，但社会上仍然时常会有一些极端的违法违纪现象，根源还是在于缺乏法律素养。因此，研究法与爱是非常必要的。

生活不易，工作也不易，期间的酸甜苦辣只有自己知道。笔者愚钝又固执，但好思考，在五十年的人生中，能取得一点点所谓的成绩，实属侥幸，也算不虚度此生了。本书是笔者人生的第二本书（第一本是2015年的《普法法 法治》），应该说有一点自己的独立见解及认识，但仅仅是一家之见，不求苟同。谨以此书作为笔者从事法律行业工作三十余年，及江苏维世德律师事务所存续二十余年的纪念。

最后，感谢朋友们提供的素材及建议，感谢这个时代，尤其感谢父母、妻子及儿子，他们的率真言行，让我思考了很多。本书是笔者关于爱与法的观点汇总，理论程度还不够高。如果有机会，笔者会继续在这个领域耕耘下去，欢迎各位的批评指正！